かなたの海を旅するすべての船乗りに
船乗りの帰りを辛抱強く待ってくれたローラ、クリスティーナ、ジュリアに
この本を捧げたい

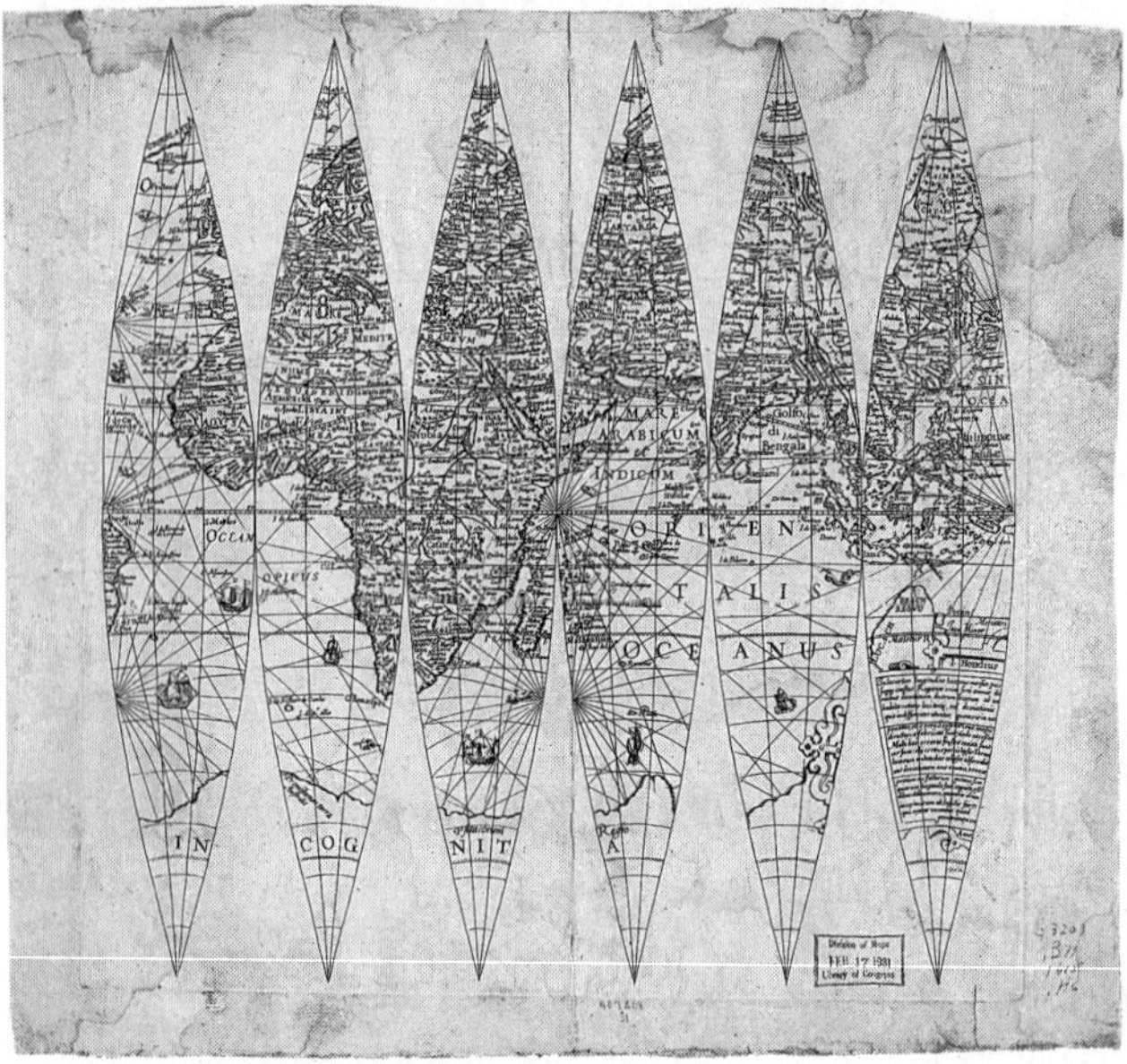
MARE
ARABICUM
INDICUM
Golfo
di
Bengala
ORIEN
TALIS
OCEANUS
IN
COG
NIT
A
Division of Maps
FEB 17 1931
Library of Congress

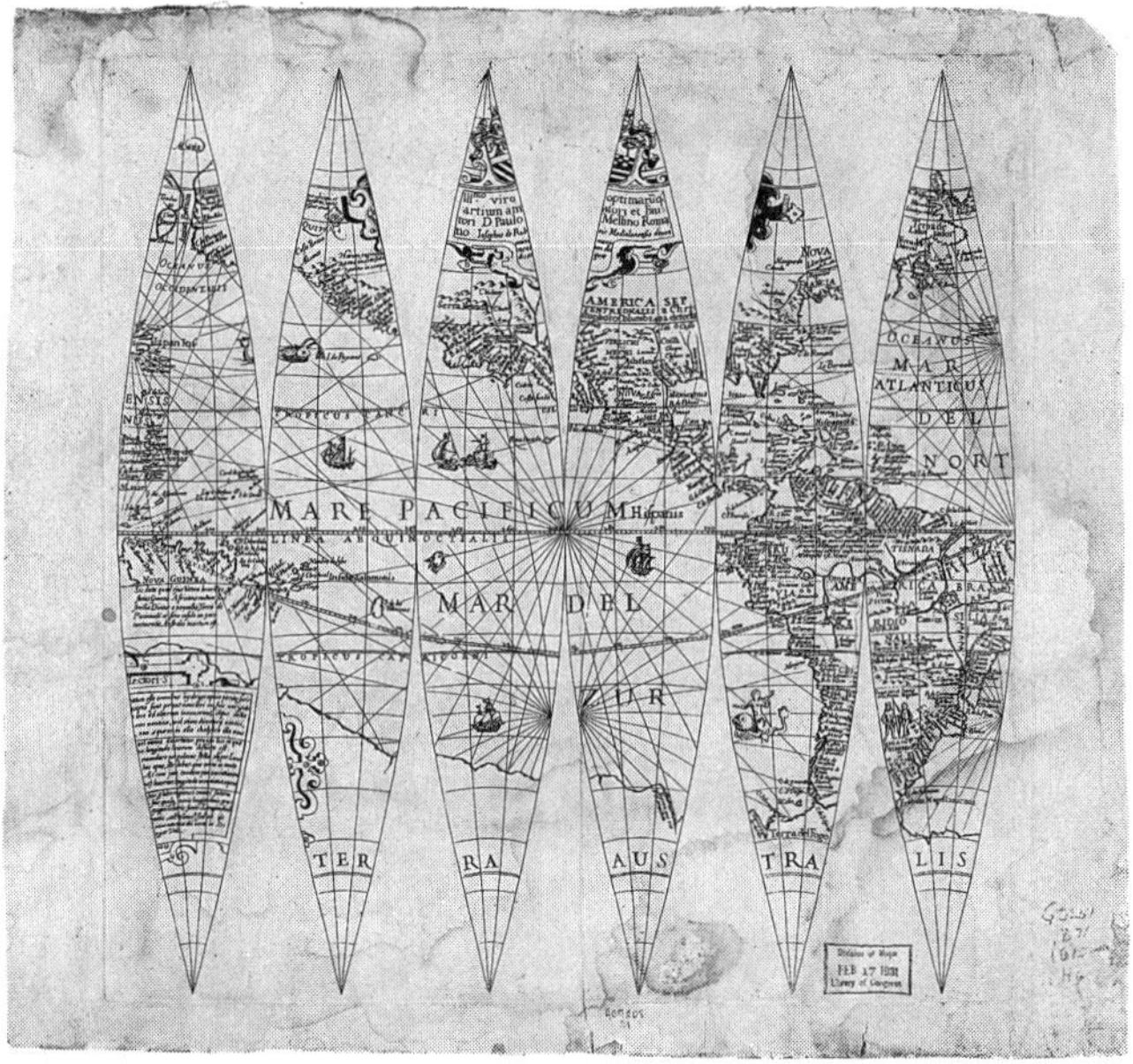

ヨドクス・ホンディウスの世界海洋図（1615年)。緻密さには驚かされる。地図作製法はその後の400年で大きく発展した。

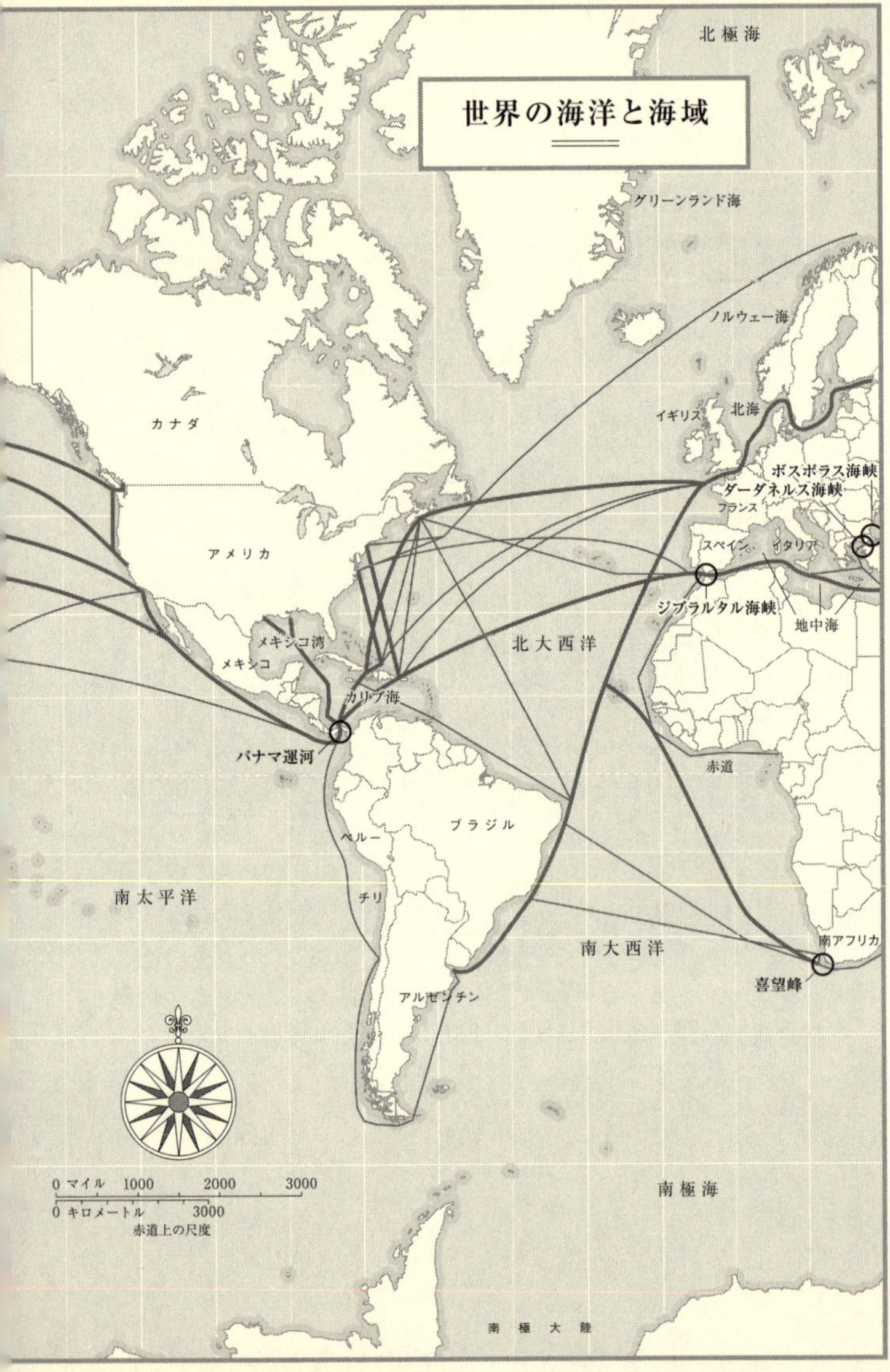
世界の海洋と海域
北極海
グリーンランド海
ノルウェー海
イギリス
北海
カナダ
ボスポラス海峡
ダーダネルス海峡
フランス
アメリカ
スペイン
イタリア
ジブラルタル海峡
地中海
メキシコ湾
メキシコ
北大西洋
カリブ海
パナマ運河
赤道
ブラジル
ペルー
南太平洋
チリ
南大西洋
南アフリカ
喜望峰
アルゼンチン
0 マイル 1000 2000 3000
0 キロメートル 3000
赤道上の尺度
南極海
南極大陸

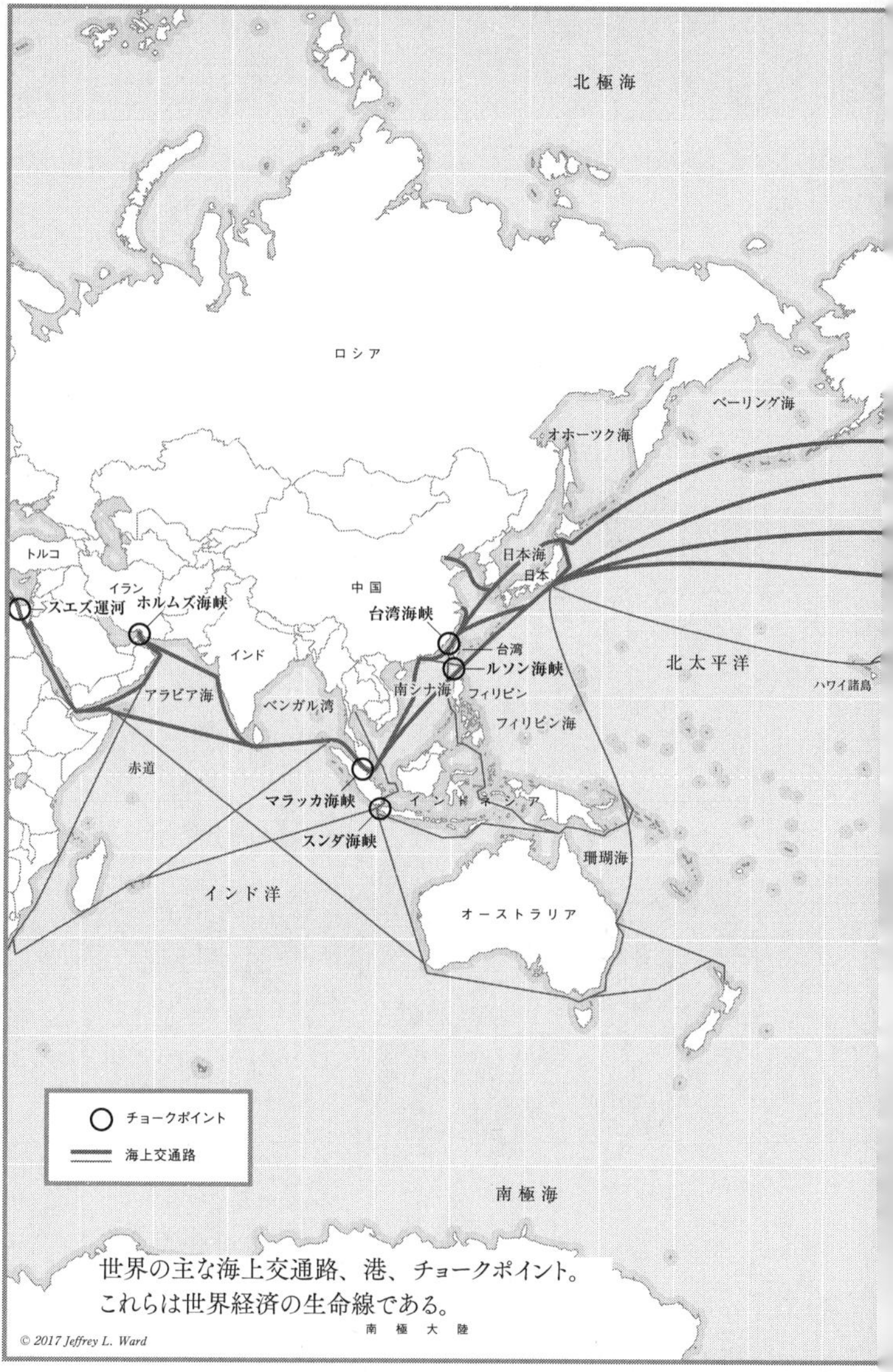

世界の主な海上交通路、港、チョークポイント。
これらは世界経済の生命線である。

目次

海の地政学

——海軍提督が語る歴史と戦略

日本の読者へ

私は本書が日本語に翻訳されたことに誇りと謙虚な気持ちを感じている。偉大な海洋国家のひとつとして、日本は海をすべての国家に対してオープンで自由な状態に保つグローバルな海洋同盟の中で、決定的に重要な役割を果たし続けるはずだ。日本はアメリカにとって、とりわけ海事面やミサイル防衛、水上艦訓練、対潜戦、長距離監視、そして海洋作戦のあらゆる面において、すばらしいパートナーである。軍歴を通じて私は日本の海上自衛隊とともに働くことができたことや、何度も何度も日本を訪れ、なによりも日本の自衛隊のプロフェッショナリズムを目の当たりにすることができたことに幸運を感じている。アメリカは日本のことを、アジアだけでなく世界における最上級のパートナーとして見ている。われわれが共同して行なう仕事の多くはシーパワーを土台としたものであることを忘れないでほしい。

マサチューセッツ州メドフォードにて

ジェイムズ・スタヴリディス
二〇一七年七月二五日
（奥山真司・訳）

はじめに　海はひとつ

「われわれは夢と同じもので作られており、われわれのちっぽけな命は眠りとともに終わる」。シェイクスピアの海を舞台にした不朽の名作『テンペスト』の台詞は、私たち一人ひとりの人生が束の間のちっぽけなものであることを思わせる。一度聞けば忘れられないこの台詞の意味を、私は何度も考えたことがある。戯曲は、船が突然の嵐に見舞われるところから始まり、この台詞は常に私に海を思わせる。海軍軍人としての四〇年近い歳月の中で、陸を離れ海のただなかで過ごした時間は合計一一年近くに及ぶ。一〇年以上にもわたって無限に広がる大海原をみつめ続けた日々は夢想には最適だった。海を見るたび、目の前に広がるのは大海原へと漕ぎ出した船乗りや海岸沿いを進んだ水夫、海辺で暮らしていた人たちが当時見ていたのと同じ光景なのだと感じた。漁師や商人、海賊、水先案内人など大勢の人たちがさまざまな船の上からみつめた景色を、私たちは見ていた。言ってみれば、永遠を見ているようなものだ。大海原を眺めていれば、それが一時間であれ、一日であれ、一カ月であれ、一生であれ、時間には限りがあること、私たちは移ろいゆく世界のちっぽけな一部にすぎないことにおのずと気づかされる。

シェイクスピアの台詞は、この地球で営むささやかな人生を大げさに考えすぎるなと警告するだけではない。私たちの身体がなにで作られているのかも考えさせてくれる。人間の身体のほとんどが水であることは、覚えておく価値がある。生まれたばかりの赤ん坊のおよそ七〇パーセントは水分だ。その一方で地球もまた、およそ七〇パーセントが水で覆われているというのは、なんとも不思議に思える。地球も私たちの身体も液体で占められている。広く海を航行したことのある者はみな、海を見渡すたび、海と人との太古の昔からの結びつきを直観的に理解するだろう。

いまだに軍艦に乗っている夢を見ることがある。海についての本を書きたいと思ったのは、そのせいでもある。自宅のベッドでまどろんでいるというのに、艦のエンジンがかすかに響く音が聞こえ、打ち寄せる波が艦体を揺らしているのを感じる。私は起き上がって艦橋に向かう。夢の中ではいつも晴れた日で、艦首の先には雲が見える。艦は大海原を進む。夢が私をどこへ誘《いざな》うのかはわからない。やがて艦は岸に近づく。私は海を離れるのが残念でたまらない。夢の中では接岸は一苦労だ。艦は浅瀬に乗り上げ、立ち往生しそうになる。ようやく止まったところで、必ず目が覚める。もっと海にいたかったと私は思う。

世界の海洋を長年支配してきたイギリス海軍は、水路が互いに結びついていることをよく理解していた。「海はひとつ」というイギリス人がよく使う言い回しをはじめて聞いたのは、一八歳のときだ。私はメリーランド州アナポリスの海軍兵学校の二年生で、士官候補生《ミジップマン》として学んでいた。航海術の教官は気むずかしいイギリス人少佐で、三十代半ばのはずなのに信じられないほど年老いて見えた。この「海の老人」は六分儀《ろくぶんぎ》、航海暦、潮汐《ちょうせき》表を自在に駆使していた。だが、私が彼から本当の意味で学んだのは、大陸周辺の海流から明らかなように、世界の海がつながっていると同時に分かれてもいるということだ。彼は、太平洋、大西洋、インド洋、北極海などの大洋だけではなく、地中海、南シナ海、カリブ海など付属海についても丁寧に語ってくれた。インド洋と太平洋を結ぶ海峡が冬にはどのように変化するのか、重要な通路だったのはなぜかを一時間かけて説明してくれたこともある。駆逐艦を操縦するための知識や手法のほか、海洋学、海運史、世界戦略はもとより、大英帝国の軍艦が、小さな帆船の船尾の手すりと同じように、乾燥した塩でどれほど汚れやすかったかも教わった。水深を測る測鉛《そくえん》線で私の人生を測るとしたら、アナポリスでの十代の日々が、海軍士官としての四〇年に及ぶ歳月、さらにはこの本の執筆へとつながることがわかるだろう。

　海軍に入ってからしばらくは海で過ごすことが多かった。すべての海洋を渡り、イギリス人の教官から学んだことを検証し、航海術や操船術を向上させ、部下の男女を海の上で率いる経験もした。その後、国際関係学の専門大学院であるフレッチャー・スクールで博士号を得たことで、国際社会に対する認識は一層深まり、海が地政学に及ぼす影響を理解するようになった。ちなみに現在は、同校でもっぱら机に向かう毎日だ。過去二〇〇〇年の国家的大事業の多くが「シーパワー（海上権力）」に影響されてきたこと、現在も影響されていることは偶然ではない。海は、特に地政学的存在としてはひとつであり、南シナ海での緊張の高まりやカリブ海でのコカイン密輸、アフリカ大陸沿岸沖での海賊行為、北大西洋でのGIUKギャップ〔グリーンランド、アイスランド、イギリス《UK》の陸地に挟まれた重要な戦略的海域〕における新たな冷戦の嘆かわしい再現が示すように、これからも世界の出来事にきわめて大きな影響を及ぼし続けるだろう。海洋地政学に対する関心は必ずしも共有されていないにせよ、激動の二一世紀に我が国の政策や選択を左右するのはたしかだ。海洋は人間の取り組みのあらゆる側面に深くかかわるだろう。

駆逐艦での九カ月に及ぶ航海、カーニバル社の客船での一週間の旅、陸地の見えない外洋へ出る一日だけの船旅、いずれにしても、海に漕ぎ出せばまったく異なる次元に身を置くことになる。足元は揺れ動き、風はさえぎられることもなく激しく吹きつける。船体は雨風にさらされ、イルカが何時間も隣を泳ぐときもある。陸とはまるで違う世界だ。陸はやがて見えなくなり、見渡す限り海だけが広がる。船の大きさにかかわらず、デッキに立ち、遠くまで広がる海をゆっくりと眺めながら自らの人生に思いを馳せるとき、私たちが見ているのは、目の前には日常とかけ離れた世界である。アレクサンドロス大王が東地中海に遠征したとき、ナポレオンが南大西洋の島に流されたとき、アメリカ海軍元帥ウィリアム・ハルゼーが高速空母群を西太平洋での戦闘に急行させたときに見たのと同じ光景だ。その意味では、船乗りは陸の世界を離れたとしても、外洋に漕ぎ出した大勢の男女とは長く途絶えることのない絆で結ばれている。

この本では、二つの重要な側面から海洋を描きたいと考えた。第一は、船乗りの海での経験、第二は、海洋の地政学と、それが陸での出来事にどのように影響を与え続けているのか。海に生きる者の経験を理解し、その独自の文化を踏まえながら、海洋が国際社会にどのような影響を与えているかという大きな問いに答えることによってはじめて、私たちは海の価値と課題を十分に認識できる。その意味では、この本は太古の昔から海に漕ぎ出した大勢の船乗りの誰が書いてもおかしくなかっただろう。二一世紀の今、この本を書くことは、地球上の広大な水の世界での経験の二つの側面（船乗りの海での日々と海洋の戦略的影響力）を鮮やかに描き出そうとする試みだ。

さあ、船出のときがきた。

第1章　太平洋　すべての海洋の母

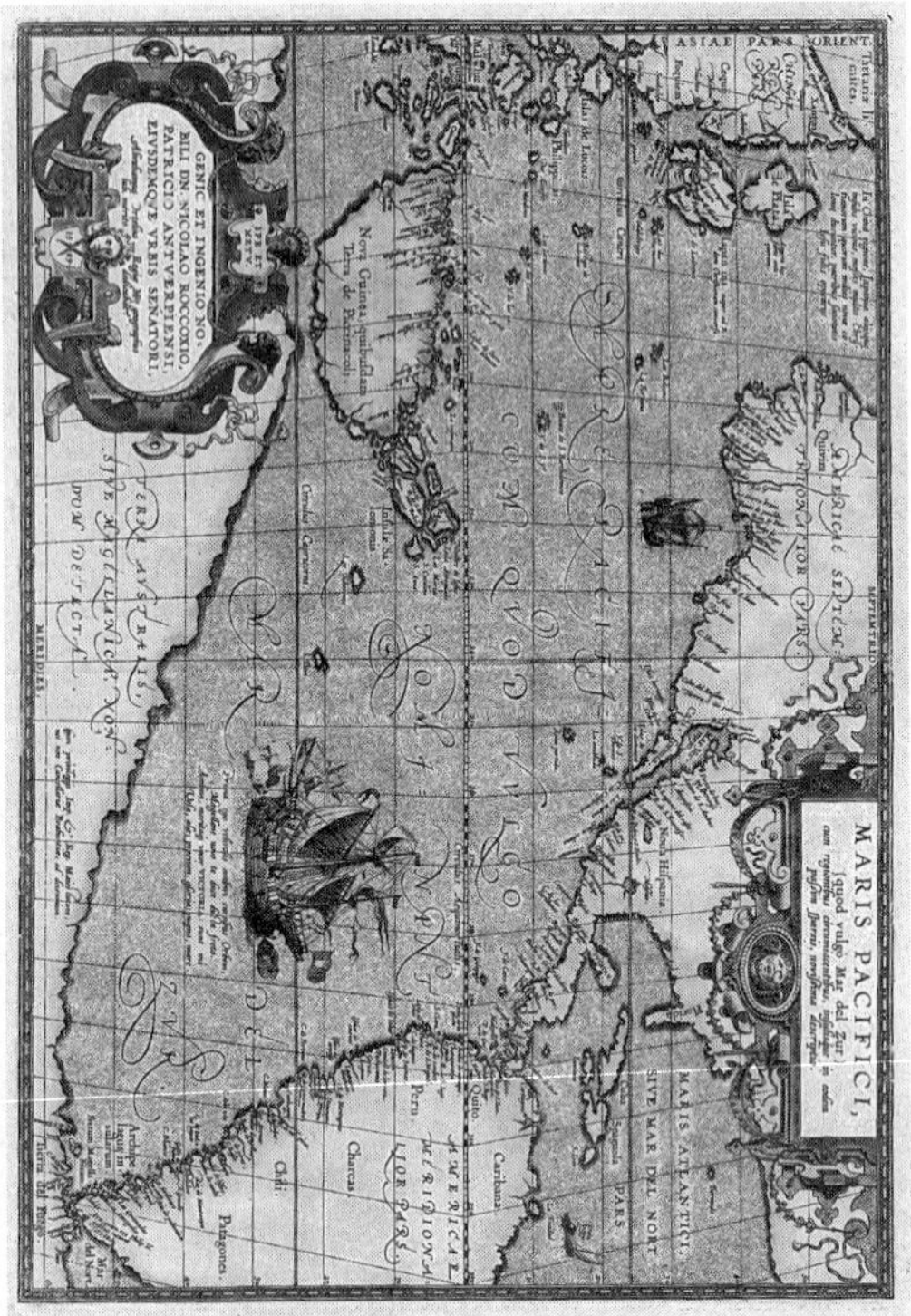

アブラハム・オルテリウスの地図（1589 年）は、当時の西洋人が太平洋をどのように理解していたかを示すものだ。

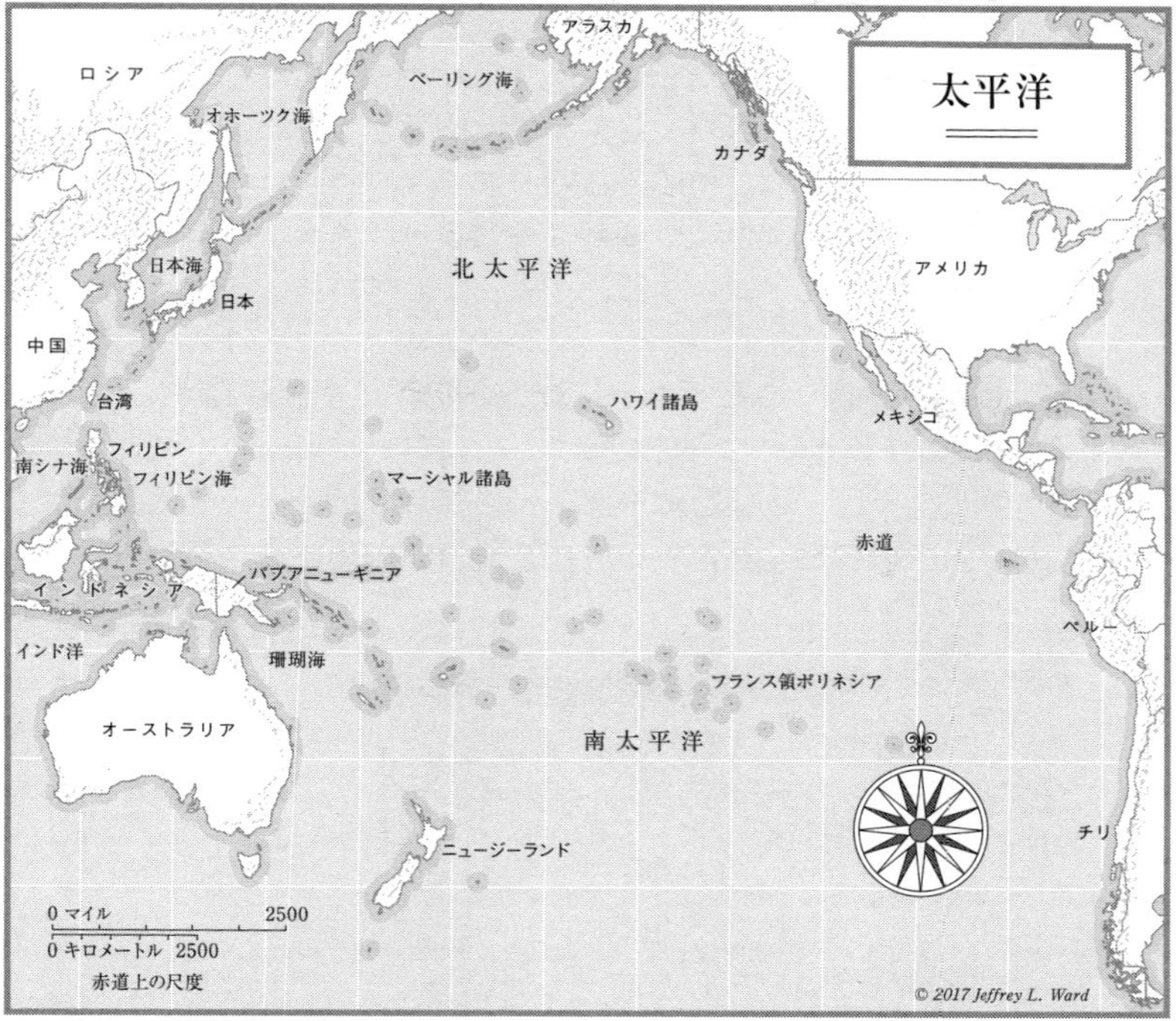
太平洋
ロシア
オホーツク海
ベーリング海
アラスカ
カナダ
アメリカ
日本海
日本
北太平洋
中国
台湾
ハワイ諸島
メキシコ
フィリピン
南シナ海
フィリピン海
マーシャル諸島
赤道
インドネシア
パプアニューギニア
ペルー
インド洋
珊瑚海
フランス領ポリネシア
オーストラリア
南太平洋
ニュージーランド
チリ
0 マイル 2500
0 キロメートル 2500
赤道上の尺度
© 2017 Jeffrey L. Ward

太平洋へのはじめての旅

一九七二年にはじめて太平洋に出たときのことは鮮明に覚えている。乗り込んだ海軍のミサイル巡洋艦ジョーエットは最新式で、排水量約八〇〇〇トン、長さ約五五〇フィート（約一七〇メートル）、型深さ二九フィート（約八・八メートル）、型幅五五フィート（約一六・七メートル）、大型艦だが、五〇〇人近い男女乗組員が働いていたため、艦内はそれほど広く感じられなかった。

当時、私は一七歳、士官候補生になったばかりだった。海軍では最下位の階級だ。父は元海兵隊員で、朝鮮とベトナムでの戦争に従軍したのち大佐で退役していた。私は、父のように海兵隊将校になるつもりで海軍兵学校に入学した。海軍兵学校では二年生《ヤングスター》の夏に航海訓練が行なわれる。海に出るのがいやだった私は、この年の夏、しぶしぶサンディエゴに向かった。というのも、「海に近づくな」というのが、多くの海兵隊員と同じく父のモットーだったからだ（「ペンタゴンに近づくな」とも言われたが、それはまた別の話）。

巡洋艦ジョーエットはサンディエゴ海軍基地をすべるように出港し、中心街に並ぶ美しく輝くビルを背に進んだ。埠頭《ふとう》から外海へ、あるいは外海から埠頭へと向かうときに見える海に浮かぶサンディエゴの光景のすばらしさは、世界でも類がないだろう。コロナド橋をくぐると、サンディエゴの地平線が右舷に、コロナド島が左舷に見えた。私は「艦尾での綱取り作業」という堂々たる任務を与えられていた。艦の係船《けいせん》ロープが埠頭の係船柱から離れると、後方の乗組員に声をかけ、濡れた重い綱の引き上げ作業に加わる。作業が終わるや艦橋の乗組員にその旨を伝え、向きを変えるときの舵の操縦法を学ばなくてはならなかった。

朝のまだ早い時間で、初夏の明るい陽射しが照りつけていた。気温は二三〜二四℃、南カリフォルニアらしいすがすがしい空気が漂う。私が作業を終える頃には、艦はバラストポイントを過ぎ、太平洋へ向かおうとしていた。新米乗組員にとって幸いなことに、海は穏やかで船酔いの心配もない。艦が舳先《へさき》を真西に向けると、私は階段を数段上って艦橋に出た。ほの暗い通路を抜け出た瞬間、降り注ぐ太陽の光と潮風、見渡す限り広がる海に圧倒された。船乗りになりたい。ダマスカスに向かう途中で天からの光に導かれてキリスト教徒となった聖パウロのように、私は唐突にそう思った。幼い頃から海に親しんでいたわけでもない。それでもこのとき太平洋は私の喉元をつかみ、静かに言った。「おかえり」。私は二度と振り返ることはなかった。

太平洋は、その大きさゆえにすべての海洋の母と呼ばれることが多い。太平洋は広大だ。その言葉になんの誇張もない。カナダからチリ、ロシアからオーストラリアのどこであれ、周辺に暮らす人たちは大洋のごく一部を知るにすぎない。グーグルで検索してみると、太平洋の表面積は約六四〇〇万平方マイル（約一億六六〇〇万平方キロメートル）。そう言われてもほかのなにかと比べてみなければピンとこないだろうが、実は太平洋だけでも、地球上の陸地を合計したよりも広い。地理に詳しくなければ、ワシントンDCからホノルルに飛行機で向かう場合のカリフォルニアまでの時間と、カリフォルニアから乗継便でホノルルに向かう時間とがほとんど同じだとは思わないはずだ。太平洋上には大きな陸地がない。太平洋に接する国は多く、どの国も太平洋をどこまでも続く裏庭のように考えている。この地域では、地球上のどの地域にもまして海の影響が大きい。

この広大な海洋には、無人有人を問わずさまざまな形と大きさの島があることを忘れてはならない。タヒチ、フィジー、ニューカレドニア、ニューギニア、ニューアイルランド、ニュージョージアには大昔から人が住み、独自の文化を持つ人種集団で構成される。この地域は個々の島の名前ではなく、「オセアニア」と総称されることが多い。

これらの孤立した島々に人が住んでいるというのは、驚くべきことだ。遠い昔に誰かが海に漕ぎ出し、気の遠くなるような距離を進んで陸地にたどり着き、生き延びたに違いない。これほどの距離を克服するためには、工夫する力、勇気、強靭《きょうじん》な意志が必要だ。一八〇〇年代にはネルソン提督の戦列艦ヴィクトリーのように、大きな帆を揚げ、六分儀のような複雑な操縦装置を備えた大型船が登場していた。この頃の技術が太平洋の島への定住を促したのであればまだ納得もできるが、実際には、人間は一万年も前に距離を克服する手段を見出していた。アウトリガーカヌーに乗ってオールを操り、気まぐれな潮の流れを読み、星を頼りにして、東南アジアから太平洋各地へと大量の移住者がたどり着いている。太平洋の島々には、現在もアウストロネシア人、ポリネシア人、ミクロネシア人、メラネシア人が暮らす。歴史研究者によれば、彼らが旅した距離は、東アジア沿岸部からハワイまで八〇〇〇キロメートルを超えるという。アウストロネシア人はオールで島から島へと渡ったため、移住には何年もかかった。第二次世界大戦中には、大日本帝国のアジアの拠点となっていた島々を連合国軍が逆方向に進むことになった。

海軍兵学校を卒業すると、私は海軍少尉に任命された。一九七〇年代後半にはじめて太平洋を横断したときの不慣れな航海の思い出は、その後も私の心に深く残っている。忘れられないのは、なんと言っても航路の長さだ。古代アウストロネシア人の筏《いかだ》を真似たコンティキ号に乗っていなかったのは幸運だった。アメリカ西海岸からハワイ諸島に着くまでには一週間かかるが、これはまだ序の口だ。一九七七年、私たちは新型スプルーアンス級駆逐艦ヒューイットとキンケイド、補給艦ナイアガラフォールズの三隻構成の小艦隊で、オアフ島の真珠湾から南下し、フィジー、ニュージーランド、オーストラリアへと果てしない航路を進んだ。長く退屈な旅路だった。それでも艦上では、設備の維持管理などの雑用があった。演習や実習も頻繁にあり、航行中には大型補給艦に横づけし、ホースを受け取って給油も行なわなくてはならない。駆逐艦と補給艦の距離は三〇メートルしかなく、ハラハラさせられた。海は穏やかだが暑さは厳しく、単調な毎日だった。

　基本的な電子航法システムが装備されていたものの、主に使っていたのは六分儀と紙の海図だ。艦では最年少の少尉だった私は、毎日星を眺めて緯度を測定し、艦を操作し、設備管理について学び、部下の乗組員にも目を配らなくてはならなかった（私は、対潜水艦戦に備える先端技術担当員を監督していた。彼らは潜水艦のいない大海原では手持ち無沙汰だ）。このときの最大の楽しみは、赤道を越え、「深海の悪霊デイビー・ジョーンズの王国」に入る日に行なわれる「赤道越え」記念式だった。

　当時の海軍では、艦が赤道を越えると、はじめて赤道を越える乗組員（「おたまじゃくし」）に対して、赤道を越えた経験がある乗組員（「老練な水夫」）からの荒っぽい洗礼があった。「おたまじゃくし」は日も昇らない時間に起こされ、船首上甲板（艦の前方）に集められ、消防ホースで水をかけられ、生ゴミを浴びせられる。強烈な臭いのゴミがまき散らされた甲板を何時間も這い回っていると、膝や手のひらがしびれてくる。腹立たしいことに、ゴミは滑り止めだと言われていた。挙句の果てに、「デイビー・ジョーンズ」に仮装した太った乗組員の油を塗った腹にキスをさせられ、赤道から汲み上げた海水を洗礼さながらに浴びる。なんともはや、大変な一日だった。運よく私の上官は赤道を一度も越えたことがなかったため、しごきも度を超したものではなかった。私は彼のそばを離れないようにした。

フィジーは興味深い場所だ。上陸すると、私はその多文化的な風土に魅了された。当時、住民の約五〇パーセントはメラネシア系だった。四〇パーセントはインド系で、一世紀以上前に砂糖農園で年季奉公をするためにイギリス人に連れて来られたインド人の子孫、残りの一〇パーセントは東アジア系かイングランド系だ。その後メラネシア系の割合が次第に増えているものの、現在も多文化社会であることは変わらない。私たちが訪れた一九七〇年代半ばは、フィジーが植民地支配を脱し、イギリス連邦の一国として独立を宣言してまもない頃だった。

首都スバに近づくと、島が点在していた。スバは都市化がそれほど進んでいない。私たちは浜辺で数日間ゆったりと過ごし、総督公邸にある芝のコートでテニスを楽しんだ。現在のフィジーは政情が不安定だ。二〇〇六年には国軍司令官によるクーデターが発生した（通常、クーデターで国を掌握するのは陸軍の将軍であって、海軍の高官ではない）。しかし、おおむね信頼できる最近の選挙によって、この小さく美しい群島は民政に復帰し、安定の兆《きざ》しが見える。この地域に目を光らせ、武力が行使された場合に難民がなだれ込むことを懸念するオーストラリアにとってはひと安心だ。

その後私たちはニュージーランドに向けて出港し、北島と南島に停泊した。二つの島の景観はすばらしかった。七〇年代のニュージーランドは五〇年代のアメリカに似ていた。人々は親切で気が利く。静かでいささか退屈でもあったが、そこがまたよかった。北島の北部は亜熱帯性気候、南島の内陸部は高山帯に属する。ちなみにニュージーランド出身の映画監督ピーター・ジャクソンの「ロード・オブ・ザ・リング」は、ニュージーランド各地で撮影された。

上陸許可を得た一週間ほどの間にワインバーでソービニヨン・ブランを飲み過ぎ、ひどい二日酔いに悩まされていた私に、激しい突風が吹きつけるオークランド港からヒューイットを出港させる下級士官としての任務が与えられた。辺りは真っ暗でどしゃ降りだ。操舵担当士官は、私以上に経験の浅い中尉で、船酔いしているのは明らかだった。そうでなくても未熟な操縦技術がさらに危うくなっていた。苛立ちを隠せない艦長は、急な旋回で艦尾がブイ(浮標)にぶつかりそうになるのを見て、私に操艦の指揮を執るよう命じた。たちまち酔いが醒めた。ベテラン士官の助けと監督によって私たちはなんとか海峡を抜け、それ以上の問題もなく外海に出た。その夜の太平洋は「太平」からは程遠かった。

次に私たちはオーストラリアに向かった。シドニーのすばらしい天然の港を目指したのである。白い軍服に太陽の光が注ぐ。海に突き出た岬にあるガーデン島海軍基地に艦を停めると、豪華なシドニー・オペラ・ハウスが海に浮かぶ白い帆のように輝いて見えた。オーストラリア国民は、第二次世界大戦時に日本軍の南進を防いだアメリカ海軍に今も感謝の気持ちを持ってくれている。温かい歓迎を受けると、太平洋が遠くへ行ってしまったかに感じられた。当時は軍服を着ていると陸でも歓迎されたものだが、現在はそれほどではないだろう。それでもオーストラリア人がアメリカ人に親近感を抱いていることは、記しておく価値がある。軍事面では、イラクやアフガニスタンへの多国籍軍の展開でも協力し合った。私自身、アフガニスタンで出会ったオーストラリア軍兵士ほど優れた兵士を知らない。彼らは現在も、イスラム国に対抗する多国籍軍の重要な一員だ。

シドニーを満喫したあと沿岸を北上し、北東海岸に飛び出た半島の入り口に位置するタウンズビルに数日停泊した。のんびりした雰囲気の都市であり、現在の人口は約二〇万人、数十年前に比べるとかなり少ない。グレート・バリア・リーフに面した人気の観光地だ。フォスターズラガーを飲みながら、堡礁《ほしょう》島へと続くサンゴ礁《しょう》の見事な光景を見渡すと、太平洋は本当に気分をなごませてくれた。太平洋横断の航海はまもなく終わる。そう実感すると同時に、行く手にトレス海峡が待ち受けているのを思い出した。

幸いなことに、トレス海峡は海の難所にしては広い。オーストラリア大陸北東部とニューギニア島との間の、世界でも最も通航量の多い海峡のひとつだ。しかし残念なことに水深が浅く、小さくてほとんど海中に沈んだ島や壊れやすい礁が入り組んでいる。一九七〇年代半ばにはブイの設置も不十分で、ヒューイットの乗組員は誰もこの海峡を通航した経験がなかった。そこで艦長は、通航に伴う危険を踏まえて操舵指揮者を選び、自身が舵を取るという異例の判断を下した。甲板で雑役作業を担当していた私は、レーダーを確認して航行に対する具体的助言を行なうことになっていた。一方、操舵指揮者は、昔ながらの目視で目印を確認した。運よく天気のいい日で、通航量は比較的少なかった。西太平洋のサンゴ海から東インド洋のアラフラ海へと抜けると、誰もがホッと息をついた。

こうして私にとって初の太平洋横断が終わった。その後、私は何度も同じ航路を航行している。

太平洋をはじめて横断したヨーロッパ人、フェルディナンド・マゼランの航海は、私の航海よりもはるかに悲惨な形で終わった。

マゼランの旅を理解するためには、地球儀でオーストラリアとインドネシアを眺めてみる必要がある。地球儀の下半分にあるこの地域はまさに水の世界で、北アメリカ大陸西部と北東アジアの細長い一部を除けば、残りはほとんど海だ。アウストロネシア人がどれほど長い旅をしたとしても、一五〇〇年代はじめまでのヨーロッパ人にとっては、アメリカ大陸の西に存在するものは意味を持たなかった。それが変わったのは、バスコ・ヌーニェス・デ・バルボアがパナマ地峡を横断し、小高い丘に登り、太平洋を発見して「神とスペイン」のものだと宣言してからだ。この発見によって、海を越えたアメリカ大陸植民地争奪戦が始まる。その後三世紀の間、ヨーロッパ人は太平洋のあちこちに徐々に足跡を残すことになる。

「太平洋（Pacific）」と命名したのは、スペイン国王のために航海をしていた短気なポルトガル人マゼランだった。南太平洋に漕ぎ出したときに、波が穏やかだったためにそう名づけたという（ちなみに太平洋は穏やかでないことも多い）。マゼランは太平洋を横断した最初のヨーロッパ人であり、彼が率いた五隻の艦隊は、はじめて地球を一周した（マゼランは航海の途中、一五二一年にフィリピンで殺された）。マゼラン以前のアジアへの冒険者の大半が、主に香辛料や金《きん》を求め、アフリカ南端を回ってアジアへ向かおうとしたのに対して、マゼランは西回りでアジアを目指そうとした。太平洋の幅はわずか六〇〇マイル（約九七〇キロメートル）だと考えていたらしい。はっきり言えば、一万マイル（約一万六〇〇〇キロメートル）以上違っていた。彼はスペイン国王の資金援助を求め、一五一九年に五隻の船を与えられた。

総勢約二五〇名から成るマゼラン艦隊は、太平洋へと抜ける航路を求め、南アメリカ大陸沿岸を南下した。冬が近づくにつれ南半球の天候は悪化する一方で、海は荒れ、一隻が難破した。残りの四隻は、のちに「マゼラン海峡」と呼ばれる南アメリカ大陸南端の海峡を発見するまで、悪天候に耐えなくてはならなかった。悪天候は続き、一隻の乗組員は航海の続行を拒む。マゼランはその後も航海を続け、南の海岸で住民がたき火をしているのに気づき、ようやく太平洋につながる航路を発見した。ちなみにこの島は、ティエラ・デル・フエゴ（火の地）と名づけられた。

太平洋に出た一行は沸き立ったが、見渡す限り広がる海洋に圧倒された。現在のチリに当たる地域からさらに沿岸を西へと進むも、アジアに到達することはできなかった。一五二一年の早春、彼らはマリアナ諸島のグアム島に上陸した。その後さらに西へ進み、その年のイースターにはフィリピンに到達し、セブ島でミサを行なった。その後、マゼランは愚かにも島内対立に介入し、近くのマクタン島に乗り込む。五〇人の乗組員は島民との戦いに敗れ、マゼランは殺された。ある乗組員は、「槍で突かれ、マゼラン船長はうつ伏せに倒れた。我々の手本であり、光であり、慰めであり、真の導き手であるマゼランが死ぬまで、やつらは鉄と竹の槍と刀で突き刺した」と述べている。

マゼランの死から二世紀の間に太平洋横断貿易が確立され、フィリピンを植民地とするスペイン帝国が主導権を握っていた。暗紅色で斜め十字を描いたスペイン国旗が各地に翻《ひるがえ》る一方で、オランダ、ポルトガル、大英帝国、フランスも太平洋に進出した。最初に本格的に太平洋貿易に乗り出したのはスペイン人で、新世界で採掘した銀をアジアに運び、加工品をヨーロッパ市場へと持ち帰った。その後ヨーロッパでの宗教改革などの影響によりスペインの勢力は次第に弱まった。一七世紀から一八世紀前半にかけて西太平洋で勢いを得たのは、オランダとイギリスだった。一七四三年、スペインのガレオン船の一隻がマニラ沖で、イギリス海軍提督ジョージ・アンソンに拿捕《だほ》された。経済的損失はスペインに追い打ちをかけた。フランスは少し遅れてやって来た。フランス人としてはじめて太平洋を周航したのは、探検家ルイ・アントワーヌ・ド・ブーガンヴィルである。この頃には多くの遠征が行なわれ、交易も盛んになっていたが、太平洋のかなりの部分は未踏の地だった。太平洋を渡った船乗りの中で偉大な人物の一人として、キャプテン・ジェイムズ・クックの名を挙げることができるだろう。

キャプテン・クックこと、ジェイムズ・クックは一七二八年、イギリス北部の下層中流階級に生まれた。最初は雑貨店で徒弟《とてい》奉公をしている。太平洋にとって幸いなことに、クックは少年時代から船や川、海に夢中だった。やがて見習い船員になり、大英帝国を取り巻く厄介で思いどおりにならない海で商船の操縦法を学び、海図の作製法を習得した。七年戦争が始まると王立海軍に入隊し、経験を積んで航海長に昇進した。

一七五〇年代半ばにイギリスが世界を視野に入れ始めると、太平洋の測量や海図作製が、「シーパワー」を確立し世界的影響力を高める手段であることは明らかになった。クックは小型帆船エンデヴァーの指揮を命じられる。長さ一〇六フィート（約三二メートル）のずんぐりした船だったが、小さな島や礁に接近し、浅瀬を進むにはうってつけだった。一七六八年の夏が終わる頃、彼は太平洋へと向かう。乗組員には、資産家で目鼻立ちの整った博物学者ジョゼフ・バンクスも含まれていた。二人はその後数年がかりで太平洋を横断した。

ゆったりとくつろぎながら太平洋を進んでみたいなら、地図帳を引っ張り出し、クックの旅を追体験するといい。異なる船での三度の航海の全行程は一五万海里を超えた。船につけられたエンデヴァー、ディスカヴァリー、レゾリューション、アドヴェンチャーという名前は、一七六八年から一七七九年にクックがハワイ諸島（クックはサンドイッチ諸島と呼んだ）の住民に殺されるまでの歳月に行なったことをきわめて正確に表現している。三度の航海は、アラスカのクック湾、プリンス・ウィリアム湾、西カナダのヌートカ湾、ロシアのカムチャツカ半島など太平洋の重要な港のほか、ハワイ、マルキーズ諸島、タヒチ、フィジー、ニューカレドニア、イースター島、クック諸島、フレンドリー諸島、ニュージーランドの北島と南島など重要な島を海図に記す旅でもあった。南極大陸にも接近し、オーストラリアを回り、南アメリカ大陸南端のホーン岬を回って大西洋とインド洋を航行した。トニー・ホルヴィッツの『青い地図　キャプテン・クックを追いかけて』（山本光伸訳、バジリコ、二〇〇三年）は、アラスカからタスマニア、イースター島からロシアへのクックの航海をたどったすばらしい読み物だ。ヨークシャーの貧しい農家に生まれたこの少年が到達するまで、太平洋は未踏の地であり、地図にも載っていなかった。彼の非凡な才能がこの海を開き、その遺産は現在も太平洋を行き交う船乗りの心と精神に宿っている。

ロシア人も太平洋開拓に加わった。彼らは東シベリアを拠点とし、どこまでも冷たい水が広がるかに見える海域を最小限の技術で進む困難な旅を成し遂げた。ベーリング海峡に近いアラスカを開拓しただけではなく、その影響力は太平洋を通して南にも広がった。アメリカ人やカナダ人の猟師と同じように毛皮貿易に魅了されたロシア人の船は、一九世紀はじめにはサンフランシスコ北部のフォート・ロスなどを拠点としていた。しかし、乱獲によって毛皮動物が少なくなると、航海の費用対効果は下がっていった。一八四〇年代に大帝国の維持が困難になり、帝政が崩壊し始めると、ロシア人はフォート・ロスから撤退し、太平洋進出は終わった。よく知られているように、ロシアは一八六七年、アラスカをアメリカに売却した。南北戦争終結からわずか二年後だったため、当時のアメリカでは非難が噴出した。太平洋進出が一時的だったとはいえ、ロシア人はこの地域の学術探検に重要な貢献を行なった。

アメリカは、ときおり思い出したかのように太平洋に顔を出した。産業革命以降、ボストンからの船が中国に向けて苦労の多い航海を行なっていたものの、一八四〇年代にメキシコとの戦争によってカリフォルニアを獲得するまでは、太平洋を本格的に航行することはなかった。一八四八年にはサッターズミルで砂金が発見され、カリフォルニアでゴールドラッシュが始まる。大勢の移住者が大陸あるいはパナマ地峡（パナマ運河が完成する前）を渡って、あるいは三世紀前のマゼランと同じようにティエラ・デル・フエゴを回って西に押し寄せた。鯨油《げいゆ》の利用に乗じて、捕鯨はエネルギー産業として急激に成長し始め、乱獲によって漁場は大西洋から太平洋へと移った。儲けの多い中国との貿易は、その後さらに重要になった。こうして太平洋は、利益を求める東海岸の人々が注目する場所となった。

一八六〇年代に蒸気船が開発されると、アメリカの太平洋地域とのかかわり方は変化した。蒸気船は帆船よりも速く、安定している一方で、燃料の石炭は重く、使えばなくなってしまう。積み過ぎれば船は海の底に沈みかねない。一定の速度を保つためには、適切な間隔での補給が必要だった。幸い、広大な太平洋には島が点在していて、石炭の補給所としては最適だった。一八九八年にアメリカがハワイを併合したのはこのためであり、美しい港のある真珠湾は太平洋でのプレゼンスを示す拠点として役立った。

日本はなぜ「太平洋の大英帝国」にならなかったのか。地政学的には興味深い問いかけだ。イギリスと日本には地政学的類似点が多い。どちらも島国であり、早い時期から侵略の脅威に頻繁に直面していた（イギリス諸島は、最初の一〇〇〇年間は日本よりも頻繁に屈服していた）。どちらも軍事的逸材を抱える誇り高き、有能な社会である。どちらも優秀な海軍軍人や造船技師を輩出していた。どちらも自然境界内では天然資源が乏しく、海洋に頼らざるを得なかった。だとしたら、イギリスが地球上の多くの地域に影響力を及ぼすほどの帝国を築いたのに対して、日本が三〇〇年近く内向きで、西洋によって開国を迫られ、二〇世紀に入ってからようやく積極的に進出し始めたのはなぜなのか。

日本の太平洋進出

答えの一部は太平洋の地理にある。

なによりもまず、太平洋は大西洋よりもはるかに広い。アジア大陸から海を隔てた日本の東には広大な海が広がる。東に漕ぎ出した船はやがて見えなくなる。そのうえ、イギリスとヨーロッパ大陸とを隔てるのがイギリス海峡という狭い水域だけであるのに対して、日本への侵略は広大な距離を越えなければ不可能であり、沿岸地域を侵そうとする攻撃的な敵は少なかった。太平洋が東に対する天然の緩衝《かんしょう》地帯の役割を果たしていることを、日本人はよくわかっていた。

日本は一三世紀にモンゴルの侵略を受けたが、海岸で待ち伏せることによって比較的たやすく撃退した。当時の支配者は国内にも敵を抱えていたにもかかわらず、一二〇〇年代後半にはモンゴル人を二度にわたって追い返している。台風という気象現象（神風）のおかげでモンゴルの船隊を撃退できたのだ。

その後国内を統合し、将軍の支配下で他国から孤立を守り続けたのち、一五〇〇年代にはアジア大陸へと進出し、一六世紀末には朝鮮半島を攻撃した。しかし明《みん》の大陸軍と朝鮮の海軍に撃退され、その後は日本列島に留《とど》まった。地中海ではレパント海戦が起きていた頃だ。当時の太平洋での海軍技術の変化も目覚ましかった。激突したり四爪錨《よつめいかり》を敵の船に引っ掛けたりして戦っていた軽装備のガレー船は、大砲を搭載できる重装備船に取って代わられた。日本は一五九〇年代に二度朝鮮出兵を試みたものの、その後は基本的には近海に留まる道を選ぶ。イギリス人とは違って、広大な太平洋を渡ろうとはせず、西の海岸線を守り続け、距離によって東からの攻撃を受けずにすむという恩恵に甘んじていた。これは国是となり、東アジア研究者ジョン・カーティス・ペリーが記したように、日本では海に出て行くことは「国外に出る」こととみなされた。

中国人も西方と国境地域に対して毅然《きぜん》とした姿勢を取った。なぜかと言えば、これらの地域こそが脅威の訪れる方向だったからだ。太平洋からではなかった。彼らは、文明を脅かすのはステップ地域の蛮族の侵入（そのために万里の長城を築いた）と、貿易や交流によって伝わる西洋文明の悪影響だと考えていた。一五世紀には鄭和《ていわ》が大航海を試みるも失敗に終わっている。彼らの航海は、南シナ海、インド洋、東アフリカなどすでに知られている西の地域を訪れ、行く先々で住民に束の間の印象を残しただけだった。やがて統治者が探検を認めなくなると、中国船隊は衰退した。広大な太平洋を見渡し東を眺めても、日本人の場合と同様、中国人の地政学的想像力はかき立てられなかった（この点では、太平洋地域のどの文化も同じだ）。皮肉なことに、太平洋を渡り、一時的な交易や布教を超えた形で二つの世界を結ぼうとしたのはヨーロッパ人だった。太平洋世界を開こうとした個人の中では、一八五〇年代に日本を訪れたアメリカの提督マシュー・カルブレイス・ペリーほど劇的な航海をした者はいなかっただろう。

当時の日本は二五〇年以上続く鎖国状態にあった。商業においても貿易や取引を制限するなど、日本はきわめて同質的で内向きな文化を保っていた。ところがアメリカ合衆国には、日本に向かわなくてはならない理由があった。経済的にきわめて重要な太平洋での捕鯨活動は、南太平洋から北海道沖へと移っていた。中国との貿易が増えたため、日本本土は海上交通を促す補給基地として非常に有益だった。アメリカ大統領ミラード・フィルモアは、寄港地としての利用を求めた親書をペリー提督に託す。

武力行使を認められていたものの、ペリーには日本についての知識があったため、別の外交的アプローチを選んだ。外輪船に贈り物を積み込み、大帝国の代表者としての力を見せつけたのだ。一八五三年七月に江戸湾に来航すると、相手国の文化を重んじ、軍事力の行使を避け、最初の選択肢として経済や外交面から接触し、他の国に対しても魅力的な地政学的事例を示すという、現在で言うところの「ソフトパワー」アプローチを用いた交渉を試みた。ペリーの船は日本人を仰天させた。冬の間に艦隊の規模をさらに拡大し、一八五四年三月には、太平洋を越えた国同士の最初の取り決めである「日米和親条約（神奈川条約）」の締結にこぎつける。これによって難破船乗組員の人権を守れるようになり、日本の二港での補給権も得た。

その後、ロシアと大英帝国を筆頭に、ヨーロッパと日本との外交関係が始まった。日本国内での近代化をめぐる議論は二年に及ぶ内戦を招き、明治維新を経て天皇がふたたび国を治めることになる。日本は突然、行進の列に加わることになった。そのうえ海へと漕ぎ出し、海軍発展への一歩を踏み出すことにもなった。日本の産業基盤は一九世紀後半に急激に発展し、陸海軍の能力を急速に高めた。海軍兵学校の学生は大英帝国やアメリカ合衆国へと送り込まれ、海軍工廠《こうしょう》は大型の強力な軍艦を建造し始めた。何世紀もの間、広大でからっぽな緩衝地帯とみなされてきた太平洋が、征服すべき地域として日本の地政学地図に浮かび上がったのである。

驚くまでもないが、日本人は大英帝国と同じように海軍戦略を立て始めた。巨大な大陸の沿岸近くに位置する島国という点でも同じで、清とロシアという大陸の二大国を恐れていた。清との間の狭い緩衝地帯である朝鮮半島を支配しようともくろみ、日本にとって重要な二つの戦争が起きた。どちらも海戦が大きな意味を持った。ひとつ目は一八九四年の日清戦争だ。

朝鮮半島の部隊を強化しようとした清軍を日本海軍が攻撃したことをきっかけに始まった。宣戦布告前の攻撃は、五〇年後の真珠湾攻撃を思い起こさせる。

両軍は短期間に激突し、日本海軍はその力を発揮した。海軍戦略として、重装甲艦と重砲のどちらが重要かは当時よく議論されたが、黄海《こうかい》海戦ではどちらが優れているかはわからなかった。明らかになったのは、連合艦隊司令長官伊東祐亨《すけゆき》の指揮下で示された優れた作戦とスピードの有効性だった。伊東は、高速艦の「遊撃艦隊」と低速艦の主力部隊とに部隊を分け、高速艦からの速射によって敵艦隊を掃射した。その後数カ月にわたって激しい戦闘が続き、一八九五年に日本が朝鮮半島、台湾などを併合して終わった。戦略地政学的には、日本は西太平洋で支配的立場に立つことができた。次に必要になったのは北面の強化であり、これがロシアとの戦争につながることになる。

日露戦争から第二次世界大戦へ

日露戦争の原因を作ったのは、ロシアだった。日清戦争で勝利した大日本帝国の前に立ちはだかり、朝鮮半島北部を非武装地帯とするよう求め、旅順を温暖期の港とした。ロシアはヨーロッパ諸国と協調し、日本の領土拡張に対抗した。その結果、一九〇四年に日露戦争が勃発《ぼっぱつ》したが、ロシア人は軍事的にも政治的にも準備不足だった。軍事的には、ロシア艦隊は広大な国家の周辺地域に分散していて、軍事力を統合するには時間が必要だった。政治的には、やがてロシア革命と帝政の終焉《しゅうえん》へとつながる不穏な動きはすでに明白だった。サンクトペテルブルクの支配層の取り巻き連中は、ロシアの太平洋沿岸で起ころうとしていた対外的対立を十分認識していなかった。

数では不利だった日本は、軍事力を集中させて先制攻撃を行ない、ロシアが戦略基盤を構築するのを防いだ。清国艦隊を撃退した記憶も新しい日本艦隊は、ふたたび、宣戦布告の前に強力な一撃を加える。日本の駆逐艦による夜間魚雷攻撃は、港に停泊していたロシアの主力艦に打撃を与えた。大胆なステパン・マカロフが太平洋艦隊司令長官に就任したにもかかわらず（彼はその直後に日本軍の敷設《ふせつ》した機雷によって亡くなる）、さらにはバルティック艦隊の太平洋派遣にもかかわらず、ロシアは決して戦略的優位に立つことはなく、国内情勢が安定し、ロシアよりも新しい技術を導入していた日本に敗れた。一九〇五年一月、ロシアは太平洋艦隊と旅順港を失った。

ロシアにとって、太平洋での最後の痛手は、一九〇五年五月、日本海海戦でバルティック艦隊が撃破されたときに生じた。ロシアは、前年一〇月以降にバルト海を出発した五三隻のうち五〇隻を失っている。艦隊の全面的敗北によって、ロシアはアメリカ大統領セオドア・ルーズベルトの斡旋により日本との講和条約を結ばざるを得なかった。ルーズベルトはこの功績によってノーベル平和賞を受賞している。ロシアは、主な戦闘での相次ぐ敗北によって日露戦争の敗者となった。戦力を集中できなかったことが大きな敗因だった。

話は変わるが、これがアメリカにとっては、パナマ運河建設の重要性を認識する貴重な教訓になった。運河がなければ、アメリカ艦隊は軍事力を統合するために南アメリカ大陸南端を何カ月もかけて航行しなくてはならなかっただろう。ちなみに敗軍の艦長が「軍艦旗を下ろし」て艦を引き渡すという古くからの慣習が最後に実行されたのは、日露戦争時のロシアによってだった。敗軍の将は帰国すれば軍法会議にかけられ、死刑判決を受け、降伏の意味するところを身をもって知ることになる。現在では、アメリカをはじめほとんどの国の海軍が掲げる原則は、優雅に降伏して軍艦旗を下ろすことでは決してなく、「艦をあきらめず」最後まで戦おうとすることだ。

アメリカを太平洋の権力者にしたのは、ハワイ諸島の占領と強化だった。オアフ島にある真珠湾は絶景で、一九七〇年代後半にはじめて入港したときの様子は今でもよく覚えている。その頃の私はまだ経験の浅い甲板当直士官だった。この日は操舵指揮を務めるよう艦長から命じられた。老練な艦長が艦を定位置につかせ、係留場所にすべるように入らせる様子は、それまでに何度も見ていた。海からは強い風が吹きつける。私は愚かにもタグボートを使うことを拒み、私に助言するためにそばにいたベテランの水先案内人の言葉を聞こうとはしなかった。反抗的な幼児のように、全部自分の力でやりたかったのだ。

残念ながら、私は艦を進め過ぎ（つまり、艦はスピードを出し過ぎていた）、艦尾を埠頭に激しくぶつけてしまった。ペンキがかなり剝げ落ち、右舷後方に小さくて目立たないとはいえ、へこみをつけてしまい、ばつの悪い思いをした。艦長はそっとにじり寄り、第二次世界大戦時の合衆国艦隊司令長官で、背が高く、人使いの荒かったというアーネスト・キングの言葉を私に伝えた。「優れた操縦士の証は、優れた操縦を必要とするような状況には決して陥らないことだ」。タグボートを使い、水先案内人の言葉を聞け、という意味だ。私は肝に銘じた。

平静を取り戻した私は、その日、美しい海軍基地の周囲を歩き回り、ここが我が国の太平洋への玄関口であること、海軍の中心であることを実感した。現在の海軍の精神は、第二次世界大戦中の太平洋での作戦行動と密接に関連している。伝説の士官たちが活躍した日々に比べると冷戦まっただなかの一九七〇年代には、私自身のキャリアがどれほど限られたささやかなものであるかを思わずにはいられなかった。一九七〇年代の冷戦では、大規模艦隊が戦闘を繰り広げる機会は訪れそうもなかった。チェスター・ニミッツやレイモンド・スプルーアンス、ウィリアム・フレデリック・ハルゼー・ジュニア、トーマス・C・キンケイドなど太平洋戦争で活躍した提督は、海洋という広大な地形の持つ意味を理解していたため、島伝いに大規模な作戦を構築でき、結果的に大日本帝国を打ち破ることができた。海軍の精神的基盤の多くは真珠湾から始まり、海洋に無限に広がる。一九四一年一二月はじめに日本に奇襲されたことは衝撃的だったが、この経験によってその後の海軍が生まれたとも言える。

第二次世界大戦時の太平洋戦域での戦闘の激しさと全貌を理解するためには、この地域の規模を想像し、史上はじめて、赤道の北部と南部のかなりの地域を含む太平洋を幅広く対象とした軍事作戦が展開されたことを踏まえなくてはならない。亡くなったウィリアム・マンチェスターが評伝『ダグラス・マッカーサー』（鈴木主税・高山圭訳、河出書房新社、一九八五年）で鮮やかに描いたように、作戦地域は「イギリス海峡からペルシャ湾までの距離に匹敵し、アレクサンドロス大王やカエサル、ナポレオンの遠征の二倍の地域」を網羅していた。我《が》の強いマッカーサー元帥もこの比較には満足しただろう。アウトリガーカヌーなら何十年、蒸気船なら何カ月もかかった広大な大洋を、数週間で横断できるようになっていた。技術は艦の速力を増強しただけではない。戦争に新たな次元を加えた。海の上空では、航空機とレーダーが射程距離の計算法を変えた。水中では、潜水艦が艦艇だけではなく、船舶をまったくかほとんど前触れもなく威嚇した。太平洋が総力戦の場になるというはじめての経験は、海での戦争が突然、過去とは根本的に異なるものになったのと同時に訪れた。

一九四一年一二月七日早朝、ハワイに突然、航空機のプロペラ音と空襲警報が鳴り響いた。日本海軍による当時としては史上最大規模の空襲だった。作戦を立案したのは連合艦隊司令長官山本五十六《いそろく》。有能で興味深いこの人物はハーバード大学に留学し、アメリカ文化を愛していた。真珠湾攻撃によって、停泊していたアメリカ艦隊と地上の航空機部隊の両方が破壊された。艦隊の至宝である空母は当初攻撃の標的だったが、まったくの偶然によって攻撃時には真珠湾を離れていて破壊を免れた。しかし四隻の戦艦、アリゾナ、オクラホマ、ウェストヴァージニア、カリフォルニアはそれほど幸運ではなく、この静かな日曜の朝には港に停泊し、乗組員の多くは陸に上がっていた。四隻は日本軍の攻撃を受けて沈んだ。

ところで私の妻ローラは、海軍駆逐艦ジョン・フィンの「命名者」役を務めている。名誉ある役職であり、そのことを誇りに思っている。この船に真珠湾名誉勲章授与者にちなんだ名前がつけられたのは二〇一五年のことだ。今後もこの艦が現役である限りともに任務を果たし、艦長や乗組員ともかかわり続けるだろう。こうした経緯で、私たち夫婦は美しい港を台無しにした予期せぬ攻撃が、海軍の乗組員にとってどれほどの恐怖だったかを深く知るようになった。当時上等兵曹だったジョン・フィンは、機関銃隊を組織し、弾丸を浴びながらも乗組員を集めた「急場しのぎ」の部隊で反撃した。その後も第二次世界大戦で誇り高く戦い、一〇〇歳を超えるまで長生きした。あの静かな日曜の朝に世界は永遠に変わってしまったと、彼はいつも語っていた。

同じ日、真珠湾から五五〇〇マイル（約八九〇〇キロメートル）離れたフィリピンで、日本軍はアメリカ軍を攻撃した。ハワイと同じように、日本軍の空襲によって基地の航空機は撃破された。フィリピン諸島は、ハワイほど周囲から隔絶してはいなかった。近くのインドシナは日本軍にすでに占領されていたため、空襲の次には地上攻撃が予想された。アメリカ軍はバターン半島湾口に位置するコレヒドール島の山沿いの要塞で勇敢に戦ったものの、フィリピン諸島は陥落し、一九四五年まで日本に占領されることになる。日本軍は快進撃を続けた。一九四二年はじめには、アメリカと連合国にとって先行きは厳しく見えた。

アメリカに好機が訪れたのは、一九四二年六月のミッドウェー海戦だった。日本は、アメリカの戦争努力を混乱させ、アメリカの人口や産業における優位に対処するため、太平洋での奇襲攻撃を企てる。ミッドウェー諸島周辺では、当初アメリカ軍が動かせる艦艇の数ははるかに少なかったにもかかわらず、アメリカ軍は勝利を収めた。真珠湾のときと同じく幸運に見舞われ、アメリカの空母は攻撃を免れた。日本の偵察機の出発が、機械的不備によって一五分遅れたためだ。日本の指揮官は、アメリカ艦隊の正確な位置がわからないまま、ミッドウェー諸島のアメリカの基地を標的にした爆弾から、アメリカ艦隊を標的にした魚雷へと、航空機に搭載する武装の変更を決断した。

一五分の遅れのおかげで、日本の艦載機は武装を変更するために空母の甲板に留まらざるを得ず、無防備なまま攻撃を受け、ほとんどが甲板で破壊された。真珠湾攻撃にも加わった四隻の空母は、戦争が深まる中でアメリカ軍の数的優位に対抗したいという日本の望みとともに太平洋の底へと沈んだ。ミッドウェー海戦に航空参謀として参加し、のちに航空自衛隊で空将となった奥宮正武《おくみやまさたけ》中佐は、『ミッドウェー』(淵田美津雄との共著、学研M文庫、二〇〇八年)において次のように述べている。「太平洋戦争は海を知らない者によって始められ、空を知らない者によって戦われた」

ミッドウェーでの勝利によって、アメリカは二方面から作戦を展開した。北太平洋方面を指揮するチェスター・ニミッツ海軍提督率いる部隊は北太平洋を島伝いに前進し、軍艦や軍用機の燃料補給地として島を利用した。一方、南太平洋を指揮したのは陸軍元帥マッカーサーで、オーストラリアに脱出後もフィリピン防衛の指揮を執った。マッカーサーの指揮下、兵士たちにとっての陸での戦いは、北太平洋での戦い同様、壮絶なものだった。インドネシアやニューギニアのジャングルには罠が仕掛けられ、伝染病も蔓延していた。のちに私が航行に苦労するトレス海峡のような水域では日本軍が待ち構えていて、水中の岩礁よりもはるかに危険だった。どちらの方面であれ、作戦の展開は並大抵ではなかった。しかし、整然とした活動が徐々に功を奏した。日本が資源不足に悩まされる一方で、アメリカの産業力が発揮され、日本の戦略的選択肢は次第に少なくなった。島によっては激烈な抵抗を見せることもあったが、日本の降伏はやがて避けがたくなる。本土決戦は日米双方にとって莫大な犠牲を意味し、広島と長崎への原爆投下が決定された。長期にわたる戦争は東京大空襲、二度の原爆投下、その後のマッカーサー元帥による占領によって、日本という国を物心両面で崩壊させた。日本の復興には時間がかかること、世界の軍事や安全保障からの長期的撤退が予想された。

名将ニミッツのもとで指揮を執った二人の海軍提督、ウィリアム・〝ブル〟・ハルゼー（彼自身は「ブル（雄牛）」というニックネームを嫌っていた）とレイモンド・スプルーアンスのことも忘れてはならない。ハルゼーの生涯については、トーマス・アレキサンダー・ヒューズの *Admiral Bill Halsey: A Naval Life*（海軍提督ビル・ハルゼーの生涯）に、スプルーアンスについては、トーマス・B・ブュエルの『提督スプルーアンス』（小城正訳、学習研究社、二〇〇〇年）に巧みに描かれている。二人は対照的だった。ハルゼーが直情的で激しやすく、声も大きかったのに対して、スプルーアンスは静かで知的で内省的だった。ニミッツは二人の個性と能力を尊重し、結果的に二人は距離や時間、断固たる抵抗という難題に立ち向かい、海軍史上最大の戦いを率いた。二人の名は太平洋と密接に結びつき、軍艦で海に向かう者の胸にこれからも刻まれるだろう。

残念ながら、太平洋地域での戦闘がこれで終わったわけではなく、第二次世界大戦の終結から数年後には朝鮮戦争が勃発し、一〇年後にはベトナム戦争が始まることになる。しかしその後、広大な太平洋はふたたび太平を取り戻した。冷戦時代には波の上でも下でも対立があったのはたしかだ。ソ連海軍は長らくセルゲイ・ゴルシコフの指揮下にあり、日露戦争での敗北以降はじめて太平洋に進出した。核弾頭を搭載した潜水艦が核抑止力として海洋をさまよう一方で、米ソの水上艦は敵艦を発見し、追跡しようとした。それでも、太平洋の大部分の島々や住民が巻き込まれることはなかった。日本から奪った西太平洋の島々のアメリカによる信託統治は、やがてマーシャル諸島共和国、ミクロネシア連邦、パラオ共和国の三国とアメリカ合衆国との間に結ばれ、現在も続く「自由連合盟約」へと発展した。平和への回帰、日本の経済復興、台湾、韓国、シンガポール、香港など新興経済国の台頭によって、一九八〇年代には太平洋貿易が大西洋貿易をはじめて上回った。この趨勢《すうせい》は現在も続いている。

中国の台頭と北朝鮮

私たちは「太平洋の世紀」を生きているのだろうか。答えを出すのはむずかしい。オバマ政権がそう考えていたのはたしかだ。数年前の「アジア太平洋シフト」宣言は、中東での出来事やロシアの復権、トランプ政権のアジア太平洋重視の姿勢によって現実味のあるものになった。しかし太平洋地域には現在も大国が居並び、経済を容赦なく牽引している。アメリカ、中国、日本、ロシア、そしてフランスさえもが頻繁に自国を「太平洋の国」と呼ぶ。オーストラリア、韓国、カナダ、メキシコ、インドネシア、コロンビア、チリなども力強く存在感を示している。世界貿易のおよそ半分は環太平洋地域で行なわれている。今後、インドがもっと積極的にかかわるようになれば、状況はさらに変化するだろう。環太平洋諸国は、環太平洋経済連携協定（TPP）（アメリカが二〇一七年に離脱したのちも、参加国間の議論は続いている）を通してであれ、中国のアジアインフラ投資銀行（AIIB）を通してであれ、この地域の潜在的可能性を解き放とうとしている。ちなみに私は、AIIBが責任ある行為者へと発展することを望んでいる。

太平洋は大きな潜在的可能性を秘める一方で、いまだに大きなリスクもある。IUU漁業（違法、無報告、無規制で行なわれる漁業）の増加とともに、乱獲は世界的な魚種資源の持続可能性に危機的負担をもたらしている。テキサス州ほどの面積のプラスチックゴミの島が太平洋を浮遊し、この地域の生態系に深刻な影響を及ぼしている。フィリピン、台湾、ベトナムなどの地域は、台風による激しい被害を受けている。多くの研究者は地球規模での気候変動が原因だと考えるが、環太平洋諸国がHA／DR（人道支援・災害救援）への適切な投資を行なわなければ、測り知れない苦痛や経済的損失がもたらされるだろう。軍と民間機関が協力し、こういった課題に取り組む必要がある。

地政学や安全保障の観点で注視すべき強力な指標は、太平洋周辺での軍拡競争の激化である。これは現実であり、現在も続いている。今後この地域では、目に見えて対立の可能性が高まるだろう。軍事的選択肢は、多大な国富を投じた軍事力の行使を各国に促す可能性があるため、慎重な外交が求められる。周辺諸国の軍備の大半は、西太平洋周辺諸国を、海上で、水中で、あるいは海から攻撃するよう設計されている。

二〇一三年以降のデータによれば、各国の軍の規模が拡大している以上に、軍事システムそのものの最新化傾向が見られる。マクロデータに見る趨勢は驚くべきものだ。*The Military Balance*（軍事バランス）によれば、インドを含むアジア全域の防衛支出は、二〇一三年から一五年の間に三二六〇億ドルから三五六〇億ドルへと、九パーセント増加した。同時期のアメリカの防衛支出は六三三〇億ドルから五九七〇億ドルへと六パーセント減少、ヨーロッパでは二八一〇億ドルから二四六〇億ドルへと一二パーセント減少した。私たちは、この軍拡競争をどのようにして緩和し、環太平洋地域の安全を保障すればよいのだろうか。

環太平洋地域で最も予測不可能で、最も危険な国は北朝鮮だ。二〇一三年から一五年の間に軍事支出を二倍以上の約一〇〇億ドル増やしている。この国は孤立していて、実際の支出額評価はきわめて困難だが、長距離ミサイル実験や道路移動式発射装置を用いた最近の核実験は、明らかに懸念材料である。北朝鮮は、今後も巨額の防衛支出を優先し続けるだろう。たとえ新たに厳しい経済制裁を課せられ、経済状況が悪化したとしても、若い指導者金正恩《キム・ジョンウン》は、武力を通してのみ、国内を統制し、太平洋地域で一定の影響力を維持できると考えている。

太平洋地域の防衛支出増加においては、中国が不釣り合いなほど大きな割合を占める。中国の防衛支出は二〇一三年から二〇一六年までに二六パーセント、約一四七〇億ドル増加した。この数字は現実の一部を示すにすぎない。実際の支出額は二〇〇〇億ドルを優に超えるだろう。中国の積極的アプローチが最も顕著にあらわれているのは人工島建設だ。問題の南シナ海で、「三〇〇〇エーカー（約一二一四ヘクタール）分の航空母艦」に相当する恒久基地として機能している。ちなみにアメリカの一〇万トン級空母でさえ、わずか七エーカーだ。人工島の建設は、中国と周辺諸国の関係を微妙にしている。人工島では、レーダーやミサイルシステムのほか、軍用飛行場にも資金が投じられている。

中国の技術や戦略の進歩は、J‐20やJ‐31など高度な戦闘機、「空母キラー」として知られる中距離弾道ミサイルDF‐21（東風‐21）などへの投資や空母艦隊編制の試みなどに見られる。これらの進歩は、サイバー攻撃重視と結びつき、現在のいわゆる接近阻止・領域拒否（A2／AD）戦略を超えるさらに積極的な防衛を可能にするだろう。それに伴い、攻撃戦力の投射も改善されるはずだ。そうなれば、この地域の情勢を根本から変えることになると考えられる。

戦略的には、中国は現在のところ、太平洋地域最大の軍事支出国であると同時に、陸でも海でも、他のアジア諸国よりも広い領土を守らなくてはならない。「平和的台頭」から「積極的防衛」への移行は、国内問題を覆い隠し、国民の意識を国内の矛盾から外的課題へ向かわせるためでもあるだろう。DF‐21D（東風‐21D）などのミサイルは、アメリカのリスク測定、特に空母に対するリスク測定を変える。中国の空母計画にも注目は集まっている。アメリカの空母ほどの威力はないものの、「威信の象徴」としては重要であり、太平洋地域の小国との海戦では有効だろう。皮肉なことに、中国の空母は自国が掲げたA2／AD技術に脅かされている。というのも、日本や韓国、ベトナムのどの国もこの点では中国に追いついているからだ。戦略的に言えば、中国の空母計画は根本的に状況を変えるものではないが、近隣小国を不安にさせるだろう。

これらを踏まえて、アメリカの能力や海上での潜在的対応について考えることが重要だ。六隻の大型原子力空母、十数隻の航空防衛を目的とする巡洋艦や駆逐艦、グアムに配備した長距離爆撃機を備えるアメリカは、太平洋地域では依然として強力な海軍力を持つ。中国による南シナ海の人工島建設に加え、長距離船舶攻撃ミサイルの威力向上は、特に日本や韓国などアメリカの同盟国の力を踏まえれば、アジアにおける勢力均衡を揺さぶるにしても完全に逆転させることはない。

太平洋を出入りする他の国も、防衛支出を急激に増やしている。たとえば日本は二〇一六年に十数年ぶりに防衛費増額を発表した。安全保障政策については、アメリカとの「切れ目のない（シームレスな）統合」が強調された。日本はミサイル防衛、空中偵察、最新型航空機を既存の高度な軍備に追加しようとしている。二〇一七年までに、水陸機動団の創設も予定している。これによって、地上、海上、空、宇宙、サイバー空間の戦略が統合されるだろう。

技術面での優位性によって、日本は世界で二番目に強力な海軍を持つ。陸空軍も同じように強力だ。日本の安全保障政策は防衛力に見合ったものであり、集団防衛シナリオにおいては、日本の防衛力のアメリカにとっての重要性は高まる一方だ。日本の二〇一六年の防衛予算四二〇億ドルは、中国と比べれば低いが、重視するところは明白で、地域に限定されている。作戦をシームレスに遂行し、最も重要な同盟国であるアメリカを支えるだろう。

日本は陸上自衛隊の支出を減らし、航空自衛隊と海上自衛隊の支出を増やしている。集団防衛を支えるための政策変更に応じたものであることは明らかだ。これは、中国との対立的シナリオに関連している。一方で、中国の防衛支出は領土に対するものであり、国内の安全保障に焦点を当てている。中国の防衛費の対外支出と国内支出の正確な割合は不明だが、国内防衛に対する懸念が、外への野心のブレーキとして今後も働くことを、私たちは知っている。

韓国は、兵士の数よりも質を高めると同時に、技術投資を続けるだろう。韓国の防衛予算は二〇一三年から一五年までの間に六パーセント増加した一方で、兵士の数は四パーセント減少している。F‐16ジェット戦闘機部隊のアップグレードや第六世代戦闘機の開発計画のほか、陸海軍のための新しい無人航空機の開発なども行なわれている。航空防衛やミサイル防衛に関しては、依然としてアメリカに依存しているが、韓国は平壌《ピョンヤン》からの脅威に備え、独自の航空・ミサイル防衛を実現しようと取り組んでいる。

アメリカにとってもうひとつの強力な同盟国、オーストラリアの防衛支出の増加割合は約七パーセントで、ディーゼル潜水艦戦力の強化など、戦闘機や軍艦が中心である。

太平洋のさらに向こうに位置するインドは、中国以外では、二〇一三年から一五年までの間に現役兵力の規模を拡大した唯一の国だ（中国と同じ二パーセント）。軍事予算もかなり増額された。その中心は、「メイク・イン・インディア（インドに来て、インドで作ってほしい）」というナレンドラ・モディ首相のイニシアチブにそって、インド国内での国防生産を促すものだ。新しい戦術ヘリコプター、新しいラファール戦闘機（フランスからの購入契約がようやく締結された）、さらに重量物の空輸輸送機の追加など、新たな調達は全域に及び、アメリカの防衛システムに対する支出も大幅に増加した。ベトナム、韓国、台湾なども海での戦争の可能性を踏まえ、防衛支出を一様に強化している。

アジアにおける海洋軍拡競争は、外敵に対する各国の認識によるものだ。最悪のシナリオは、戦争が不可避な状態まで加熱する「トゥキュディデスの罠」に陥ることだろう。相手の意図に対する誤算から、アメリカと中国の間で世界を巻き込んで、あるいは中国と日本の間で極地的に、軍事衝突が生じかねない。

衝突を避けるためには、海洋外交が必要だ。人工島（結果として生じるアメリカによる「航行の自由」作戦）、サイバー侵入、貿易不均衡などをめぐる対立について、米中高官の継続的対話を始めなくてはならない。アメリカは、アジア地域の同盟国（日本、韓国、フィリピン、オーストラリアなど）と中国との間で「アジアの冷戦」が起きないように、これらの国との協力を推進するべきだ。

さらに環太平洋諸国は、軍事演習や訓練、信頼関係を築くための取り組みを積極的に行なう必要がある。アメリカ海軍主催の環太平洋合同演習（ＲＩＭＰＡＣ）には中国も熱心に参加している。こういった取り組みによって軍同士の協力が促され、信頼も高まる。環太平洋諸国は今後、災害救助、人道作戦、医療外交に軍を活用し、ソフトパワープロジェクトをともに推進することもできるだろう。

太平洋の軍拡競争は現実であり、危険なものだ。透明性を高め、外交を通じて協力することによって、あからさまな対立の可能性を緩和できる。各国が武器に手を伸ばし、地政学的利益を得るためにハードパワーを駆使しようとする前に、今こそ、こういった仕組みを整備すべきだ。

昨今の緊張やリスクにもかかわらず、環太平洋地域が平和的に発展する可能性は五分五分よりは高い。帝国主義的行動を長期的に取り続けた社会は存在しない。ほとんどの国が、軍備を増強しながらも、さまざまな局面で協力し協調する道を見出してきた。現在のところ、北朝鮮はこの地域最大の危険要因だが、他の国が政策実現の手段として公然と武力に訴える可能性は少ないだろう。南シナ海周辺は火種になりかねないものの、国同士の本格的な戦闘の可能性は低い。

冷戦のさなかの一九七〇年代に、若くて未熟な海軍士官だった私が渡った太平洋は、今以上に危険な場所だった。現在では、日本、韓国、中国、アメリカなどの主要国は、太平洋での戦争がどれほど悲惨なものになりうるかをよく理解している。発展した商業、豊かな文化、各国の人的資本の充実は、成長に対する可能性を示すものだ。南シナ海と朝鮮半島は緊張と課題をはらむが、願わくは二一世紀の太平洋は、「太平」の名のとおりであってほしい。これは、互いの運命を結びつけている太平洋を囲むように位置する国々が、どれだけ協力し合うかにかかるだろう。その一方で、朝鮮半島をめぐって、あるいは日本と中国との間で戦争が勃発する危険も、嵐のように地平線に迫る。二一世紀の太平洋には予想外の展開が待ち受けている。

第2章　大西洋　植民地支配のはじまり

パスコアール・ロイズの地図（1633年）に示された大西洋世界。
Courtesy of Global Fishing Watch.

グリーンランド
ノルウェー
アイスランド
ノルウェー海
ハドソン湾
イギリス
北海
アイルランド
カナダ
フランス
ポルトガル
スペイン
アメリカ
北大西洋
地中海
モロッコ
メキシコ湾
カリブ海
赤道
ブラジル
南大西洋
南太平洋
南アフリカ
0 マイル 2000
0 キロメートル 2000
赤道上の尺度
大西洋
© 2017 Jeffrey L. Ward

大西洋に漕ぎ出す

二一世紀は「太平洋の世紀」と言われることが多い。多くの指標が示すように、南アジアとインド亜大陸周辺まで含めれば、太平洋は二一世紀の行方を左右する海域になるだろう。オバマ政権の有名な「アジア太平洋シフト」(その後、中東やヨーロッパ情勢を踏まえ、「太平洋リバランス」と表現が変更された)政策は、この考え方を認めているように見えた。ところがトランプ政権の最近の行動は、孤立主義を強化し、この政策を棚上げしようとしているようだ。

だが、他の海洋に比べて太平洋重視の傾向が高まっているとしても、大西洋については無視できない事実がある。とりわけ地中海がその広大な海域に含まれ、ヨーロッパ諸国、北アメリカ大陸の新しい国、ラテンアメリカの文明、カリブ海諸国、アフリカの相互交流の中心をなしてきたことを踏まえれば、大西洋はこれからも「文明のゆりかご」であり続けるだろう。

大西洋について考えるとき、私が折に触れて思い出すのは、ルイ・マル監督による一九八〇年の秀作「アトランティック・シティ」だ。ニュージャージー州のカジノの街を舞台に、バート・ランカスター演じる初老の元ギャング、ルーがスーザン・サランドン演じる若いカナダ人女性を助けようとする。自身が前途洋洋だった頃に見た大西洋の美しさと迫力を思い浮かべながら、ルーはしみじみと言う。「君はあの頃の大西洋を見ておくべきだった」。ルーの若い頃から数十年の間に大西洋がそれほど変わったとは思えないが、その迫力は何世紀にもわたって人間を魅了してきた。

大西洋の面積は約四〇〇〇万平方マイル（約一億三六〇〇万平方キロメートル）、太平洋に次ぐ広さでアメリカの一〇倍以上、※地球の表面積の約二〇パーセントを占める。「大西洋（Atlantic）」の名は、天空を肩にかついだと言われる古代ギリシャの巨人神アトラスに由来する。大西洋は、赤道の北と南に位置する「水たまり」と呼ばれることも多く、二つの海域で構成される。宇宙から眺めると、その形状は「S」字を描いているかのようだ。アフリカ大陸西海岸と南アメリカ大陸東海岸を見れば、誰もが二つの大陸は先史時代のどこかの時点で分かれ、その中間が大西洋の海底になったと推測するだろう。

大西洋には、地中海とカリブ海の二つの海が含まれ、北にはGIUKギャップがある。冷

※一般には、アメリカ合衆国の面積は三八〇〇万平方マイル（約九八〇〇万平方キロメートル）と言われる。

戦時代にはこの海域をめぐって紛争が勃発寸前になった。大西洋は、南では狭いドレーク海
峡を介して太平洋と結ばれ、東ではインド洋に続いている。地中海とカリブ海を含めれば、
周辺にはおよそ一〇〇の国と地域があり、その規模や経済力は、アメリカやブラジルのよう
な大国から、ベリーズやイギリスの海外領土であるモントセラトなどの小国までさまざまだ。
私が大西洋をはじめて見たのは一九六〇年代初頭で、当時はまだ幼い子どもだった。現役海兵隊士官だった父がギリシャのアメリカ大使館勤務を命じられたため、家族でニューヨークからアテネに向かった。一九二〇年代から三〇年代にかけて発展した豪華客船による航海は、この頃ふたたび盛んになっていた。狭いながらも上品な客室、贅沢なご馳走、オープンバーも揃っていた。私たちが乗っていた海軍フリゲート艦コンスティテューションにも、子どもを楽しませるプログラムが数多く用意されていた。けれども私はひたすら海を眺めていたかった。トランポリンのように波が高くなったかと思うと、次の瞬間には白い泡になり、次の瞬間にはふたたびどこまでも続くなめらかな波へと変わる。永遠に続くショーのようだ。さまざまな色と光が混じり、高く飛ぶ海鳥の灰色と白が影を添えていた。幼い少年にとっては、うっとりさせられるような光景だった。私たちはリスボンに停泊したのち、地中海を通ってローマの近港に寄り、ギリシャの我が家となるアテネの玄関口、ピレウス港に着いた。

私がふたたび大西洋を訪れたのは一〇年後の一九七〇年代前半、完成したばかりの空母ニミッツの乗組員としてだった。私は二〇歳そこそこの士官候補生で、海軍兵学校の最終学年

を迎えようとしていた。艦はノーフォークから西大西洋特有の暖流、メキシコ湾流（ガルフストリーム）の大きくうねる藍色の波間を進んだ。この海流は、アフリカ西岸で発生し、海洋の間を流れる川のように大西洋中部を横切る。フロリダ海峡を通って大西洋に入るとアメリカの東海岸沿いを北上し、二方向に分かれる。

メキシコ湾流は、幅六〇〜七〇マイル（一〇〇キロメートル前後）、水深四〇〇〇フィート（約一・二キロメートル）、海面付近は流れが速く、時速五マイル（約八キロメートル）に近い場所もある。一八世紀の植民地時代には、航行者はこの海流についてよく知っていて、なんとかうまく波に乗ろうと苦労した。多くの文献や映像が示すように、北大西洋に向かうにつれ、船乗りには波がどんどん速くなるように感じられる。ヘミングウェイは、あのわけしり顔で、メキシコ湾流について長々と綴っている。「パパ・ヘミングウェイ」〔ヘミングウェイが愛飲したといわれるカクテル〕のようなダイキリで流し込まなくては読み通せないほど退屈だが、緻密な描写だ。大西洋は、その後も作家たちを魅了している。

大西洋に漕ぎ出した最初のヨーロッパ人は、おそらく古代ギリシャ人だっただろう。彼らが現在のジブラルタル海峡（当時「ヘラクレスの柱」として知られていた場所）を越えてどこまで出かけていったのかは謎に包まれている。謎の中心は、不思議な都市アトランティスだ。ギリシャ人が世界をどのように見ていたかを理解するためには、古代神話にさかのぼらなくてはならない。私もまだ幼かった一九六〇年代に父からよく聞かされたものだ。神話によれば、かつて世界はオケアノス（海流）に囲まれていた。世界を正確に描いているとは言えないが、アトラスは、世界の西の果て、オケアノスの庭園に住む美しいニンフ（妖精）のヘスペリデスのそばで、苦痛に耐えながら天空を背負っていたという。

六世紀には、「航海者」としても知られるアイルランド生まれの聖職者ブレンダンなど初期の探検家が、「大西洋の謎」を解明しようと漕ぎ出した。聖職者の航海は、おそらく布教のためだっただろう。とはいえ、信者は海ではみつからなかったはずだ。記録によれば、ブレンダンはスコットランドやウェールズを訪れ、イギリス海峡を渡ってブルターニュにたどり着いたようだ。伝説では、グリーンランド沿岸からアイスランド南岸にまで到達したと言われている。初期の探検家が見聞きしたことについては広く知られることもなく、その後もヨーロッパ世界にとっては、大西洋は謎と危険の象徴であり続けた。アメリカ大陸のあちこちでは先住民が生活していたが、海に出たとしても沿岸沖だけで、大西洋の大半は未踏の地のままだった。

大西洋への航海が始まったのは、八〇〇年から一〇〇〇年頃のヴァイキングの活躍による。アイスランドに最初に定住したのはヴァイキングで、八〇〇年代後半だっただろう。九〇〇年代後半にはビャルニ・ヘルヨルフソンなどの航海が記録されている。彼は、比較的知られていたアイスランドとグリーンランドの海域から激しい嵐によって西に流され、やがて深い森をみつけたという。この航海によって、新世界を最初に見たのはヴァイキングだと言われるようになった。彼らは現在も重要である水路によって、ヨーロッパと北アメリカ大陸を結んだ。一〇～一一世紀には、現在のカナダ、ラブラドルやニューファンドランドに定住していたようだ。ミネソタや中西部の北部などの内陸部に「ヴァイキングのなごり」があるという報告も存在するが、研究者の大半は都市伝説だと見向きもしない。近年では、年間四兆ドルあまりが両大陸を往復し、世界経済における最大の交易関係の証となっている。さて、ヴァイキングがこれを見てなにを考えたかは想像もつかない。

ヴァイキングの活動が、実際に新世界を「発見」したのか、新世界に到達しただけなのかについては、研究者の間でも意見が分かれる。ダニエル・ブアスティンは、探検家の「航海」と「発見」とを区別する。※彼によると、発見という行為は、ヨーロッパ文明にフィードバックをもたらし、結果的に世界観に大きな変化を引き起こすものだ。アイルランド人やヴァイキングによる初期の航海が、私たちが現在理解しているように、大西洋を開き、きわめて重要な「海洋の橋」となったのはたしかだ。とはいえ結局のところ、彼らは入植者というよりも船乗りだった。大西洋世界を海と陸の両方で発見し植民地化したのは、一五～一六世紀に、もっと温かい地域に暮らす勇敢なポルトガル人に率いられた探検家たちだった。同じ海でも、世界の交易、商業、調査、防衛の場である光り輝く通路としての海と、広大な陸の

※ダニエル・J・ブアスティン『大発見　未知に挑んだ人間の歴史』（鈴木主税・野中邦子訳、集英社、一九八八年。集英社文庫、一九九一年刊行）。

富を結びつける媒介としての海という違いがある。

私が艦長としてはじめて北大西洋を横断したのは、一九九〇年代半ばだった。アーレイ・バーク級ミサイル駆逐艦バリーの乗組員は約三〇〇名、防空、対地攻撃、対潜水艦ミサイルなどを搭載し、複数の任務を遂行する予定だった。独立戦争の英雄、アイルランド出身のジョン・バリーの名を掲げた艦に乗り、私たちは九四年初夏に北大西洋を横断した。当初の目的はアイルランドへの親善訪問だった。ところがアイルランドで一時停留したのち、戦闘活動の可能性のあるアラビア湾へ向かうことになる。

メモリアルデー〔戦没者追悼記念日、五月の最終月曜日〕に広大な大西洋を航海しながら、私は過去の航海者との違いと類似点に驚かされた。私たちには温かくておいしい食事、シャワー、快適な寝室、故郷の家族や友人との通信（現在に比べれば限定されていたが）などの慰みがあり、海の給油所の役割を果たすさまざまなタンカーが運んでくれる豊富な原油もあった。贅沢な設備こそなかったものの、細長いヴァイキング船に比べれば別世界で、海の王様のような毎日だったし、金持ちの宮殿で航海しているかのような気分だった。

その一方で、私たちはヴァイキングと同じ使命に駆り立てられていた。家族を祖国に残した七カ月に及ぶ長い航海の最終目的地は、サダム・フセインが支配し混迷するアラビア湾であり、本物の危険が待ち受ける。私たちは、二〇〇〇年以上前の船乗りと同じことを感じていた。私たちはヴァイキングではなかったし、彼らほどの危険に直面していたわけでもない。

それでも私たちもまた、過去から続く大西洋の長い物語の一部だった。どこを目指しているのかはわかっていても、行く手になにが待ち受けているのかはわからない。結局のところ、このふたしかさと冒険心とは、多くの船乗りを海にひきつける重要な要因である。

大航海時代の幕開け

一四世紀から一五世紀にかけては、航海技術が飛躍的に進歩した。複数のマストと帆、船の前方には帆を張るためのバウスプリット〔帆船の船首に突き出ているマスト状円材〕を備えた船がヴァイキング船に代わって登場した。頑丈ではなく、帆もひとつしかないヴァイキング船は、ギリシャ人やローマ人が約一〇〇〇年前に地中海で使っていたものとたいして変わらないものだった。ロープの等間隔の結び目《ノット》（ここから、一時間に一海里進む速さを「ノット」と呼ぶようになった）を用いて速度を測るという素朴な手段のほか、羅針盤も使われるようになった。地上の目印を用いて針路を割り出す推測航法は、天体観測により自己の位置をたしかめながら航行する天測航法の進歩によって徐々に使われなくなった。交易品、特に香辛料や金《きん》、宝飾品、香水、染料、貴金属などが行き来し始め、より遠くへという欲求が高まった。

大西洋を最初に横断したヨーロッパ人がアイルランド人（あるいはヴァイキング）だと考えるか否かは別として、ポルトガル人が初期の航海に及ぼした大きな影響については議論の余地はない。その代表はポルトガル国の王子、初代ヴィゼウ公で、のちに「エンリケ航海王子」と呼ばれた。一五世紀前半の人物で、一四〇〇年代初期には何度も探検隊を派遣し、大西洋からアフリカ沿岸にまで進出している。探検による利益を求めたのは、若い頃に現在のモロッコに当たるセウタに遠征したためらしい。このとき王子は、南に広がる広大な大陸の大西洋沿岸で、香辛料や金《きん》、銀などの富の源を発見した。王子はまた、優秀な探検家や船乗りを集め、ポルトガル南部のサグレスに非公式の「海事裁判所」を開設したと言われている。王子が実際にどの程度、この「裁判所」の会議にかかわったのかは、研究者の間でもかなりの議論があるが、海事の専門家を集めては意見を聞いていたと考えるのが妥当だろう。

エンリケ王子が多くの航海に資金を出したことによって、南方の世界に対する知識が確立し、航海や航行に関する新しい技術が広がった。大三角帆を装備した軽量のカラベル船は、高く持ち上がった船首楼《せんしゅうろう》と船尾楼《せんびろう》を持たず、常に回頭できるため、探検には欠かせなかった。小型とはいえ小集団で活動し、アフリカ沿岸を南下するだけではなく、風に逆らって北上することもできた。「詰め開き」という表現はカラベル船に由来し、逆風で帆走するときに、これ以上は風上に切り上がらない極限の針路で進む状態を意味する。

当時のポルトガルの航海者は、大西洋の風や海流に妨げられることなく自由に進むことができた。リスボンやラゴスから南西に向かい、アフリカの赤道付近の港に立ち寄り、さらに北や西へ向かった。いったんは祖国から遠ざかったが、最終的にはアゾレス諸島付近で北東に方向転換してポルトガル海流に乗り、祖国に戻る。この三角形を描く大きな海流は「海の回転（*volta do mar*）」と呼ばれていた。小規模な航海では、アフリカ沿岸のそれほど遠くない港に向かい、そこから北西のカナリア諸島を経て戻る。海流と風（大西洋旋回）によって、ヨーロッパ人は頻繁に探検に向かうことができた。カラベル船の登場によってこの二つのルートを用いた探検が可能になる。ジブラルタル海峡南端の古代の港セウタから、アルガン島の現在のモーリタニア沖にポルトガル人によって築かれ、その後一六〇〇年代半ばまで二世紀にわたって維持された最初の大きな砦まで、ポルトガル人はアフリカ北西部沿岸を徹底的に探検できるようになった。

一五世紀半ばにエンリケ王子が亡くなってからも、ポルトガルでは、探検を奨励する文化の中で育った新世代の船乗りが冒険を続けていた。バルトロメウ・ディアス、ヴァスコ・ダ・ガマ、ペドロ・アルヴァレス・カブラルの三人の船長の名はよく知られている。ディアスは一四八〇年代後半にタホ（テージョ）川の「白い塔」を出発し、一年半の航海を経て喜望峰に到達した。言い伝えによれば、これは半ば偶然で、嵐によって東に流されたという。ヴァスコ・ダ・ガマは、一五世紀末にインド亜大陸に到達した最初のヨーロッパ人だった。一五〇〇年にはカブラルがブラジルを発見した。彼は四大大陸（ヨーロッパ、南アメリカ、アフリカ、アジアのインド亜大陸）に到達した最初の旅行者として知られている。

まとめると、彼らをはじめとするポルトガルの船乗りたちは、アフリカ大陸南西沿岸に徐々に到達し、交易経路を確立し、プレスター・ジョンの伝説上のキリスト教国を探し続け、ついには喜望峰を回ってインド洋に入った。彼らの大航海時代の発見はヨーロッパ人を刺激し、多くの場合に極端な暴力によってアフリカ人を搾取し、一五世紀から一六世紀にかけて大西洋とインド洋とを結びつけた。当時は海洋時代の幕開けとも呼ばれている。

はじめて私がリスボンからタホ川をのぼったのは一九六二年のことだ。父親が大使館付武官補として三年間の任務を命じられたため、フリゲート艦コンスティテューションでアテネに向かった。海兵隊士官だった父は、特段航海に魅力を感じたようでもなかった。しかし、私にとっては忘れられない思い出になった。ボストンを出発して最初に着いた港はリスボンだった。私たち家族は暑い夏の日にタホ川をのぼった。広く美しい川、川岸を揺れながら進む船、白く輝く塔を、七歳の私はうっとりと眺めた。一五〇〇年代はじめから、ポルトガルの船長は、この塔から世界に向けて漕ぎ出した。数十年後、私は白髪交じりの海軍大将として多くの任務を帯び、ふたたびリスボンに戻ることになる。数えきれないほどの航海をしてきたけれど、白い塔の魅力は変わらなかった。海辺からさほど遠くない海洋博物館を訪れてみると、ヨーロッパやキリスト教世界、活気あふれる社会、大切な家族を置いて、未知の空間を探求すべく南へと漕ぎ出した人たちの勇気に、私は胸を打たれずにはいられなかった。当時はベレンの塔と呼ばれていた白い塔がやがて視界から消えたときには、船乗りなら誰もがそうであるように、故郷に対する思いと海へ向かいたいという欲求との間で引き裂かれそうになったに違いない。

一四九二年のコロンブスの航海については、カリブ海の章（第6章）で詳しく記すつもりだ。だが、彼がポルトガル王に援助を求めるも失敗し、結局、スペインのイサベル一世とその夫フェルナンド二世に気に入られ、信頼されて資金援助を得たことは注目に値する。最初に西アフリカに向かって南下したのち、風を利用して西へと向かった。わずか一カ月ほどで現在のバハマ諸島に到達し、世界の歴史を変えることになる。「大洋の提督」という海洋史上最も大げさな称号を得て、彼はさらに「新世界」に向かう三度の航海を行ない、その名を残した。

数十年後、一六世紀に入るまでには、大西洋横断はますます盛んになっていた。コロンブスの新世界「発見」から二〇年もしないうちに、フェルディナンド・マゼランは、世界の南端で大西洋と太平洋を結ぶ海峡「マゼラン海峡」を発見した。彼が率いたスペイン艦隊は、その後世界一周を成し遂げた。皮肉にもマゼランはポルトガル人だったが、スペイン王の命で艦隊の指揮を執ることになる。すでに述べたように、マゼランは航海の途中で亡くなるが、その功績によって地図作製法は変化し、大西洋、特に北半球に漕ぎ出そうとしたフランスやイギリスの多くの船乗りに影響を与えた。

ポルトガル人やスペイン人が大西洋を横断してカリブ海や南アメリカ大陸へと向かったのに対して、イギリス人やフランス人はもっぱら北アメリカ大陸を目指した。一五世紀末にはジョン・カボットがニューファンドランド島を発見する。皮肉にも彼はイタリア人で、イギリス国王の命で船団を率いていた。その後、五隻の船団を率いた航海で亡くなり、この出来事はイギリスの探検熱に冷や水を浴びせた。大勢のイギリス人がふたたび大西洋を横断するのは、さらに一世紀ほどのちのことだ。一六世紀に入ると、フランスとイギリスは現在のカナダに植民地を築き、アメリカ大西洋岸に定住し始めた。

イギリスでは、初の軍艦建造を命じたヘンリー八世のもとで、一五〇〇年代に新たな海軍の伝統が始まった。軍艦には前装式の大砲が装備され、敵艦の乗組員を撃ち殺せるように、艦首から艦尾まで砲塔が設置されていた。複数の大砲を用いた一斉攻撃は「舷側砲《げんそくほう》」として知られるようになり、その後、二〇世紀半ばに航空機や長距離ミサイルが登場するまでの五〇〇年間、海戦で破壊的威力を示した。一六世紀後半までにはスペインとの間で覇権をめぐる闘争が頂点に達し、宗教改革と、カトリック教会からの分離とローマ教皇の権威の否定というヘンリー八世の決断に続く宗教戦争によって、両国の対立は悪化した。国王によって正式に認められ、「私掠船《しりやくせん》」と呼ばれたイギリスの海賊船は、スペインとの戦いで戦略兵器になった。最も恐れられたのはジョン・ホーキンズとフランシス・ドレークだ。彼らの船、特にドレークのゴールデン・ハインド号は、一五〇〇年代後半に南アメリカ大陸沿岸で略奪を行なった。

これに対して「至福の艦隊」とも呼ばれるスペイン無敵艦隊による反撃が行なわれ、大西洋史に残る戦いが始まる。艦隊は当時としては大軍で、一〇〇隻を超える軍艦、一〇〇〇門の大砲、約三万人の乗組員で構成されていた。スペインは同時に現在のオランダとも戦っていた。オランダはドイツとともに、宗教改革に伴って生じた戦争の中心地だった。イギリス側は三〇隻を超える重装備の軍艦と約二〇〇隻の武装商船を集めていた。スペインとの大きな違いは、イギリスの艦が小型で軽く、操縦しやすかったこと、熟練した船乗りが操縦していたことだった。スペインの艦は二倍以上の火力の舷側砲を備えていたため重く、短距離砲が中心だった。イギリス沿岸沖での戦いは、艦隊同士がはじめて本格的に衝突したと同時に、カトリックとプロテスタントの対立が頂点に達した瞬間でもあった。

砲門は繰り返し火を噴いた。しかし、双方の艦隊にはかなり距離があったため、威力を発揮することはなかった。スペイン軍は最初の目的地、フランスの港カレーに到達した。海峡を渡り、イギリスを攻める前に、追加船団がスペイン艦隊に合流することになっていた。スペインにとって不運なことに、弾薬はほとんど尽きかけていて、国内の兵器庫から補充することはできなかった。一方、イギリス側は地の利によって補給が可能だった。ところがこの利点にもかかわらずスペイン艦隊を制圧するには至らず、北海へ、さらにはスペインまで追跡することになる。激しい嵐に見舞われ、航行もままならなかったが、十数隻のスペイン艦が沈んだ。スペイン艦隊がかろうじてスペインに戻ったときには、その規模は半分になっていた。イギリスの勝利を示すメダルには、「神は息を吹きかけ、敵は追い散らされた」と刻まれている。

一七世紀には、オランダが海洋の強国として台頭し始め、大西洋周辺や新世界の他の領域を征服しようとした。一六〇〇年代には、イギリスとオランダの間で三度の戦争が起こっている。イギリスは、オランダと大西洋を結ぶ海上交通路を押さえることによって、戦略的優位を享受していた。当時のイギリスは共和政（コモンウェルス）で、護国卿オリバー・クロムウェルは海軍提督に強い不信感を抱いていた（私は残念に思う）。そして、本来は陸軍だけを指揮していた将軍を海に送り込んだ。当然の結果として、整然と縦一列に並ぶいわゆる単縦陣戦法が導入されたが、これは敵艦の隣に素早く艦をつけ、「混戦」に持ち込む戦法とは競合するものだった。一七〇〇年代には、イギリスと現在のフランスとが大西洋で戦うようになり、指揮権は海軍軍人の手に戻った。とはいえ、各艦が縦一列に整然と並ぶアプローチは海戦の中心であり続けた。

一七〇〇年代半ばの七年戦争は、本当の意味で最初の世界的紛争と呼べるだろう。フランスとイギリスは、大西洋や地中海、カリブ海、太平洋やインド洋、その沿岸地域で戦闘を繰り広げた。イギリスは、主な敵国（このときはフランス）との地政学的均衡を生み出すために大陸のヨーロッパ諸国と協調し、その後三〇〇年を生き延びた。世界各地のフランスの植民地や大西洋のフランス艦隊を攻撃する一方で、港を封鎖し、大陸の味方（このときはプロイセン）に頼ることでフランスの艦を港に留め、陸のフランス軍を脅かそうとした。独創的で、地政学的戦略に長《た》けたウィリアム・ピットの「ピット戦略」によるアプローチは、その後三〇〇年にわたってイギリスの基本となる。フランスは植民地を守り、イギリスを侵略すると脅すことによって対応しようとした。結局、イギリスの海での覇権は決定的なものになり、カナダを手に入れ、カリブ海でも勢力を誇った。七年戦争は、世界的海軍を持ち、海上交通路を制する者が勝利のカギを握ることが示された戦いだった。

探検と植民地化

ヨーロッパ人の大西洋横断が加速する中で注目すべきは、探検が容赦なく変容をもたらしたということだ。長距離を航海し、風に向かって進む必要性から、航海術、帆、帆柱やロープ、船体は技術的向上を遂げた。新しい農産物が発見され、ヨーロッパにもたらされた。ヨーロッパでは、最初は好奇心から、やがては商品として動植物が入り込み、食生活が変化し始めた。これは「コロンビア交換」あるいは「新世界交換」と呼ばれている。

ジャレド・ダイアモンドが『銃・病原菌・鉄』（倉骨彰訳、草思社文庫、二〇一二年）で述べたように、ヨーロッパ人は大西洋を横断してアフリカやアメリカ大陸に「銃、病原菌、鉄」を持ち込み、新世界から生産物を持ち帰った。ヨーロッパからタマネギ、シトラス、バナナ、マンゴー、コムギ、コメが送られたのに対して、新世界からはトマト、ジャガイモ、ゴム、バニラ、チョコレート、トウモロコシ、タバコがもたらされた。家畜は主にヨーロッパからアメリカ大陸に運ばれ、暮らしを大きく変えた。馬や豚、ロバ、イヌ、ネコ、蜂、鶏は、大西洋の橋を渡ってやって来たのだ。二つの新大陸の発見によって、ヨーロッパ人には新たな交易路がもたらされ、やがて奴隷が砂糖や綿花、タバコ農園で働くためにアメリカ大陸に渡り、加工品がヨーロッパに送られた。「中央航路」と呼ばれた奴隷の大西洋貿易は悲惨なもので、大西洋史では最悪の時期に当たる。奴隷は現在まで続く大西洋を横断する大量移住の一部を形成し、結果としてアメリカ大陸への移住者は一〇億人を超えている。

このすべてを基盤とした一八世紀の産業革命は、原材料貿易と人間の大西洋横断によって加速した。貿易や商業の発展、生産力の向上によって大国が競い合う地政学的条件が整う。大西洋の五大帝国、フランス、イギリス、スペイン、オランダ、ポルトガルは植民地戦争を繰り広げ、大西洋は戦場、アメリカ大陸での軍事作戦を支える橋、戦争をあと押しする経済発展のための高速路になった。その後の二〇〇年間には、アメリカ大陸やヨーロッパ、さらには海上でも「大西洋の戦争」が繰り広げられた。戦いは新世界の製品、すなわち金や銀、奴隷、砂糖、タバコ、魚、毛皮、加工品、市場そのものが生み出す富をめぐるものだった。五大帝国は、現在「制海」と呼ばれるものが、国力の不可欠な要素だと気づく。これらの国の戦略基盤となる一貫した理論的枠組みが、アメリカのアルフレッド・セイヤー・マハンによって確立されるまでにはさらに数世紀を要するとしても、この時期には、「シーパワー」が人類史でかつてなかったほど幅広く影響力を及ぼしていた。商船も軍艦も大型化したため、現在もなお世界政治を支配する「制海」と「戦力投射」の原動力が生み出された。このすべては大西洋で誕生したのだった。

アメリカ大陸では、ニューイングランドの一部の地域が、合衆国初の真に世界的な海洋拠点として発展し始めていた。数十年のうちに簡易な造船所が誕生し、アメリカ独立革命を促した。生み出された富と独立への動きは、植民地が大英帝国から離脱するための基盤となった。革命の争点は「代表なき課税」から、未知の土地に漕ぎ出し、異なる規範や行動によって新たな国家を築いた男女による自由や解放を求める意識の高まりに至るまで、大西洋貿易に起因するものだった。貿易ルートは次第に複雑になり、一七〇〇年代半ばには木材、肉、穀類、タール、樹脂、ピッチ〔タール、石油、油脂などを蒸留して残る黒褐色の物質〕、コメ、インディゴなどを含むようになった。貿易にかかわる何千隻もの船を、何百隻もの軍艦が護衛し、小競り合いや戦闘、戦争に加わった。カリブ海では、軍に守られた合法的貿易とともに、海賊文化が花開いた。あとで詳しく述べるが、カリブ海域には小さな入り江や湾、小島がある。年間を通じて穏やかな気候で、狭い地域に五つの国家が林立するという地政学的混乱もあって、海賊行為には好都合だった。

貿易、富、地政学的対立が複雑に混じり合った状況に、啓蒙思想が火をつけた。啓蒙思想は、アメリカ独立革命の下地を作った。この革命では大西洋がふたたび主要な役割を果たす。北アメリカ大陸での七年戦争と呼べるフレンチ・インディアン戦争ののち、大英帝国は劣勢に転じた。国内は不安定で、列強フランスに対する怒りや不満がぬぐえず、アメリカ大陸の植民地では本国に対する負担や義務が多すぎるという不満があった。税金や関税の増加は植民地の不安をかき立て、一七七三年にはボストン茶会事件が起きる。植民地側の抗議は認められず、ボストンの港の閉鎖など、植民地へのさらなる統制が行なわれた。一七七五年には北部の植民地で反乱が起き、銃撃戦や小競り合いが中心だったレキシントン・コンコードの戦いを契機に本格的な戦争が始まった。

過去のどの革命も同じではない。当時のアメリカでは、大英帝国への忠誠を望む者は人口の約三分の一、どちらとも言えないが三分の一、一貫して独立を支持していた者が三分の一だった。しかしニューイングランドでの戦いが始まると趨勢《すうせい》は一転し、革命を支持する声が強くなった。アメリカ人はイギリス人ほど十分な海軍力を備えていなかったが、フレンチ・インディアン戦争で痛い目に遭い、アメリカ大陸での敵の勢力を弱めたいと願うフランスの支援を受けていた。植民地側は小さな船を集め、シャンプレーン湖での水上戦やカナダ侵攻作戦などによってイギリス側を可能な限り攻撃した。驚くことに、彼らは私掠《しりゃく》船や、大陸海軍が所有した最初の船団を配備することで、イギリス海域にも進軍できた。イギリスは植民地に大規模な部隊を送り込み、大西洋沿岸を全面的に統制したため、軽装備のアメリカ船は壊滅的な打撃を受けた。勝つためには、イギリスによる大西洋の統制を破らなくてはならないと、アメリカ人はすぐに気づいた。フランスが一七七八年に参戦すると、アメリカ人はようやくいわゆる「制海」を確立できた。

一七八〇年代には、ジョン・ポール・ジョーンズなどの英雄と呼ばれる海軍士官が北大西洋で本物の勝利を収めていた。ジョーンズは、最初はレンジャー号、のちにボノム・リシャール号でアイルランドやイギリスの海域に向かい、「通商破壊」を実施した。一七七九年には、軽装備の小艦隊でイギリスの護衛艦を攻撃し、軽装備の英駆逐艦セラピスを拿捕《だほ》した。これは、アメリカ独立革命期の海軍の行動では最も有名な出来事だろう。ジョーンズの艦が沈みそうになると、セラピスの艦長は降伏を促した。するとジョーンズは「こっちはまだ戦いを始めてもいない」と答えたという。この言葉は世代を超えて海軍士官候補生の胸に刻まれている。一九七二年夏に士官候補生だった私スタヴリディスもその一人だ。

ジョン・ポール・ジョーンズは、多くのアメリカ国民が建国の頃の海軍士官として、その名を思い浮かべる唯一の著名な人物だろう。大西洋各地を航行し、「アメリカ海軍の父」として尊敬されているが、実際はアメリカ合衆国とロシア帝国のために戦った傭兵で、ロシア帝国海軍では少将に任じられている。怒りっぽいスコットランド人だったため、革命戦争期の自身の処遇に満足できず、より多くの報酬と強い指揮権を求めてヨーロッパに戻ったものの、結局は宮廷政治でうまく立ち回れなかった。一七九二年に一文無しでパリで亡くなり、フランスの墓地に埋葬された。

彼の名が一躍知られるようになったのは、セオドア・ルーズベルト大統領が興味を示し、遺体を発掘させたためだ。一九〇五年、ジョーンズはふたたび大西洋を横断した。今度は、アメリカの軍艦ブルックリンに乗り、三隻の護衛艦が同行した。ジョーンズの葬儀はバンクロフト・ホール（アナポリスの海軍士官候補生の学生寮）でものものしく行なわれ、海軍兵学校にある大きな礼拝堂の黒くて豪華な大理石の霊廟《れいびょう》に葬られた。一八世紀後半から二〇世紀はじめの三世紀をまたいで大西洋を横断した人物は、おそらくほかにはいないだろう。

誕生まもないアメリカ合衆国にとって幸運だったことに、フランスは大西洋を横断するアメリカ軍の補給を支援し、可能な場合にはイギリスに対する攻撃を繰り返し、南の植民地への侵略計画を練り上げることによって、形勢を逆転しようとしていた。ラファイエット侯爵は、フランスが植民地にとって信頼できる味方であることを証明し、ヴァージニア南部のヨークタウンで決定的勝利を収めた。何カ月にも及んだ戦いは、「シーパワー」の価値を示すものだった。勝利はなによりも大西洋の制海によって可能になった。アメリカ軍は、フランス海軍の力を活用して戦力をスムーズに動かし、最も必要な地点に投入できた。これは、シーパワーによる戦略的機動性を示すものだった。一七八一年、夏の終わりから秋のはじめにかけて、海を経由してヨークタウンに戦力が集結すると、大西洋での海戦は、イギリスとフランスの軍艦による至近距離での激戦に転じた。イギリス軍は痛手を負いながらもさらに北に進み、陸で指揮を執っていたチャールズ・コーンウォリス卿に援軍を送ろうとした。しかし、勝利の女神はイギリスに微笑まず、コーンウォリスは強力なシーパワー（この場合は、我が国にとって最初の、最も古い同盟国であるフランスの支援を得た海軍）に降伏せざるを得なかった。一七八三年には、イギリスはさらに大きな地政学的課題と母国の混乱を経験する。パリ条約によって戦いは終わり、五大湖からジョージアに広がるアメリカ合衆国の独立が認められた。合衆国の大西洋岸は、国内の他の沿岸地域よりも顕著な地理的特徴を持ち、本当の意味での独立を成し遂げたときには、世界に向かう玄関となった。

次に大西洋が中心的な役割を果たしたのは、ナポレオン・ボナパルトの台頭によるヨーロッパでの長い戦いだった。フランスとヨーロッパ諸国との戦争は、一七〇〇年代末から一八〇〇年代はじめまで続いた。ナポレオンは、大英帝国率いる連合軍と戦うために周辺諸国を征服するか服従させようとした。地政学的に見れば、大陸ではナポレオンが優勢だったにもかかわらず、イギリスはシーパワーによって独立を守り、フランス軍を封鎖し、遠くの植民地をめぐって戦い、経済力をも維持することができた。歴史上、最も偶像視される海軍軍人でもあるイギリスのホレーショ・ネルソンは、この長い戦いの中心人物だった。カリブ海、バルト海、地中海など大西洋各地で戦い、ナポレオン戦争の間に何度もこれらの海を横断している。フランスとの初期の戦いでは、二度重要な勝利を収めた。エジプトでは、ナイルの海戦によって、英領インドがフランスに征服されるのを防いだ。デンマークでは、コペンハーゲンの海戦に勝利し、ナポレオンを交渉のテーブルにつかせた。イギリス海軍へのネルソンの影響は、現在も残っている。

透明性と政治的正当性が重視される現代から見れば、ネルソン提督が一度も議会の承認を得ていなかったことは注目すべきだ。ネルソンの身長は一メートル六七センチ、小柄でやせていて、片方の目と腕を戦闘で失っている。ひどい船酔いや流行病にも苦しんだようだ。エマ・ハミルトンとは長年愛人関係にあり、娘を一人もうけた。ネルソンは当時の海戦では厳しく統御された作戦を用いることを一貫して好み、指揮下の複数の艦長を「結束した兄弟たち」として束ねる能力は、現在も変わることのない最高の海軍力を生み出す助けになった。

ナポレオン率いる陸の大国フランスは、海の大国大英帝国を支配しようとしていた。そしてネルソン提督こそが、一八世紀後半から一九世紀前半にかけての大英帝国の命運を握っていた。この国が、世界中の植民地からの経済的利益を享受すると同時に、大西洋横断やヨーロッパ大陸沿岸の海上交通路を支配する古典的海軍戦略を遂行するためには、ネルソンの力が欠かせなかったのだ。

一八〇五年には、ナポレオンは大英帝国を攻撃するために積極的に侵略を行なおうとしていた。ネルソンはフランス艦隊（と同盟国スペインの艦隊）を果敢に攻撃した。そうすれば、イギリス諸島の安全（実際には尊厳そのもの）を守れると理解していたからだ。イギリスは、英仏海峡と、シーパワーによるこの海峡の統制力が、戦争において「すべてを決する」と言われる「重心」であることを理解していた。その結果、一八〇五年一〇月、歴史に名高いトラファルガーの海戦が勃発した。大西洋の東の中心、スペイン沿岸沖で戦いが繰り広げられ、両国の大艦隊が激突した。ネルソンがどのように戦うかを示したメモを作成したことは、よく知られている。彼は戦いの直前にこれを乗組員に示した。

約四〇隻の主力艦を率いていたネルソンは、適切な補給路を確保できないこと、「戦争の霧（fog of war）」や障害の可能性が明確な指揮や統制を不可能にすることをわかっていた。「偶然に任せなくてはならないこともあるだろう。海戦では確実なものはなにもない」とメモに記している。ネルソンが示したのは、戦いの基本的な方向性と戦術だが、そこには戦闘に向かう海軍軍人がしばしば言及する最も重要な言葉が含まれている。「信号が見えないか、はっきりと了解できない場合には、敵の艦に横づけすれば、艦長はなにも間違うことはない」。指揮におけるこの独立の精神、率先して戦うという伝統は、アメリカとイギリス、さらにはその同盟国の海軍に現在も引き継がれている。

一〇月のその日の朝、普段は波の荒い大西洋は不思議なほど穏やかだった。ネルソンは約三〇隻の艦を二列縦隊とし、スペインとフランスの艦隊に接近させた。ネルソンは敵艦隊の中心部に突っ込むことができた。戦闘が始まる直前、彼は遺書と祈りの言葉をしたためた。「我が艦隊が、勝利ののちの慈悲を忘れることがないように」。そして彼は、イギリス海軍の軍人なら誰もが知る言葉を述べた。「イングランドは、すべての兵士が義務を果たすことを期待する」。彼はたしかにそれを実行した。授与されたメダルや勲章をすべて身に着け、後甲板に立ち、数時間後に敵の狙撃手の銃弾を受けて非業《ひごう》の死を遂げたのである。ネルソン提督は、いつになく穏やかな大西洋の波に揺れるヴィクトリー号の艦内で苦しみながらこの世を去った。戦闘はイギリス艦隊の大勝利に終わり、フランス・スペイン連合艦隊の最も優れた軍艦一五隻を拿捕した。ナポレオンによるイギリス侵略は失敗に終わり、数十年後にマハンが海軍戦略についての古典的研究で述べたように、「シーパワーの歴史に対する影響力」が証明された。

皮肉なことに、トラファルガー海戦の究極の敗者であるナポレオンは、南大西洋で生涯を終える。最初の退位後に追放された地中海のエルバ島を脱出して復位を遂げたものの、ワーテルローの戦いで敗れ、ヨーロッパから遠く離れた小さな火山島セントヘレナに幽閉された。従ったのは少数の忠臣だけで、彼は次第に生きる意欲を失っていく。ジュリア・ブラックバーンの *The Emperor's Last Island*（皇帝の最後の島）には、セントヘレナ島や大西洋についての記述とともに、島での最後の日々が鮮やかに描かれている。ナポレオンは、約一二〇平方キロメートルほどのこの小さな島に流され、六年後の一八二一年に亡くなった。その生涯の最後の日々を、自身が決して征服できなかった大西洋の波をみつめながら過ごしたのだ。

アメリカの台頭

その後の大西洋の地政学史で特筆すべきは、独立革命後の動乱期に必要に迫られて誕生したアメリカ海軍の台頭である。当時の二大政党、アレクサンダー・ハミルトン率いる連邦党と、トーマス・ジェファーソン率いる共和党は、「強力な海軍」をめぐって対立していた。ちなみに現在の共和党はホイッグ党の流れを汲み、当時の共和党の後身ではない。連邦党は強力な海軍創設を主張し、「大西洋」の存在だけでは、若い国家を守り、発展させるには不十分だろうと考えた。これに対してジェファーソンは、アメリカ合衆国の本当の意味での拡張は南と西に向かうことであり、海よりも農業こそが新国家にとって重要だと感じていた。どちらの主張も本質的には間違いではなかった。アメリカ海軍は紆余曲折を経ながら、革命後数十年をかけて構築された。海軍省はフランスとの宣戦布告なき戦争（一七九八年から一八〇〇年にかけて、カリブ海を主戦場とした「擬似戦争」）の時期に創設された。ジェファーソンは大型船を好まなかったが、一九世紀はじめにバルバリア海賊によってアメリカに対する宣戦布告がなされると、アメリカ商船を襲う海賊に対処するため、大統領として地中海に艦隊を派遣せざるを得なくなった。一八〇三年には、エドワード・プレブル代将やスティーヴン・ディケーター大尉など若く果敢な海軍の英雄が、シチリア島を拠点とした地中海での戦闘によって海軍の名を高めた。このときの大西洋進出は、建国まもないアメリカ合衆国に勝利をもたらした。

ところがこの結果や、本物のシーパワーが国を守るために不可欠だという明白な教訓にもかかわらず、政権を握っていた共和党は、大西洋沿岸防衛には小型船（砲艦）と沿岸の要塞があればいいと判断した。こうして築かれた要塞は現在もアメリカの大西洋岸に点在する。一八一二年の米英戦争において、これらが不十分だと証明されたのは言うまでもない。当時の政府が小型船と要塞による戦略を主張したにもかかわらず、この頃までに六隻の中型フリゲート艦（イアン・トールの名著 *Six Frigates*［六隻のフリゲート艦］に詳しい）の建設計画が完了していたのは幸運だった。

大西洋はふたたびアメリカ合衆国とイギリスの戦場となる。この戦争は、独立戦争後も続いていた互いの憤懣《ふんまん》に由来するもので、一八〇七年にイギリスの戦列艦レパードの乗組員がアメリカのフリゲート艦チェサピークを突然砲撃し、艦に乗り込んだために起きた。イギリスの乗組員は、「脱走者」と疑わしき四人を強制的に連れ去った（実際には脱走者は一人だけだった）。この事件はアメリカ国民の怒りを買い、当時イギリスがアメリカ商船に通商制限を課していたこともあって、両国間の緊張は高まった。一八一二年には事態は急速に悪化する。合計一八隻の軍艦を保有していたアメリカは、数百隻の重装備軍艦と何世紀にも及ぶ海戦の経験を備えたイギリスに宣戦布告した。アメリカにとって幸いなことに、イギリスはこの戦争を重視せず、大軍を投入することはなかった。アメリカ軍がイギリスの海上輸送を攻撃しようとしたのに対して、イギリス側は封鎖を行なった。その後数年続く大西洋での小競り合いは、アメリカに驚くべき結果をもたらした。

アメリカの士気は高かったとはいえ、海戦によって勝敗が決したわけではなかった。米英戦争では、イギリスは海上封鎖によってアメリカに経済的打撃を与えた。イギリス陸軍は東海岸に上陸すると、建国まもないこの国の首都ワシントンDCを焼き討ちする。アメリカの北大西洋作戦はかろうじて成功したが、戦争の趨勢を転換することはなかった。幸いイギリスには、独立したばかりの元植民地よりも大事な、急を要する問題があった。戦争によって疲弊もしていたため、イギリスは交渉のテーブルにつき、戦争に終止符が打たれた。ときに緊張に見舞われながらも現在まで続く両国の「特別な関係」は、このときに始まった。

米英戦争が終わってから南北戦争までの間、大西洋は比較的平和だった。世界全体で見ても、ナポレオン戦争後は戦争の少ない時期が続く。その一方で異なる種類の革命、すなわち海軍技術の革命が起こり、発明やアイデアが次々に生まれた。軍用船の中心は帆船から蒸気船に代わり、船には威力の大きい武器が装備されるようになった。接近しないと使えない滑腔砲《かっこうほう》の代わりに、ライフル砲の射程と精度が大きく改善された。目視で的を狙う射撃統制も改良された。時間のかかる前装式の面倒な装塡《そうてん》ではなく、効率性と発射速度を重視した撃発装置の利用が盛んになった。新技術の検証や利用の多くは、ヨーロッパとアメリカの大西洋沿岸での訓練の一環として行なわれた。メキシコ湾岸ではアメリカ・メキシコ戦争が、バルト海と黒海ではクリミア戦争が起こるなど、大西洋沿岸では戦争が起きていたものの、その後四〇年間の大半は、それまでの三〇〇年のように大西洋で戦争が続くことはなかった。しかし、この状況は、アメリカでの南北戦争の勃発によって一転する。

北軍と南軍というヨーロッパを基準にするときわめて小規模な軍隊が、内陸部の湖や川、沿岸海域、さらには大西洋を渡って対決し、一八六〇年代には大西洋はふたたび紛争圏になった。北軍の作戦の中心は海洋の即時封鎖だった。なぜなら、北軍は海軍士官の忠誠心のおかげで、多数の船を引き継いでいたからだ。両軍が保有する船の数は大きく異なり、南軍は数では決して北軍に対抗できなかった。そこで南軍は私掠船を活用し、他国船拿捕免許状を与えるとともに、商船を選択的に奇襲した。南軍は、概して同情的なヨーロッパから船を調達しようとし、他の国に対しては封鎖は紙の上だけだと主張した。北軍が海上に二〇〇隻以上の船を待機させることによって、組織的に封鎖を行なうまでの一年ほどは、実際そのとおりだった。両軍の装甲艦（北軍のヴァージニア号や、奇妙な形の砲塔を備え、水面に出ている部分が少ない南軍のモニター号）や水雷（現在の機雷）によって新技術が披露された。南軍による商船奇襲は一定の影響を及ぼした。特にラファエル・セムズ艦長率いるアラバマ号は士気を高めるのに役立ったものの、戦争の流れを変えることはできなかった。陸でも同様で、北部諸州のはるかに進んだ産業力、徴用可能な人口、高度な技術は、戦争の結末を避けがたいものにした。北軍は、陸と同様、大西洋の海戦を制した。封鎖によって、南軍は抵抗できなくなる。封鎖が北軍の陸での取り組みを主に支えた一方で、大西洋は北軍の優れた戦争戦略を可能にした。

新技術が南北戦争での戦いを変化させたのと同じように、一九世紀の産業革命も、アメリカの大西洋との関係を変えた。造船技術の進歩によって、国同士の戦いの場は海に留まらなくなり、商業自体も政治の道具になり始めた。これはさまざまな海運会社や郵便船の増加にあらわれている。スクリュー船ジェームズ・モンローは、風や天候と無関係に定刻どおりに出発した最初の船として、歴史に残るだろう。ブラック・ボール・ライン、レッド・スター・ライン、スワローテイル・ラインなどの船会社は、どれも一八三〇年代に操業を始めた。もちろん当初は帆船で、クリッパー（快速帆船）と呼ばれる船が速さを競っていた。ドナルド・マッケイが設計したライトニングの航行距離は、一日四三六マイル（約七〇〇キロメートル）、帆船の一日当たりの航行距離としては最長だった。この記録はいまだに破られていない。※

こういった新技術によって、誰もが海は小さくなっていると感じるようになった。これは特に北大西洋に当てはまる。一九世紀半ばに蒸気船が普及すると、海洋はさらに縮小したかに見えた。一八六〇年代には敷設用の大型船による作業が可能になったため、大西洋を横断する電信ケーブルの敷設が進んだ。ケーブルが完全に機能するまで、通常の通信は船に頼らざるを得ず、これにはたいてい一〇日から二週間ほどかかった。電信ケーブルの信頼性が高まると、メッセージは数分以内に大西洋を横断した。

大西洋横断電信ケーブルが開設されると、イギリスのヴィクトリア女王は、夏の間ペンシルベニア州のベッドフォード・スプリングス・ホテルに滞在していたジェームズ・ブキャナン大統領に宛てて祝電を打った。「共通の利益と相互の尊重によって結ばれた両国の友好関係は、さらに強化されるでしょう」。大統領は次のように答えた。「開設は、人類にとって、戦場で勝利を収めた者が勝ち得た以上の輝かしい勝利です。神のご加護によって、大西洋横断電信が友好国の永遠の平和と友情の絆となり、神の教え、文明、自由、法を世界に広めるために神の摂理によって定められた道具となりますように」†

進歩とは裏腹に、海は船乗りにとって相変わらず強敵だったことを忘れてはいけない。大西洋について少しでも知識があれば、タイタニック号の遭難事件を知っているだろう。この「不沈船」は氷山にぶつかって沈没した。事件をかなり正確に描いた映画や、船と運命をともにした恋人たちの悲劇はさておき、タイタニック号の沈没は人間の傲慢さや海の気まぐれを警戒せよと教えてくれる。私が北大西洋を横断したのは、一五〇〇年後の一九九〇年代半ばのことだった。頑丈な鋼鉄製で、高度な技術を備え、就役したばかりの海軍駆逐艦に乗艦していたというのに、タイタニック号の物語は私の心を離れなかった。

短期間とはいえ、キューバ海域での海戦を含む激戦となったアメリカ・スペイン戦争の次に起きた、大西洋での重要な戦闘は第一次世界大戦である。アメリカは戦争への関与を避け

※『図説・大西洋の歴史　世界史を動かした海の物語』（マーティン・W・サンドラー著、日暮雅通訳、悠書館、二〇一四年）。

† "England and America United," *Christian Observer*, Aug. 19, 1858, 130; ProQuest, Web. 二〇一六年五月一四日アクセス。

ようとしながらも、結局巻き込まれた。幸い、その頃には海軍が飛躍的な進歩を遂げていた。海軍少将スティーヴン・ルースと海軍大佐アルフレッド・セイヤー・マハン（退役後は海軍少将に）の戦略的思考と、セオドア・ルーズベルトの意欲と政治的支援が結びついた結果だった。ルースとマハンはロードアイランド州ニューポートの海軍大学校設立に尽力し、マハンは、シーパワーの重要性を示すために歴史のさまざまな側面を用いた一連の独創的著作を発表した。一九〇一年にウィリアム・マッキンリーが暗殺され、ルーズベルトはアメリカ史上最年少の大統領となる。マハンはルーズベルトにとって、知識面でのメンターのようなものだった。

ルーズベルト大統領は、高性能の戦艦と巡洋艦による本当の意味での外洋海軍を創設しようとした。ラテンアメリカやカリブ海諸国に何度も邪魔されながらもパナマ運河建設を推進し、新たな技術が登場すればシーパワー向上に活用した。一万五〇〇〇トン以上の大型戦艦は約二〇ノットで進むことができた。帆船や原始的な蒸気船はせいぜい一二～一五ノットしか出せないのだから、これは大きな進歩だった。戦艦には八インチ砲も搭載された。無煙火薬や精度の高い魚雷が開発され、射程距離も伸びた。航空機は、同じく二〇世紀の最初の一〇年に登場した。アメリカ大陸での最初の飛行は、大西洋の風に乗ってノースカロライナ州キティホークの浜辺を越えた。「大きな棍棒（ビッグ・スティック）を携え、静かに話せ」というルーズベルトの政策は、海軍を究極の棍棒として明確に想定していた。現在、その名を掲げた一〇万トン級の原子力空母セオドア・ルーズベルトは、誇らしげに航行している。

愛称は「ビッグ・スティック」だ。

一九一四年夏の下旬にヨーロッパでの複雑な同盟関係が破綻《はたん》すると、「ヨーロッパ中の灯りが消え」、大西洋はふたたび海戦の舞台になった。イギリスとドイツは主力艦、特に戦艦を中心とした強力な艦隊を保有していた。実のところ、ドイツ艦隊の創設は、イギリスの疑惑や懸念を煽《あお》った一因だった。長い歴史を持つイギリスの海軍戦略を踏まえれば当然のことだ。ドイツ艦のほとんどは巡航距離がかなり限られていたため、イギリス人は自国の攻撃と侵略を意図したものだとの確信を深めた。

イギリスとドイツ帝国の大艦隊は、互いに「艦隊による決定的勝利」をもたらそうと試みた。地政学的には、海上での敵の戦闘能力を破壊しようとしたのである。二つの国の間に位置する北海は潜在的戦場となった。イギリス本島は北海を横切った先にあるため、ドイツ帝国艦隊は戦争の間中、身動きがとれなかった。一九一五年に起きた北海のドッガー・バンク海戦、翌一六年春のユトランド沖海戦など、両国は決着のつかない戦いを繰り返した。南アメリカ沖の南大西洋でも、フォークランド沖海戦などの戦闘が繰り広げられた。海での戦闘にもかかわらず、陸軍はすぐにヨーロッパの中心部で膠着《こうちゃく》状態に陥り、戦争は陸での消耗戦に転じた。これによって、連合軍、特に陸で大敗北を喫していたイギリスは代替手段を求める。彼らは、「ヨーロッパの泣き所」である地中海での作戦行動を考えついた。若い海軍大臣ウィンストン・チャーチルに促され、イギリスはガリポリ上陸作戦（イギリスでの呼称はダーダネルス戦役）を、彼が言ったように「徹底的に（*totus porcus*）」遂行した。詳細は地中海についての次章で述べるが、この作戦は大失敗だった。悲劇的な結末については、メル・ギブソン主演の映画「誓い」(原題Gallipoli、一九八一年)に巧みに描かれている。

とはいえ、北大西洋の中心戦域周辺での戦闘は、両軍による海上輸送に対する攻撃ほどの戦略的重要性を持たなかった。ドイツ人は、Uボート作戦でイギリスによる封鎖に応じた。Uボートでイギリスの封鎖船団を攻撃し、戦略的成果を得たのち、巡洋艦を投入して攻撃を行なった。一九一五年には、Uボート作戦は戦略的重要性を増し、翌一六年五月には、イギリスの客船ルシタニアを沈没させた。この出来事は、エリック・ラーソンの*Dead Wake*(死者の目覚め)に明確に描かれている。一二八人のアメリカ人が殺されたことは、のちにアメリカを戦争に加わらせる遠因になった。一九一六年末にはUボートによる警告なしの攻撃がドイツで認められ、イギリスの反撃を加速させるとともに、連合軍に護送隊の配備を促した。

アメリカがヨーロッパへの派兵を増やしたために、戦争の流れは変わった。派遣部隊をイギリスから指揮したウィリアム・シムス提督の取り組みを基盤として、大西洋は戦争物資が行き交う橋になり、兵士や水兵、さらには交易や商業を支えることによって、連合軍の取り組みをあと押しした。第一次世界大戦の間には、北大西洋の国家共同体という考え方が地政学の論客ウォルター・リップマンなどの著作に登場するようになった。リップマンは、「西洋を結びつける入り組んだ利害関係」に言及した。「イギリス、フランス、イタリア、スペイン、ベルギー、オランダ、スカンディナビア諸国、汎アメリカ諸国は、最も深い意味での目的と必要性の点でひとつの共同体と言える。われわれはこの大西洋共同体を裏切るわけにはいかない……西洋世界共通の利益のために、大西洋諸国統合のために、われわれは戦わなくてはならない。ひとつの偉大な共同体の一部であることを認識し、その一員として行動しなくてはならないのである」※

痛ましいことだが、アメリカは第一次世界大戦後、大西洋共同体の構築を基本的に拒絶し、国際連盟（現在の国際連合の前身）にも参加せず、孤立主義という誤った考え方を取り入れた。およそ一世紀後の二〇一六年の大統領選では、過熱した選挙戦において、ドナルド・トランプの発言の随所にこの誤った判断が繰り返されていた。彼は、国民に広い世界に背を向けさせ、保護主義の壁を築き、メキシコとの間に実際に壁をふたたび築き、北大西洋条約機構（NATO）を解体し、世界の同盟国と我が国との結びつきを否定しようとしているかに見える。これは、二〇〇年前から国民の心理に脈々と流れるDNAを反映したものだ。率直に言えば、私たちは同じ映像を、二度目の世界大戦が始まる前にも見たことがある。その後世界は、当然ながら第二次世界大戦という恐ろしい結末を迎えた。当時築かれた「壁」は「マジノ線」で、ヒトラー率いるドイツの台頭から自国を守るためにフランスが構築したものの、完全な失敗に終わった。

第二次世界大戦間近の時期には、世界の主要国は条約によって海軍建設を制限する一方で、

※『アトランティック・ヒストリー』バーナード・ベイリン著、和田光弘、森丈夫訳、名古屋大学出版会、二〇〇七年。

こぞって艦隊を再建した。集団的安全保障は国際連盟とともに早逝《そうせい》し、ファシズムがドイツ、イタリア、スペインで台頭し始めた。イギリスとフランスは再度の世界大戦を避けようと懸命になり、ヒトラーによるヨーロッパ統合から目をそむけた。有和《ゆうわ》政策は、いつもどおり失敗に終わり、ドイツは一九三九年、ポーランドに侵攻する。イギリスとフランスはドイツに宣戦布告し、ヨーロッパはふたたび戦争に突入した。イギリスは、少なくとも大西洋ではかなり有利だった。ドイツが陸軍への投資ほどには主力艦への投資を行なっていなかったためだ。その結果、一九四〇年にフランスが降伏してからも、イギリスは独立を保つことができた。

それでもドイツ軍は、比較的小型の艦隊ながらもイギリス海軍を攻撃でき、強い威力と進んだ技術を持つUボートで軍艦や商船を沈没させた。連合国は護送船団を再建したが、北大西洋での損失は防げなかった。Uボートに加え、ドイツの主力艦は大西洋北部から南アメリカ大陸沿岸で商船を攻撃した。一九四一年半ばには、イギリスは毅然と立っていたものの、破滅の危機にあり、先行きは危うかった。アメリカ海軍は、北大西洋で宣戦布告をしないまま戦争に挑み、海軍の駆逐艦はUボートを攻撃した。ドイツ軍は報復としてアメリカの船舶に魚雷を浴びせた。一九四一年一二月の真珠湾攻撃後、アメリカが本格的に参戦したときには、大西洋での戦争はすでに激しくなっていた。ドイツの潜水艦を撃退できるかどうかが勝敗を左右する。ウェリントン公爵がワーテルローの戦いについて述べたように、それは五分五分の戦いだった。

ドイツ軍がUボートで「押し寄せた」頃、連合国軍は第一次世界大戦時の戦術、技術、手順に頼っていた。ドイツ軍は群狼作戦をとり、監視や目標攻撃能力を改善し、かなり大型の潜水母艦から襲撃部隊に海上補給する体制を整えていた。連合国軍は複雑な護衛艦システムを再導入し、駆逐艦やコルベット艦などの対潜用艦艇を追加投入し、Uボートが浮上したときに探知する水上レーダーやソナーなどの新技術を活用し始めた。大型の投射式爆雷も、Uボートに対抗するために連合国軍の艦隊に追加搭載された。Uボートによる攻撃は、アメリカ沿岸からカリブ海にまで及んだ。一九四〇年の夏から秋には、ドイツの作戦によって毎月数多くの連合国軍の船舶が沈み、一〇月だけでも三五万トンを超えた。

アメリカの参戦後、趨勢を変えるためには、枢軸国側が連合国軍の特定の護衛艦や船舶を攻撃するために用いる通信コードの解読を必要とした。これはまた、レーダーやソナーの改善や、Uボートの消耗に左右された。ヨーロッパ大陸での圧力が高まり、Uボートの再建は困難になっていたのである。連合国軍は、北極圏からムルマンスクへと援助物資輸送船団を派遣してロシア支援を再度試みるなど、北極海でも重要な作戦が繰り広げられた。

大西洋では連合国軍が優勢だったというのに、ドイツは一九四二年春、大西洋で二度目のUボート作戦を展開し、五月～六月には一〇〇万トン以上の船舶を沈没させた。四二年一一月には攻撃の成果が頂点に達し、七〇万トンの船が沈んでいる。当時のドイツ海軍潜水艦隊司令長官カール・デーニッツは三〇〇隻以上のUボートを指揮していた。イギリス国民を兵糧攻めにするには十分だと考えていたのだ。連合国軍はUボートを撃退できる新技術を手にしていたが、それらを使いこなせず、ドイツの方が上手《うわて》だった。そのうえ新しい暗号によって、連合国軍はドイツ潜水艦をもれなく追跡できなくなった。しかしUボートを航行中に攻撃するための監視線など、新たな戦術を取り入れるとともに暗号の解読にも成功したため、一九四三年には事態の改善が見られた（とはいえ、一九四三年三月には、約七〇万トンが沈められている）。連合国軍の新たな成功には二つの要因が重要だった。第一は、優れた技術と戦術を用いてUボートを効果的に攻撃する能力、第二は、圧倒的な数の護衛艦を建造するアメリカの能力である。一九四三年春の終わりには、最悪の事態は去っていた。ドイツが音響誘導魚雷などで技術的突破口を求めたにもかかわらず、連合国軍は次第にUボートを追い詰め、戦争で勝つために十分な部隊をアメリカからヨーロッパへと移送できるようになった（きわめて重要な東部戦線での独ソ戦も同様だった）。Uボート作戦は、連合国軍の艦船約三〇〇〇隻、二〇〇〇万トン以上を破壊しながらも失敗に終わる。

チャーチルは次のように述べている。「〈大西洋の戦い〉は、第二次世界大戦を通じて決定的要因となるものであり、陸、海、空のほかの場所で起こるすべてが最終的に大西洋の戦いの結果次第であるということを、ほんの一瞬たりとも忘れてはならなかった。……多くの勇敢な戦闘と忍耐力による途方もない偉業が記録されているが、死者の行為は決して知られることはない。我が国の商船隊員は優れた資質を見せてくれた。彼らがUボート打倒で見せた決意よりも際立つ海の兄弟愛は存在しない」※。イギリスが毎週一〇〇万トン以上の物資を必要としていたことを踏まえれば、ドイツが敵を滅ぼすには物資の流れを止めるしかなかった。結局、戦争が常にそうであるように、勇気とイノベーションと通信が結びついて勝敗を左右した。大西洋でUボートを敗北させるための本当のカギは、長距離軍用機、Uボート捜索航空機に搭載されたレーダー、爆雷とソナーの改良、イギリスの諜報・暗号解読技術（エニグマなど）、護衛艦配備に関する回避戦略、「リー・ライト」（航空機搭載型の強力な探照灯。蓄電池に充電するためにディーゼルエンジンを作動させようと夜間に浮上する潜水艦を探知するため、連合国軍の航空機によってレーダーと併用される）などの光学装置にあった。

ドイツと日本が敗れると、アメリカは、第一次世界大戦後に世界から唐突に撤退したのとは違って、世界にかかわり続けることを決意した。国際連合とブレトン・ウッズ体制（世界銀行、国際通貨基金の設立）は、世界大戦の再発を回避するために作られた。ところがこの朗報にもかかわらず、ソ連が世界的脅威として台頭したためにアメリカはこれに対応せざるを得なくなり、「冷戦」が始まる。

一九七〇年代半ばに始まった私自身の海軍でのキャリアも、冷戦と密接にかかわっている。海軍士官としての最初の一五年間は、私は本当の意味での「冷戦の戦士」であり、ソ連の軍

※ Winston S. Churchill, *The Second World War: vol.5, Closing the Ring* (Boston: Houghton Mifflin, 1951). 『図説・大西洋の歴史　世界史を動かした海の物語』（マーティン・W・サンドラー著、日暮雅通訳、悠書館、二〇一四年）４３５、４３８頁で引用。

艦、潜水艦、軍用機を追いかけ、追いかけられることもあった。昨今のウクライナやジョージア（旧グルジア）、モルドバ、シリアでのロシアの強引な行動が注目を集めるたび、私はよく尋ねられる。「我々は、新たな冷戦に向かっているのか」。だが、「そうではないだろう」というのが私の答えだ。私自身、冷戦の記憶を持つ世代であり、広い大西洋でソ連の軍艦を追いかけて長い時間を費やした。冷戦時代には、両陣営の十分な訓練を受けた大部隊が、中央ヨーロッパのフルダ・ギャップを挟んで向き合った。両国の大規模艦隊は、極北や北極圏から南アメリカ沖まで追いつ追われつを繰り返した。核戦争は勃発寸前で、二万発の核弾頭は世界を完全に破壊できた。だが、現在の世界はまったく違う。それはいいことだ。とはいえ、私たちは海洋の地政学に留意する必要がある。さもなければ、二〇世紀後半のあの世界に逆戻りしかねない。

　大西洋での冷戦は、どのようなものだったのか。第一にそれは、監視の徹底と戦略的・戦術的資産のポジショニングによるＧＩＵＫギャップ統制のための戦いだった。なにもない広大な海洋が戦略的に重要なものになった。なぜなら、両陣営のどちらが支配するにせよ、北大西洋を出入りするすべての海上交通（潜水艦を含む）を監視し、誘導できるからだ。ソ連が西ヨーロッパを攻撃した場合には、ソ連はヨーロッパへの人や物資の流れを統制できた。第二次世界大戦時のドイツとは違って、ソ連は高性能の巨大艦隊を保有していた。北方の港から出てＧＩＵＫギャップに入り込み、ヨーロッパへの供給ルートを抑えることができただろう。これはまさに、ドイツがＵボート艦隊によって精力的に推し進めたことだった。

冷戦時代には、ソ連とワルシャワ条約機構加盟国、アメリカ率いるNATOとの間で、GIUKギャップの統制を求めた駆け引きが常に行なわれていた。そのため、アメリカはアイスランド、カナダ、デンマーク、ノルウェー、そして当然イギリスにも、かなりの戦力を配備しなくてはならなかった。アメリカ北東の基地にも戦力が配備された。海上では、ターボプロップ対潜哨戒機P－3（オライオン）が、ソ連の潜水艦をみつけるための攻撃機として用いられた。そのほか、アメリカや同盟国の攻撃型原子力潜水艦、衛星による深海探査、潜水艦追尾に適切なソナーや魚雷、他の探知機などを備えた駆逐艦や巡洋艦（私が乗っていたようなもの）による小艦隊の配備も行なわれた。ソ連は潜水艦や水上艦による小艦隊ほか、弾道ミサイル潜水艦（核弾頭搭載長距離ミサイルを搭載）を配備していた。GIUKギャップは混雑していたわけではないが、対潜水艦部隊にとっては「標的の多い地域」だった。

大西洋は（自由な）西ヨーロッパとアメリカの経済拡大に対する巨大な交易路になっていた。ヨーロッパ経済は次第に統合され、大西洋を横断する商業的結びつきがアメリカにとっても重要であることはますます明白になった。

二〇世紀が終わりに近づくと、大西洋の南端で流血の戦いが繰り広げられた。フォークランド紛争だ。一九八二年春、イギリスとアルゼンチンは一〇週間という短期間に激しい戦闘を行なった。死者は一〇〇〇人、一六隻の艦船が沈み、一〇〇機以上の航空機が破壊された。戦場となったフォークランド諸島は、現在もそうだが、イギリス国民が暮らすイギリスの保護領だ。しかしアルゼンチンはマルビナス諸島と呼び、領有権を主張してきた。一九九二年に発表された提督サンディ・ウッドワード卿の回顧録*One Hundred Days*（『一〇〇日間の戦い』）は、イギリスの視点でこの戦いを振り返るものだ。南半球が冬を迎えた頃、彼はイギリス艦隊を率い、困難な作戦を実施してアルゼンチンの侵略者から島を奪還した。両国は島の領有権について合意していないものの、ふたたび戦争が起こるとは考えにくい。フォークランド紛争については、海軍の戦略家や歴史研究者が分析を行なってきた。この紛争は、巡航ミサイル時代に、水上艦が空からの攻撃に対してどれほど脆弱《ぜいじゃく》かを示す好例だ。冷戦期に海軍でキャリアを積んだ私は、世界各地で戦闘が勃発する可能性にどう備えればいいかを考えるために、サンディ卿の名著をたびたび手に取った。フォークランド紛争は、大西洋での二〇世紀最後の国家間の戦争だった。これからも最後であってほしいと願わずにはいられない。

現在の大西洋は、北極圏からはるか南の南極に至るまで、長い歴史ではじめて、協力と平和の領域になっている。アフリカ沿岸、カリブ海諸島、南大西洋のフォークランド諸島（マルビナス諸島）には未解決の領土問題が存在するものの、大西洋や大西洋につながる海は比較的穏やかだ。東地中海だけに深刻な対立の可能性があり、黒海にもある程度その可能性はある。長年、戦争のキャンバスとみなされ、大勢の提督が祖国のためにその血で染めた海洋にとっては、驚くべき変化である。

第3章　インド洋　未来の海洋

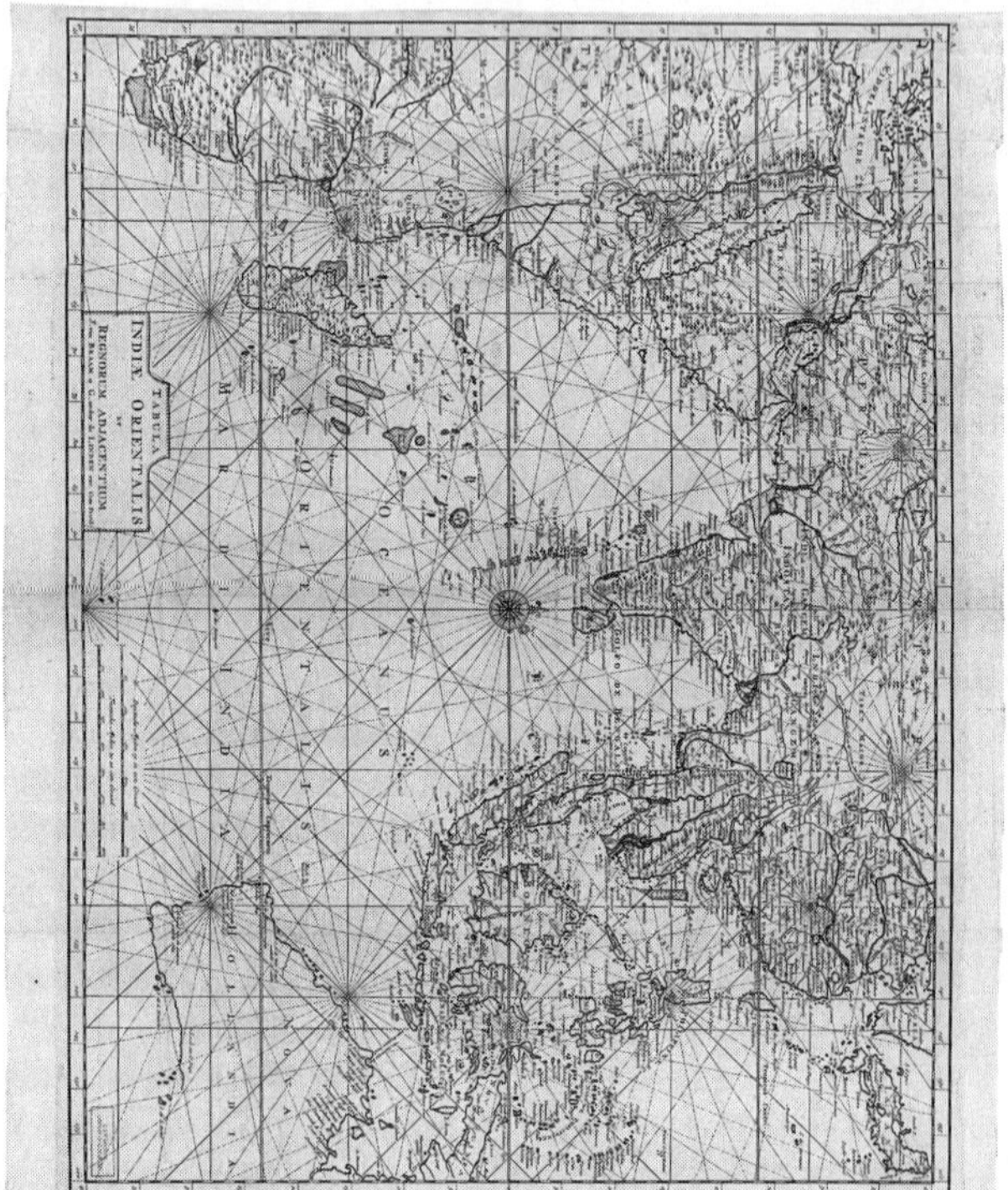

インドは世界の海洋の中心に位置する。
ヨハンネス・ファン・ブラームの作製した地図（1726 年）。

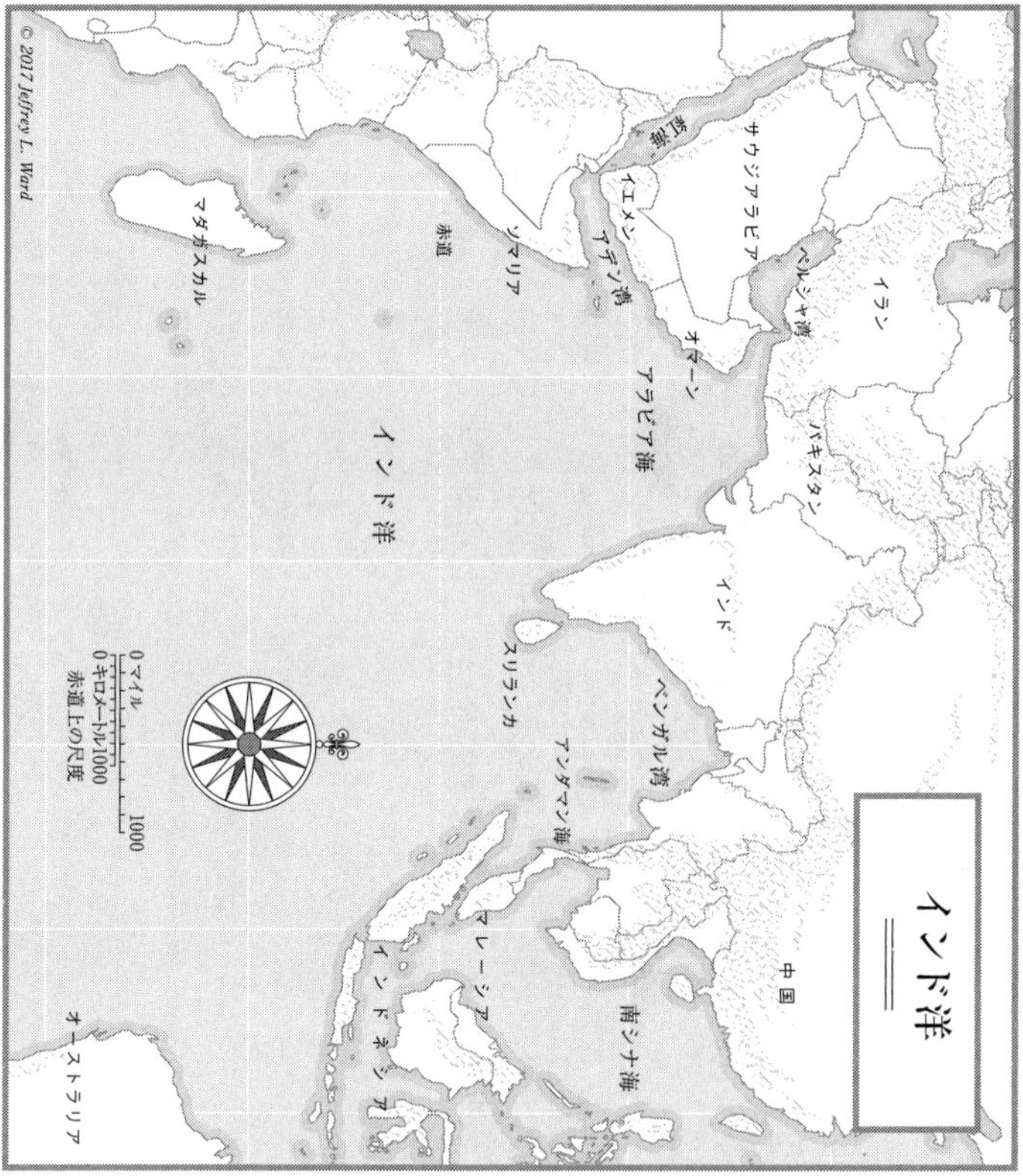

インド洋は今後しばらく世界経済の牽引力として働き続けるだろう。

広大な外洋

インド洋は広大だ。地球の表面積の二〇パーセントを占め、広さでは太平洋、大西洋に次ぐ。アメリカ合衆国本土をはめ込めば、大きな島のようにすっぽり入るだろう。三つ分を押し込んでも、まだ周囲をゆったり航行できるほどだ。インド洋の広さは船乗りに本当の意味での開放感を感じさせるというのに、太平洋や太西洋に比べると人間とのかかわりは少なく、地政学史に登場することも少ない。インド洋につながるアラビア（ペルシャ）湾と紅海でさえ、地政学的な意味で重要性が増したのは第二次世界大戦後、湾岸地域から世界各地への原油の輸送と輸出が増えてからだ。インドの台頭によって、インド洋の世界的影響力が高まろうとしているとはいえ、地政学的な意味ではまだ白紙に近い。

私がはじめてインド洋を航海したのは一九八〇年代半ばのことだ。就役したばかりのイージス・システム搭載ミサイル巡洋艦ヴァリー・フォージに作戦担当士官として乗り込み、マラッカ海峡を通って東からインド洋に入った。イージス・システムは、複数の目標を同時に探知し、追跡し、撃墜できる総合的なハイテク戦闘システムだ。私たちの任務はインド洋を抜けてアラビア湾にすみやかに向かうことで、最初に広大な海洋に浮かぶイギリスの属領ディエゴ・ガルシア島で給油と供給を行なう予定だった。インドネシアとマレーシアの間を抜けてインド洋に向かいながら、作戦担当士官の私は地図を広げ、針路を定め、星だけが輝く頭上の空を眺めながら最初の当直に就いた。

シンガポールを出発すると、長いマラッカ海峡を通り抜ける。巨大なタンカーや沿岸の帆船、小舟が夜の暗闇にぼんやりと見えた。ときおり別の軍艦が私たちの艦に向けて合図を送る。シンガポールは世界有数の通航量で知られるマラッカ海峡の東の入り口を警備している。マレー人、中国人、インド人、アングロ系などの住民が暮らすシンガポールは、文字どおりゲートウェイ都市だ。賑《にぎ》わう港を出て、船が行き交うマラッカ海峡に入ると、ジブラルタル海峡から地中海に入るときと似た感覚に襲われる。と言ってもインド洋は地中海とは違う。もともと広大な外洋だ。

長い夜間当直を終えたあとも、私は海や錨の状態を甲板で確認するために艦橋にいた。陸の近くや、通航が激しい場所では警戒員が追加される。タイの西岸沖に広がるアンダマン海に入ると、太陽が昇るのが見えた。突然、私たちの前に見渡す限りの海原が広がった。私たちは南西の方向、小さなサンゴ環礁ディエゴ・ガルシア島に向けて舵を切った。

インド洋の航海は、地中海とは違う。船乗りは太平洋の中部や西部を航行するときと同じような開放感を抱く。たまに別の船に出くわすことがあっても、目で見える距離まで近づくことはほとんどない。退屈しながら長時間の警戒に当たっていると、何百年も昔にタイムスリップしたような気になる。水平線の向こうに見えるのは近づいてきた船の煙突からのぼる煙ではなく、イギリスやオランダの東インド会社の大型船だ。北西からの季節風《モンスーン》と赤道海流によって追い風を受けて近づいてくる。そんなふうに感じたのは、私がジョージ・マクドナルド・フレイザーやC・S・フォレスター、パトリック・オブライアンの一九世紀を舞台にした小説を読み漁った若い大尉だったからかもしれない。

インド洋では、水平線を越えて近づいてくるのは、軍艦ではなく商船だと考えがちだ。同じく広大な海洋である太平洋や大西洋、たびたび戦場になってきた地中海とも違って、インド洋は主に交易圏としての特徴を持つからだ。紀元前三〇〇〇年頃、インダス川周辺で栄えたインダス文明以後、現在のインドとパキスタン沿岸に沿って、紅海を渡ってアラビア湾アフリカの間で、そして古代地中海とインド洋沿岸の初期の社会の間で頻繁に交易が行なわれていた。何世紀にも及ぶ帆船の時代を牽引したのは、赤道海流と季節風という大自然であり、蒸気船が出現する前の時代には、一定の持続的パターンを持つ強風が戦争や交易のための船を動かした。

古代アレクサンドリアのギリシャ人によって記されたという『エリュトラー海案内記』(蔀勇造訳注・解説、平凡社東洋文庫、二〇一六年)には、紅海、アフリカ沿岸、インド亜大陸で交易が行なわれていたことが記されている。この記述は、インド洋沖で、二〇〇〇年以上前のギリシャのアンフォラ〔首が細長く底の尖った両取っ手つきの壺〕やコインなどが発見されていることと一致する。古代の船乗りは季節風のことをよく知っていて、風をうまく使って遠くまで航海することができた。季節風は予測可能であるため、記録もできる。秋と冬には北東の季節風がアジアからインド洋に向けて吹き、海流が同じ方向への航海をあと押しする。春と夏には南西の季節風が、今度はインド洋からアジアに向けて吹き、海流も逆に向かう。季節風の時期は必ずしも一定ではないが、人間は比較的早い時期に、無限に見える海を渡って交易を行なう能力を持っていたのはたしかだ。

古代インド文明の人々がインド洋へと漕ぎ出したのは、おそらく紀元前五世紀頃だろう。チグリス・ユーフラテス川はアラビア湾北部に流れ込んでいたため、ササン朝ペルシャと、古代インドのハラッパーやマウリヤ朝、グプタ朝の間では何度も紛争が起きた。地中海のように大きな海戦の証拠は見られない。地理的条件があまりにも違うせいだろう。インド洋の戦略的特徴は、アラビア湾と紅海という二つの内海を除けば、海岸線から外に広がる広大な海洋だという点にある。二つの内海に散発的に海軍が投入されることはあったものの、主な戦争は陸や領土の所有をめぐるものだった。

古代エジプトやギリシャの人々は、インドやペルシャの文明と交易を行なうとともに、戦争も行なっていた。交易品にはミルラ（没薬《もつやく》）、香、黒檀《こくたん》、油、木材、工芸品、穀類、家畜、金、金属などが含まれていた。アレクサンドロス大王の生涯は短かったが、その冒険は大きな影響を及ぼし、新しい都市が築かれ、文化が発展した。エジプトの一大交易都市アレクサンドリアや、アラビア湾の港さえ築いている。若い海軍士官としてはじめてクウェートに上陸したとき、私はギリシャ時代の遺跡に胸を躍らせた。エジプト人とギリシャ人はどちらも紅海を渡って交易を行なった。ローマは紀元前後にエジプトを征服し、インド洋交易圏はさらに拡大された。ローマ時代にはアレクサンドリアが、遠く離れた中国の布やガラスや工芸品などをインド洋に持ち込む交易の初期の中心地となり、香辛料、特に黒胡椒《くろこしょう》のインド洋貿易を常に牽引することになる。

この頃、アラビア湾の東側では、ペルシャの諸帝国が新しい港を開き、湾を横断して輸出や輸入を開始した。前述した品に加え、真珠、絨毯《じゅうたん》、馬の交易が行なわれた。アラビア湾の入り口を守るホルムズ海峡の戦略的価値が高まり始める。通航の難所を統制するため、ペルシャ人が要塞や港を建設したのは二〇〇〇年以上前のことだ。この海峡は現在も世界の注目を集めている。

アラビア湾と、その非常に狭い入り江であり、戦略的に高い重要性を持つホルムズ海峡は、一九八四年にはじめて航行したときにも、文明が衝突する永遠の発火点として私の頭を離れなかった。ミサイル巡洋艦ヴァリー・フォージはアラビア湾に向かい、湾の危険な海域ではタンカーを護衛することになっていた。サダム・フセインのイラクとアヤトラたちの率いるイランとの長引く戦争では、ミサイル攻撃だけではなく、湾を出入りするタンカーを攻撃するミサイル艇も脅威だった。私たちの任務は心地よいものではなかった。トン数で言えば巡洋艦の一〇倍はある巨大なタンカーに接近し、高性能のレーダーやミサイルシステムを用いて攻撃から守るのだから。

それは実につらい仕事だった。私は戦闘情報センターで哨戒長として、長時間、極度の緊張に耐えながら警戒を行なっていた。明かりはレーダースクリーンだけだ。私にはミサイル発射権限が与えられていた。乗組員が戦闘配置についているときには、すべての当直が総員配置を避けられなかった。ミサイル発射準備が整い、幸いなことに、私たちは北アラビア海の湾外にいる空母の揺れる甲板から飛び立つ戦闘機に援護されていた。本当の脅威はイランからのもので、威力にはある程度限界があるものの、意図は予測不可能だった。ほかにも問題はあった。大敵イランのミサイルや銃にさらされながら原油を運ぼうとしていたイラクの失敗や誤算の可能性だ。事態がエスカレートするのを避けるとともに、アメリカ国旗を掲げたタンカーを護衛することによって、海上の補給路を確保しておくことも私たちの任務だった。

率直に言って、アラビア湾の歴史には、何世紀もの間あまり大きな変化はない。インド洋の地形的特徴が開放性や無限に思える地平線にあるのに対して、アラビア湾は狭く、窮屈で、圧迫感があるうえに浅い。船乗りが嫌うことばかりだ。交易船が年中行き来していたからといって、この狭い空間で戦う者たちの危険が減るわけではなかった。

もちろんアラビア湾には独自の歴史がある。インド洋と密接な関係にあるとともに、周辺の地域でのイスラム教の台頭によって、明らかにイスラム圏の海でもある。北はチグリス・ユーフラテス川が合流するシャットゥルアラブ川の三角州から、南は幅およそ三五マイル

（約五六キロメートル）のホルムズ海峡まで約六〇〇マイル（約九七〇キロメートル）、ワシントンDCからボストンほどの距離だ。周辺にはイスラム諸国が位置するが、イランはシーア派の国であり、サウジアラビア、オマーン、アラブ首長国連邦、バーレーン、カタール、クウェートはスンニー派の勢力が強い。イラクは、シャットゥルアラブ川とバスラの港の狭い開口部だけで湾に接しているが、スンニー派とシーア派が対立し、常にアラビア湾を揺るがしている。

緊張が続くアラビア湾

イスラム諸国の宗派の違いだけではなく、地政学的対立の結果、湾岸地域は現在、サウジアラビア王国率いるスンニー派諸国と、イラン率いるシーア派諸国との「冷戦」の湖になっている。過去一〇年の間にはイランの影響力や勢力が拡大した。現在、イランはテヘランを首都とし、イラク、シリア、レバノン、イエメンを直接的に支配するか、強い影響力を及ぼしている。湾岸地域そのものが、イランとスンニー派諸国の海軍がいたちごっこを繰り返す場所になっていて、その中心には、言うまでもなくアメリカと、世界に配置されている艦隊では最大級の第5艦隊がある。地政学的側面も持つスンニー派とシーア派の対立を見れば、アラブ人とペルシャ人が何世紀にもわたって行なってきたように、アラビア湾の明るい青色の海を挟んで向き合う二つの国が正面切って戦う可能性は否定できない。

第5艦隊は、バーレーンの首都マナーマに拠点を置く。三つ星の海軍中将に率いられ、巨大な指揮統制構造を持つ。ちなみに現在の海軍ではこのポストはきわめて割のいい仕事だ。何千人もの海軍軍人と家族がバーレーンで暮らし、少なくとも一隻の航空母艦と護衛艦艇が常時戦闘態勢にある。兵站《へいたん》、哨戒、情報収集のための艦隊および航空機は司令官の参謀の指揮に従う。

歴史を振り返れば皮肉に思えるが、浅くて極端に暑く、風が強いアラビア湾は、原油や天然ガスが発見されるまでの一〇〇〇年間、眠っていたも同然だった。第二次世界大戦の頃でさえ、バーレーンやドバイ、アブダビのような「都市」は漁村にすぎなかった。ダウ(dhow)船が何世紀もの間水上を行き交い、人々は大儀そうに釣りをし、海に潜っては真珠貝を採り、密輸を行なっていた。このすべてが変わったのは、地球上の原油資源の三分の二、天然ガス資源の三分の一がこの地域の陸と海にあることに世界が気づいてからだ。サファーニーヤ油田は世界最大の埋蔵量を誇る。アラビア湾の深さは平均一五〇フィート(約四六メートル)にすぎず、沖での作業も容易だ。現在のドバイは、アブダビやカタールの首都ドーハと並ぶ商業都市で、洗練された上品さでは引けを取らない。

地理と政治的対立によって発展した軍事技術は、風や海流という支配的条件以上の影響を及ぼした。アラビア湾内を航行する船はダウ船のようなタイプが大半で、船首から船尾まで三角帆がつけられていた。ところで「ダウ」船には、アフリカ、アラブ、ペルシャ、インド・パキスタンなどの複数の船が含まれる。現在アラビア湾を航行する典型的なダウ船のように小型の沿岸船もあれば大型船もある。ダウ船の主な特徴は「平板張り」で、板は鉄釘で固定されずロープでつながれ、水漏れしないように継ぎ目がふさがれていた。船尾はたいてい広い区画になっている。

ダウ船の特徴ゆえに、大砲を搭載するようになった時期は遅い。海での戦いを得意とする水兵を活用するというアイデアはなかなか生まれなかった。もっと広いインド洋では、風が強いため船を開発する初期段階から漕ぐよりも帆走が重視され、横帆式帆船の建設が進んだ。概してインド洋の船は、戦闘よりも航行や交易のために活用された。もっともやがて戦闘にも用いられるようになったのだが。

士官であれ、下士官であれ、同世代の海軍軍人の大半がそうであるように、私自身のアラビア湾での経験は多岐にわたる。はじめて航行したのは、前述したように一九八〇年代半ばで、タンカーを護衛する作戦に加わった。護衛艦としての任務を終えた直後、交代したミサイル巡洋艦ヴィンセンスがうかつにもイランの民間航空機を撃墜し、なんの罪もない二九〇人の乗客が死亡した。これは海軍では、冷戦時代最悪の出来事とみなす者が多い。この地域での緊張の高まり、混乱と「戦争の霧」、ヴィンセンスの乗組員が、レーダーに映った航空機を爆弾かミサイルを搭載したイランのF－14戦闘機だと思い込んだために生じた最悪の失敗だった。アラビア湾の危険と混乱を象徴する出来事があるとしたら、それはイラン航空655便撃墜事件だ。犠牲者を悼《いた》み、テヘラン・ドバイ間の便には、現在も655という番号がつけられている。

私は湾岸地域のすべての開港場に停泊したことがある（もちろん、イランを除いて）。それぞれに独自の文化があり、アメリカ海軍との関係がある。どこよりもオープンで温かい歓迎を受けるのは、第5艦隊司令部があるバーレーンだ。最高級ホテルや冷たいビールはもとより、基地内には病院や歯科、海軍施設内の売店、娯楽施設も揃っている。上陸許可を得てアラブ首長国連邦で過ごす日々は格別で、来るたびに変化が感じられる。以前は、船の大半が入港できるのは、ドバイとアブダビの間に位置する大型港湾ジュベル・アリの一部の区域だけだった。しかし制限は徐々に解除され、最近ではアメリカ海軍の乗組員も両都市で楽しむことができる。

私には、湾岸地域を訪れたときの一風変わった楽しみ方がある。五〇℃を超えるほど気温が上昇し、鉄製の甲板が潜熱《せんねつ》で光るような真夏に甲板をジョギングすることだ。短時間とはいえ、サウナで走っているようなものだけれど。青緑色の美しい海は普段は穏やかで静かだ。しかしインド洋では、その情勢の複雑さゆえに、私たちは常に臨戦態勢を求められる。見張り役は、緊張関係にあるイランの軍艦や軍用機に対する警戒を怠ることはできない。もちろんたいていの場合、彼らは一線を越えることはない。核協議合意以後、圧力をかけて合意を反故《ほご》にしようとする強硬派がテヘランにいることを示す厄介な出来事もあった。結論を出すには早すぎるが、アラビア（ペルシャ）湾が今後も地政学上の断層線であり続け、インド洋をも巻き込む緊張の源であるのはたしかだろう。

インド洋の支配をめぐって

インド洋や周辺の海をめぐる交易と商業には、奴隷と海賊という暗黒面が大昔から存在した。奴隷の活発な移動は有史以後の記録に登場し、現在も続いている。さまざまな植民地からの奴隷輸送は海上輸送の一部であり、そこには海賊に奪われた船に乗っていた奴隷も含まれていた。その後、奴隷と海賊は次第に減少したものの、最新のツールと巧妙なやり口で現在もインド洋の一部で存続している。私がNATO欧州連合軍最高司令官として、アフリカ大陸東部沿岸地域での海賊行為取り締まりに従事していたときの経験については、あとで詳しく記すつもりだ。

六世紀から七世紀にかけて、それまで勢力を誇っていたいくつかの交易帝国の衰退に伴ってインド洋交易が急激に縮小したことは注目に値する。中国やマレー諸島の国家同様、交易の統制を試みていたササン朝ペルシャとインドのグプタ朝の人口は、この時期に大きく減少した。「ユスティニアヌスの疫病」とも呼ばれる疫病の世界的流行（ヨーロッパでは同時期に腺ペストが流行）も一因だっただろう。ノミやネズミによって運ばれ、よく知られるように船から広がった。

しかし、インド洋の東と西からのエネルギーは、ふたたび交易を盛んにする。アラビア半島と中国の両方から交易に対する圧力が高まり、インド洋を渡る商業が活発になった。金と象牙は、アフリカの硬木《こうぼく》とともに重要だった。しかしイスラム教が誕生し、アラビアのカリフ制が発展し、インド洋沿岸の多くの地域、特に西の地域がイスラム圏の一部になると、アフリカ奴隷の交易の拡大は商業発展の強力な牽引力になった。アラブ人、ペルシャ人、唐《とう》や宋《そう》の人々との間で交易が拡大され、一三世紀には主な交易パターンになった。これらには、公式に定められた交易、大使館、保護港、関係拡大のための多くの進んだ仕組みが含まれていた。同時に沿岸部ではイスラム教が普及した。と言っても、東南アジアや現在のインドの大部分では普及は緩慢だった。カリカット（現在のコーリコード）やカンバートなどの港は世界的交易の中心地になった。このすべてが、少なくとも海では、大きな戦争もなしに進展した。その一方で西から忍び寄ったのは、「発見の時代」に突入し、交易にも食指を伸ばすヨーロッパだった。

ヴァスコ・ダ・ガマは一四六〇年頃、ポルトガル南西部の中流階級の家庭に生まれた。ずんぐりした体型で、激しやすかったようだ。一四九七年から九八年にかけて、四隻のポルトガル船を率いてアフリカの大西洋沖を航海した。何十年にも及ぶエンリケ航海王子の冒険を基盤とした、世界史上最も英雄的で衝撃的な冒険だったと言えるだろう。その後南大西洋の未踏の海域に進み、アフリカ南端の喜望峰を回り、アフリカ東海岸のマダガスカル島とモザンビークの間を北上してマリンディと呼ばれるインド洋に面する港に到達、一四九八年春には、インド南西端のカリカットに上陸した。

旅した距離は当時の海の旅では最長で、赤道を回るよりも長かった。一四九九年にポルトガルに戻ると、ダ・ガマは喝采を浴びた。もっともインドでの残虐な行為は名声に水を差した。遠征にとってはなんの脅威でもなかったというのに、拿捕した船に乗っていた女子どもを含む数百人のイスラム教巡礼者を、慈悲を乞われながらも生きたまま焼き殺すなどの残虐な行為を行なったからだ。数年後、別の遠征隊を率いてふたたびインドに向かったが、交易の合意を得るという本来の使命を果たすことはできなかった。彼は一五二四年、インドに向から三度目の旅の途中でこの世を去った。

胡椒やシナモンを中心に香辛料貿易として始まったものは、ポルトガル人がインドに進出し、イングランド、フランス、オランダが続いたためにすぐに拡大された。ポルトガル人にとっては、危険な地中海を進み、陸を通って紅海に向かうのではなく、香辛料を運搬するための独自の道を発見することが重要だった。ポルトガルのような小さな海運国にとっては、新たな海路は好都合で、ヴェネツィア、アラビア、ペルシャの交易商人による香辛料貿易独占を破ることができた。交易に対するインドの文化規範には目もくれず、ダ・ガマ自身のように外交的な失敗を頻繁に犯しながらも、ポルトガル人は次第に西インド洋の交易パターンの一部となることができた。

船の能力が改善され、航海に関する知識も増えたため、オスマン帝国はポルトガルに倣《なら》い、インド洋沿岸のかなりの部分にイスラム教徒の保護領を築こうとした。一五〇〇年代はじめのオスマン帝国によるエジプト征服によって紅海へのアクセスが容易になると、この動きは加速する。ポルトガルとオスマン帝国は本格的に競い合うようになり、互いに排他的な貿易協定を結び、兵站補給の拠点を確保し、海軍を集結できる海で戦った。この状況は、シーパワーが地中海沿岸沖に限定されていたオスマン帝国にとっては厄介だった。一五〇〇年代半ばにはポルトガルの拠点を攻撃するため、オスマン帝国はインド洋周辺、特にアラビア湾の入り口に当たるホルムズ海峡を中心に五〇隻を超える大規模艦隊を展開し、アラビア湾の北、現在のイラクにある基地から発進させた。両国の敵対関係はその後もオスマン帝国軍が撤退するまで続いた。そしてポルトガルは、新たなライバルに直面することになる。

当時現地語との接触を通して形成されたポルトガル語系のクレオール語は、現在も一部の地域で使われている。ポルトガル人は、長距離航海のために新しい航海技術を用いて船を改良し、かなり独創的な方法で国家の力を行使して、準民間企業の利益追求をあと押しした。国益と商業利益との融合は、その後数世紀にわたってインド洋で最高潮に達した。

その第一は、一六〇〇年に設立されたイギリスの東インド会社であり、すぐにオランダの東インド会社が続いた。どちらも基本的には、ポルトガル人が考案したモデルを基盤としている。どちらも交易の機会を生み出し、国力を高めるために存在していた。オランダは、現在のスリランカ、インドネシアの一部など、インド洋の東部に注目し始めた。アフリカ南端の喜望峰にも足場を築いた。初期の提供物は、胡椒やクローブ、メース、シナモン、ナツメグなど伝統的な香辛料で、コーヒーも増えていった。イギリス人は、インド亜大陸をできるだけ広範囲に支配しようとした。一六〇〇年代から一七〇〇年代初期にかけて要塞を築き、周辺部には基地を設けた。

ポルトガル、オランダ、イギリスの帝国同士の競争が高まったにもかかわらず、主な交易路は基本的に地元の住民が握っていた。中国人は入植にまったく食指を動かさず、遠洋での軍事力を持たなかったというのに、交易についてはあらゆる側面でかかわろうとした。資金を貸し付け、協力的な取り決めを行ない、交易路に沿って中国や東南アジア各地に商人を配置した。帝国はそれぞれ独自の基地を持っていた。たとえばオランダはバタヴィア（現在のジャカルタ）を拠点としていたが、ケープタウンや現在のスリランカでも積極的に活動した。オマーンを支配したヤアーリバ朝などの抵抗も実らず、イギリスとオランダという二大帝国の力は徐々に強化された。一八世紀末に勝者となったのは、もちろんイギリスだ。オマーン、ケニア、インドの支配権を握り、インド洋の中心に「イギリスの湖」を築いた。ポルトガルもオランダもイギリスに対抗できるだけの力を持たず、一八〇〇年代はじめのナポレオンの敗北によって、フランスが世界に及ぼす力は制限された。その結果、一九世紀のインド洋史はイギリスを中心に展開した。イギリスでは太陽は沈まない、「なぜなら、暗闇では神はイギリス人を信じられないから」と言われた。

インド洋はたしかに「イギリスの湖」のようになっていたが、優位に立ったイギリスが重視したのが海ではなく陸だったのも事実だ。インド支配には海上交通路の統制が必要であることを、イギリス人は広く認識していた。インドに派遣された総督はみな、優位を獲得するためにはシーパワーが必要であることを国王に繰り返し訴えた。一八〇〇年代はじめに立ちはだかったのはフランスであり、オランダの存在も懸念材料だった。海賊行為や奴隷貿易も無視できなかった。必要とした拠点の残酷な手段での征服、沿岸諸国や現地の支配者との連合や貿易協定などの入り組んだ仕組み、帆から蒸気エンジンへの転換、一八六九年のスエズ運河の完成などの新技術導入などによって、これらの課題は克服された。

スエズ運河

スエズ運河は、控えめに言っても興味深い場所だ。エジプト人とペルシャ人は、古代からシナイ砂漠を通る小さな水路を建設し、地中海と紅海を結びつけようと試みていた。ペルシャ人がダレイオス大王のもとで、運河の建設を実現することは可能だっただろう。しかし、断定はできない。ナポレオンは、自らの世界帝国建設の野望がついえる前に、そういったプロジェクトにかなりの関心を示していた。運河を、エジプト政府との協力による商業的事業とみなしていたのはフランス人だった。興味深いことに、最初のうちイギリス人は声高に反対した。しかしやがて運河が完成する頃にはその価値を理解し、「保護領」として何十年も占領した。運河が完成し、はじめて船が通航できるようになると、フランス皇帝ナポレオン三世の皇后ウジェニーを乗せたフランス船を先頭に、各国の船が運河に入ることになった。ところがイギリス人は宵闇《よいやみ》に紛れて灯りもつけずに艦隊を通航させた。その後のスエズ運河買収を予見させる行動だった。エジプト人は恐怖を感じ、フランス人は激怒した。イギリス艦隊の艦長は表向きは叱責を受けたものの、非公式にはほめたたえられた。

はじめて私がスエズ運河を航行したのは一九九〇年代半ばだった。その後も何度も運河を経由して北や南に向かっているが、当時の私は三八歳になったばかり、未熟な艦長として乗組員三〇〇人、九〇〇〇トンの海軍駆逐艦を率いていた。運河の通航儀礼についてできる限り調べてみると、どうやら現地に詳しい「プロ」の水先案内人（エジプト人の元海軍士官）に頼らなくてはならないとわかった。彼に尋ねたところ、「バクシーシ」を用意しておくようにと言われた。贈り物と賄賂の境目のようなものだ。通常はタバコを何箱か渡すらしい。浅はかにも私は煙にお金を出すのを惜しみ、私の艦の乗組員なら「熱望する」野球帽を水先案内人に渡し、心のこもった握手をした。彼はすぐに口をとがらせ、麻布の折りたたみ椅子を広げると、艦橋に座り込んでしまった。私たちは彼の力を借りずに進むしかなかった。

幸い、航海長は若くて有能だった。ロブ・チャドウィック大尉が率いる優れた操舵員チームは一カ月で運河についてのすべてを学び、さまざまな海図や「航海指針」と呼ばれる海図の解説を熱心に吸収していた。彼らは私たちをグレートビター湖の真ん中に連れて行った。運河では一度に一方向に向かう船しか通航できないため、ここで北と南に向かう船が交差する。私たちが錨を下ろそうとすると、エジプト人の水先案内人はようやく立ち上がり、指定された停泊地とはまったく異なるところでの面舵はむずかしいと主張し始めた。彼の言葉に納得した私は、艦を指定された方向へと動かし始めた。チャドウィック大尉は私と水先案内人との間に立ち、こう言った。「艦長、このまま行けば、我が艦は浅瀬に乗り上げます」。

五〇歳のベテラン水先案内人の助言に従うか、運河をはじめて通航する二六歳の海軍兵学校卒業生の言葉に従うか。私は全員に作業を止めさせ、舵を港に向けて切り、ロブが示した方向へ向かうと錨を落とした。水先案内人は激怒し、その場を去った。静かになった艦橋で、ロブは私に海図を示し、水先案内人の指示に従っていれば、この艦が座礁していただろうと述べた。

そうなれば、私は退役海軍中佐となり、今とはまったく違う人生を歩んでいただろう。ひとつの選択によって人生ががらりと変わることがある。このときの出来事はまさにそうだった。私たちの人生やキャリアの多くは他者に依存している。そして多くの場合、他者というのはともに働く仲間であり、先輩として助言を与える相手でもある。余談になるが、私は九・一一同時多発テロのときに不思議な巡り合わせで、チャドウィックにお返しをした。この日、チャドウィック中佐（当時）は私に呼ばれ、海軍情報局を抜け出して私のオフィスに来ていたため、ペンタゴンに飛行機が突入したときに難を逃れた。彼と机を並べていた者は全員死亡した。その中には私たちが親しくしていた者もいた。それ以来、二人の絆は一層深まった。

スエズ運河は、なににもまして古代の海、文明、敵と味方を結びつける力の象徴だと思う。一九世紀にはイギリスの利益に不可欠な場所になり、インド独立後、イギリス軍が「アデンの東」から撤退した一九六〇年代後半まで、基本的には変わらなかった。運河は一九世紀半ばの王立海軍と東インド会社にスピードと機動性を与え、その結果、イギリスはインド洋全域への支配力を高めることができた。

実のところイギリスは、一九世紀には過去に地中海などで見られた本格的な戦争を回避していたものの、敵を牽制し、反乱や蜂起（いわゆる小さな戦争だ。と言っても、渦中の者にとっては戦争に大も小もないのだが）を抑え、奴隷貿易を一掃し、海賊行為をやめさせるのに忙しかった。当時は、主に南シナ海とベンガル湾の間の海域、マラッカ海峡周辺で海賊が活動していた。ここでふたたび、私たちは地理の戦略的重要性に気づかされる。マラッカ海峡によって海賊は、第6章で紹介するカリブ海同様、軍艦の入り込めないところに安全な拠点を築くことができた。一八二四年、イギリスとオランダは海賊行為と奴隷貿易を減らすために協力するという文言を含む合意に達している。

これは簡単に実現できることではなかった。海賊の多くは都市国家に支えられており、利益の上前をはねる地元の支配者にも黙認されていたからだ。大型船を運航する者は、何隻か集まれば、民間船や小型軍艦さえ脅かすことができた。海賊団は規模の異なる何百もの船を従え、敵を抑えるために武器を搭載していた。したがってこの海域では、海上交通路は常に非常に危険だった。

この時期には、イギリス人とオランダ人は多くの住民と土地を植民地として支配していた。その影響は植民地支配を受けた住民に大きく及んだ。英領インド文化の台頭は、現在もインドのDNAに引き継がれている。ジョージ・マクドナルド・フレイザーのおもしろい小説がある。そのうち四作はこの時期のインド周辺を舞台にしていて、楽しめるだけではなく歴史的にも正確だ。フラッシュマンというイギリス士官を主人公に、植民地支配の闇が生々しい逸話とともに描かれている。シリーズ一作目 *Flashman*（フラッシュマン）の舞台はインドと現在のパキスタン、アフガニスタン周辺地域で、フラッシュマンは一八三九年に東インド会社勤務を命じられる。その後二〇年間、海賊から妻を救うために海に向かい（*Flashman's Lady*［フラッシュマンの妻］）、セポイの反乱を経験する（*Flashman in the Great Game*［フラッシュマンとグレート・ゲーム］）。私はこのシリーズを長年にわたり愛読し、インド洋沿岸の植民地化が、現地の人々にとってどれほど過酷なものだったかを知った。

交易の戦略的重要性は、一九世紀に入っても続いた。コーヒーと香辛料に加え、砂糖、綿花、紅茶、ゴムがヨーロッパに運ばれ、利益は産業革命の基盤となった。ケニア、ソマリランド、スーダン、エジプト、オマーン、バーレーン、カタール、クウェート、イラク、モーリシャス、インド、東への入り口を守るシンガポール。これら重要な港や領土が徐々にイギリスのものになった。フランスはマダガスカル、レユニオン、コモロなどの島を、ポルトガルはモザンビーク、東ティモール、インド本土の貿易港ゴアを維持していた。オランダは東インド会社を通して、現在のインドネシアを支配した。イタリアまでもがエリトリアとソマリアを獲得し、インド洋周辺の植民地支配に加わった。

一九世紀を通して、新技術の到来、特に蒸気機関の普及が、スエズ運河の開通とともにインド洋周辺の人間の往来を大きく促進した。インド人と中国人は自国との間を行き来し、マレー、インドネシア、フィリピンの人々は数ではインド人や中国人を下回るものの、低コスト労働力（またの名を奴隷）として劣悪な条件で年季奉公を行なった。彼らは、植民地ビジネスの利益のための完全な犠牲者として農園《プランテーション》で搾取された。

年季奉公人の移動のほか、一九世紀のインド洋貿易のもうひとつの闇は、アヘンの輸送だった。アヘンはインドとジャワで栽培され、中国市場に送られた。植民地支配を行なう国はアヘン貿易を奨励し、一八三九年にはイギリスと清との間で第一次アヘン戦争が勃発した。シンガポールと香港は、利益の大きいアヘン取引の中心だった。

二〇世紀に入り、第一次世界大戦の勃発とともにヨーロッパに翳《かげ》りが見え始めた頃、インド洋沿岸での変化には目覚ましいものがあった。特筆すべきは、労働者の移動と、この地域全体での植民地支配の定着だ。驚くことに、この地域では大きな戦争は起こらず、第一次世界大戦も遠雷のようなもので、ほとんど影響を及ぼさなかった。とはいえ、インド洋沿岸地域の行く手を第二次世界大戦が待ち受けていたのは言うまでもない。ビルマのインド洋北東部やマレー半島では、特に激しい戦いが繰り広げられた。ともあれ、最終的には植民地制度は終わりを告げる。

第二次世界大戦が近づくと、イギリスの支配者はインド洋が陸からも海からも、日本軍の攻撃に弱いことを理解していた。しかし、彼らはシンガポールは持ちこたえられると考えた。海からの接近は容易ではなく、距離もある。日本は中国を抑えなくてはならなかった。イギリス人が、シンガポール（ライオンシティ）は日本の猛攻に対抗できると考えた理由は簡単に理解できる。シンガポールは島国であり、防御には最適だ。戦争が始まってからも、イギリス人は依然として、自分たちの軍隊が規律、技能、技術のすべてにおいて日本よりも優れていると信じていた。だが、それは大きな間違いだった。一九四二年二月一五日、シンガポールは陥落し、四五年に日本が降伏するまで日本の占領下に置かれた。

私がはじめてシンガポールを訪れたのは一九八〇年代半ばのことだ。今と変わらず清潔で、進んだ技術を持つ多文化都市だった。強力な社会的ネットワークで結ばれ、人種・教育政策、厳しい取り締まり、経済的インセンティブ、政治統制によって、地理と人的資本だけを基盤に強力な都市国家が建設されていた。優れた指導者リー・クアンユーのもと、シンガポールは、社会経済指標に関してアジアでトップに立ち、世界ではトップテンに入る手本として台頭している。スカッシュができる場所を探しながら歩き回っていると（「アメリカンクラブ」に一箇所あった）、当時のアジアの他の主要都市との違いに驚かされた。とにかく清潔で、あちこちに公園がある。看板は英語で書かれ（この多文化国家の公用語だ）、法律はきわめて厳格に守られている。当時の旅行者の多くがそうしたように、私もシンガポールの創設者と言われるイギリス人トーマス・スタンフォード・ラッフルズにちなんで命名されたラッフルズ・バーを訪れ、果汁が多くてとびきり甘いシンガポール・スリングを味わった。

だが、本当に注目すべきは、シンガポールの地政学的位置だ。世界で最も重要な海峡の脇に位置し、四方を海に囲まれ、すばらしい造船所、強力な軍隊を持つ。シンガポールは味方にしておきたい国だ。アメリカは、優秀なシンガポール軍と密接な関係を持つ。私自身、アラビア湾で彼らと長年緊密に働き、彼らが防衛に真剣に取り組んでいることに強い感銘を受けた。地政学的に羨まれる位置ゆえに、シンガポールには強力な軍隊と強力な友人が必要だ。

最初に訪れて以来、私は何度もこの地に戻ってきた。最も印象的な訪問は二〇〇〇年代半ば、国防長官付上級軍事補佐官として国防長官ドナルド・ラムズフェルドに随行し、元首相リー・クアンユーに会いに出かけたときのことだ。彼が国民からどのように見られているかを一言で語るのはむずかしい。ジョージ・ワシントンとエイブラハム・リンカーンを足して、フランクリン・デラノ・ルーズベルトを少し加えたような人物で、当時は八十代半ばだった。元首相で建国の父は、国防長官に復帰し、大統領首席補佐官や大使を務めたこともある当時七十代のラムズフェルドと長く温かい会話を交わした。ライオンシティと呼ばれるシンガポールで、冬、世界について語る二人のライオンの姿を見ているのは、すばらしい経験だった。長続きするなにかを築くためには、規律、ビジョン、断固たる決断が必要だと二人とも考えていた。言うまでもなく、シンガポールという国家はこのアプローチを体現している。私がはじめてシンガポールを訪れた頃に比べれば、食べ物もはるかにおいしくなっていた。

シンガポールの近代化は、一九四二年に日本軍に占領されてから訪れた。日本軍はインド洋への拠点を得た。日本海軍は、陸でも海でも、インドを大英帝国から切り離す作戦を検討し始めていた。一方、イタリアとドイツは、インド洋北部で海軍を展開していた。主に東アフリカ沿岸沖で展開していたイタリア軍は次第に弱体化したが、ドイツ軍はその後もUボート作戦を継続した。ドイツの潜水艦に加え、ポケット戦艦アドミラル・グラーフ・シュペーなどの装甲艦は民間船を攻撃した。イギリスとその植民地とを結ぶ海上交通路を遮断し、イギリスだけではなくフランスやオランダにも利益を与えていたこの地域の商業全般を破壊し、さらなる地上作戦に備え、オーストラリアに対する侵略を行なうことが、ドイツの戦略的目的だった。主戦場だった太平洋中西部のような艦隊の激しい交戦はほとんどなかったが、小型船の交戦や小規模な戦闘行動はインド洋でも無数に行なわれた。枢軸国と連合国の双方が、海上での作戦活動に艦船を用いた戦いは引き分けに終わった。

第二次世界大戦後の変化

第二次世界大戦後のインド洋における主な地政学的変化は、イギリスの本格的な離脱にあった。インドが「大英帝国の宝石」、英領インド帝国だったため、インド洋は二〇〇年以上もの間、主にイギリスの保護領だった。インド洋は、東アフリカ、南アジア、南西アジアの西側に位置するイギリスの植民地に取り囲まれていた。現在の世界からは、ヴィクトリア朝時代から第二次世界大戦が終わるまで世界の覇者だった大英帝国の力とその勢力範囲を想像するのはむずかしい。第二次世界大戦後、イギリスは本当の意味での覇権を取り戻すことはなく、一九六八年には、アラビア半島南西端の「アデンの東」から撤退する戦略的決断を下した。この頃には冷戦が本格化し始めていたため、イギリスの撤退は戦略的空白が生まれることを意味していた。

自然は空白をふさごうとする。イギリスがインド洋から離れると、今度はアメリカとソ連の艦隊がやって来た。目的は異なるものの、どちらもこの海域での警戒レベルをあげようとしていた。アメリカは、広大で、当時はほとんど統制されていなかった海洋の安定を維持し、必要な原油を供給するタンカーのアラビア湾との往来を保護し、クロム、希土類鉱物（レアアース）、コバルト、マンガン、銅など戦略的に重要な金属の海路からの供給を確保したいと願っていた。一方、国内に豊富な原油資源を持つソ連は、アメリカに勝る政治的影響力をインド洋周辺諸国に及ぼし、NATOに対抗するため、インドとの戦略的パートナーシップを維持したいと考えていた。

アラビア湾と聞けば、誰もが世界的な原油供給地を連想するだろう。だが、二〇世紀半ばまでは周辺のどの国も主要産出国ではなかったことを忘れるべきではない。他の地域での産出量が減少したため、アラビア湾沿岸やイラン、イラクの占める割合が急増した（もちろんこれは、海底油田が開発され、水圧破砕《はさい》法が利用される以前のことだ）。その結果、この地域の戦略的重要性が急激に高まり、タンカーの往来が増え、周辺諸国は、原油の市場での価格や質を統制するためにOPECを創設した。この地域を保護する必要性も高まった。アメリカの戦略家は、ソ連が南に向かおうとするのではないか、少なくともインド洋の温暖な港を確保しようとするのではないかと懸念した。歴史は必ずしもこの考え方を支持しないが、当時は一般的な見方だった。

一九七〇年代はじめには、アメリカもソ連も、インド洋周辺に利用できる海軍拠点を持っていなかった。ソ連はイラクとの条約によってバスラにアクセスでき、アメリカは、バーレーンに小規模な海軍を配備していた。そこには軍艦三隻と、なぜ左遷されたのかと思い悩むとかく不運な二つ星の海軍少将がいた。原油輸送の重要性が高まると、周辺諸国は自国の地理的・戦略的地位を高める手段を模索し始める。アメリカもソ連も、中国を仲間はずれにしようとした。中国は二〇〇〇年以上もの間、インド洋で強い影響力を持っていたが、アメリカもソ連も、ふたたびインド洋でこの国に会いたいとは思わなかったのだ。

アメリカは、この時期には、現在も友好関係にあるサウジアラビアとパキスタンのほか、王政下のイランとも密接な関係にあった。どの国もアメリカから、軍事訓練や設備の援助を受けていた（その大半の見返りとしてアメリカに石油を輸出した）。アメリカは、インド洋の中心にあるイギリスの保護領ディエゴ・ガルシア島も利用していた。一九七〇年代はじめには、アメリカの工兵が島に巨大な滑走路や原油タンク、かなりの数のドックや住宅、通信・情報収集設備などを建設した。

約一〇年後の一九八〇年代半ば、私はディエゴ・ガルシア島の環礁に向かっていた。正直、どう考えればいいのかわからなかった。ヘマをすればアラスカのエイダック島かインド洋のディエゴ・ガルシア島に飛ばされるというのは、若い海軍士官の間でのお決まりのジョークだった。選べるなら、エイダック島を選んだだろう。だが、ディエゴ・ガルシア島に到着してみると、目の前に広がっていたのは好奇心をそそる光景であって、決して不快な環境ではなかった。陸にはきれいな兵舎が並ぶ。簡単な設備しかないが、ゴルフやテニスもできる。小さいが、まずまずの将校クラブもある。なにより自然の美しさは信じがたいほどだった。そのときはこの地がインド洋の戦略的拠点であることには思い至らなかったが、シンガポールを出てからの数週間に及ぶ退屈な航海のあとで、テニスボールを追いかけて楽しんだのはたしかだ。

ソ連はと言えば、スリランカ、イラク、イラン、イエメン、パキスタン、そしてもちろんインドに対して、頻繁に国力を誇示する行動を取った。やがてソ連はインド、イエメン、アフリカ東岸のソマリアとの協力関係を構築し、その結果、軍艦をこれらの国の港に寄港させるようになった。補給や兵站は言うまでもない。アメリカとソ連の行動は、マハンのシーパワー論に従ったものだった。

ソ連の指導者レオニード・ブレジネフは、アラビア湾岸のエネルギーと原油、アフリカ南部（サハラ以南）の戦略的に重要な鉱物資源を「宝庫」と呼んだ。アメリカとソ連は、二つの「宝庫」を支配しようと競い合った。アメリカの狙いが頓挫したのは、イランのシャー（国王）が倒され、アメリカに強烈な憎しみを抱くホメイニ政権が誕生したためだった。その結果、アラビア湾の一方が閉ざされた。それまで「ペルシャ湾」と呼んでいたこの地域を、私たちが「アラビア湾」と呼び始めたのはこの時期だ。イランは湾の入り口であるホルムズ海峡を統制下に置いた。

ソ連もこの時期に、いくつか成功を収めた。アフリカ南部のアンゴラとモザンビークでの取り組みは当初は成功し（特に、アンゴラでは、ソ連兵とともにキューバ兵が戦った）、二つの新たな衛星国が誕生した。一九七七年にソマリアとエチオピアが戦争を始めると、ソ連は小国ソマリアを裏切る形で、人口三〇〇〇万人を超えるエチオピアと強い関係を結ぶ。イエメンも社会主義国になった。突然、アメリカにとって重要な同盟国はサウジアラビアだけになった。ソ連はインド洋周辺の他の国と関係を結び、基地を配備し、政治的支援を行なった。インド洋を舞台とした冷戦は、ソ連の勝利であるかに見えた。

地政学的に複雑な様相を見せる現代世界においては、最も危険な国家間対立はインド洋とアラビア湾周辺に存在するだろう。この章の最初の方で、アラビア湾でのサウジアラビアとイランの「黄昏《たそがれ》の戦争」について述べた。しかし、なによりも危険であるのは、核兵器を保有するインドとパキスタンの冷戦だ。第二次世界大戦後、イギリスが南アジアから手を引くと、この広大な亜大陸は三つの国家に分かれた。イスラム教徒の数が世界で二番目に多いパキスタン、人口ではまもなく中国を追い抜くインド（イスラム教徒の数は世界第三位）、バングラデシュである。インドとパキスタンの対立は根が深い。宗教、文化、地理（カシミール地方の領有権をめぐる紛争）に起因するものだ。

現段階では、この対立は克服しがたく見えるものの、両国の首相、パキスタンのナワーズ・シャリーフとインドのナレンドラ・モディの対話には一筋の希望がある。アメリカは、両国間の核戦争回避に強い関心を抱いている。もちろん世界もだ。両国の紛争はたいていの場合海を舞台とはしていないにせよ、そうなる可能性は常にある。商業の場として発展し、戦争の舞台にはならなかったインド洋にとって、これは最も危険な局面である。

インド洋をめぐる問題は、必ずしも人為的なものに限定されない。二〇〇四年のクリスマスの翌日、インド洋では破壊的な津波が起きた。インドネシア西部のスマトラ島北西沖で発生したマグニチュード9・0の地震によるものだ。一瞬にして津波に奪われた生命は二〇万人以上にのぼる。死者数の合計は三〇万人とも言われ、ほとんどがインドネシア、スリランカ、インド、タイに集中していた。津波はこれらの国の人口密集地域を襲い、場所によってその高さは三〇メートルにも及んだ。当時私は、国防長官付上級軍事補佐官に就任したばかりだったが、国防総省になにができるかを検討するため、私たちは危機対応チームを急ぎ召集した。

海兵隊のラスティ・ブラックマン中将が対応に当たり、すみやかに救援物資を集め、人道支援や医療支援を準備した。国防長官との毎日のテレビ会議を通して、ブラックマンはアメリカの医療用船舶、甲板の大きい水陸両用船、現場に向かう航空機を揃え、被害に遭った人々に対する支援や補助を実施することができた。私は、送られてくる映像を、国防総省の司令室で昼も夜も見ていた。海兵隊や陸海空軍の兵士が人々を救うために水中に飛び込み、救援物資の大きな袋を運び、負傷者をいたわる姿には心を打たれた。私たちは普段から命の危険を伴う軍事行動にかなりの時間を費やしている。そのためにいるのだから。しかし、ソフトパワーを大量に動員することで、世界に本当の意味での変化をもたらすこともできる。

結果的に、我が国に対する見方が変われば、本当の意味での安全保障を長期的に持続させることができる。六万トンの病院船マーシーとコンフォートを配備することによって、原子力空母以上に我が国の安全保障に貢献できるのだ。どちらの役割も重要だ。このようにハードパワー（戦闘）とソフトパワー（災害救援、医療援助、外交）をバランスよく用いる能力は、「スマートパワー」と呼ばれる。目の前の画面の中で大勢の人々が死んでいく姿を目にしたあの恐ろしい数週間に、私はその重要性を痛感させられた。

二〇〇九年にNATO欧州連合軍最高司令官に就任したときに引き継いだ任務の一部に、海賊行為の取り締まりがあった。NATOに加盟する二八カ国は、かつてのソマリア周辺無政府地帯での最悪の海賊行為を止めるための取り組みに加わることを、投票で決定していた。カート〔アラビア原産の常緑低木。葉は麻薬性があり、かんだり茶に入れたりする〕をかんでハイになったソマリの元漁師は、小型ボートで大きなコンテナ船に近づき、両側からよじのぼって乗組員を倒し、コンテナ船をソマリに停泊させ、多額の身代金を要求する。私が任務に就いたときには、約二〇隻の船と二〇〇人以上の乗組員が人質になっていて、襲撃は増える一方だった。

各国の意見が一致することは少ないが、古代から災いをもたらしてきた海賊行為に関しては、どの国も国家が処罰すべきだと考えている。私の任務は、NATO加盟国二八カ国だけではなく、幅広い協力によってさらに資源や軍艦を確保することだった。私たちは、ロシア、中国、インド、パキスタン、イランなど、NATO非加盟国にも協力を求めた。どの国も、艦の派遣、情報活動への参加、あるいは最低でも物資の補給や燃料の供給などの形で応えてくれた。これは前例のないことだった。アメリカとカナダ、ヨーロッパの三〇を超える国々、そしてロシアなど普段ならNATOと協力することのない前述の五カ国によって海での壮大な連合が形成された。

このようにインド洋では、普段はいがみ合う国が協力し合うという好ましい戦略的アプローチが見られた。海賊の取り締まりにも成功した。二〇一三年に私がNATOを離れたときには、海賊に捕らわれている船や乗組員はわずかだった。海賊行為はビジネスとして成り立たなくなり、海賊の多くは逮捕され、法の裁きを受けた。ここ数年というもの、東アフリカ沖で襲われた船は一隻もない。これは陸での対策の成果でもあり、EUの果たした役割が大きい。しかし、海賊行為が多発する地域での抑制に関しては、海での協力が成功した例はめずらしく、他の海域での取り組みに多くの教訓を与えている。

高まる重要性

この本をはじめ、海の問題を議論する場合には、大西洋（地中海を含む）と太平洋（南シナ海を含む）に焦点を当てることが多い。紛争の発生や難民の流入、貴重な炭化水素をめぐる競争のほか、二つの「主な海洋」の地政学的影響については果てしない議論がある。とはいえ二一世紀には、太平洋や大西洋以上にインド洋が注目されるだろう。我が国でもこのことを、少しでも早く理解した方がいい。

忘れてはいけないのは、インド洋は、太平洋や大西洋に比べると小さいとはいえ、紅海やアラビア湾まで含めれば地球上の海面積の約四分の一を占めるということだ。世界の海上輸送の五〇パーセント、原油の七〇パーセントがこの広大な海を行き交う。インド洋はまさにグローバリゼーションの十字路なのだ。インド洋に面する国は約四〇カ国、世界の人口の三分の一を超える。活発なイスラム圏でもあり、パキスタン、インドネシア、バングラデシュ、イラン、サウジアラビア、エジプト、湾岸諸国のどの国からもインド洋に漕ぎ出すことができる。世界のイスラム人口の九割以上が、この巨大な海域で暮らしている。

この地域には高度な軍事力を備えた国が集まり、絶えざる緊張関係にある。現在の世界で、最も核戦争の可能性があるのはパキスタンとインドだ。両国はそれぞれ大規模で優れた軍隊を持ち、核兵器を保有する。イランは革新的で戦闘能力の高い軍隊を持つ大胆な国だ。インド洋沿岸の他の国の多く、特に東アフリカでは内戦が絶えず、国境沿いでの紛争が多い。過去数年の間に海賊行為は減少したとはいえ、東アフリカ沿岸や、インド洋と太平洋を結ぶマラッカ海峡では相変わらず脅威である。

インド洋の歴史を振り返れば、二一世紀にこの地域が平和になると確信することはできない。一四九七年にヴァスコ・ダ・ガマがやって来て東洋と西洋が出会って以来、インド洋を介した交易路は何世紀もの間、競争と対立をもたらしてきた。一九世紀には大英帝国によるインド征服と東インド会社による商業支配が、この地域を圧倒した。しかし、オスマン帝国の滅亡、第二次世界大戦での大国の駆け引きは、アメリカ、ソ連、中国、インドの艦隊が追いつ追われつする冷戦の長い黄昏をもたらした。

インド洋には、インドとパキスタン以外にも発火点がある。中国とインドの対立だ。特に中国は、インド洋沿岸で商業的影響力を拡大し、戦略拠点を築こうとしている。東アフリカ沿岸やインドネシア半島西部では海賊行為が盛んだ。アラビア（ペルシャ）湾岸では、海でも陸でもスンニー派とシーア派の対立が続く。イエメンでは、シーア派の武装組織フーシが貧困に苦しむ国民を支配しようとしているため、両派の対立が顕著に見られる。これについては、ロバート・カプランの『インド洋圏が、世界を動かす　モンスーンが結ぶ躍進国家群はどこへ向かうのか』（奥山真司・関根光弘訳、インターシフト、二〇一二年）に詳しい。

我が国が果たすべき役割はなにかと、私たちは問いかけなくてはならない。我が国の対外貿易の多くを依存している、国際公共財（グローバル・コモンズ）たる海洋において、どのようにして我が国の安全保障を確立し、安定をもたらすことができるのか。

第一に、私たちはインド洋そのものの重要性を認識しなくてはならない。我が国の地図や地球儀には、「身近な」海洋である大西洋や太平洋が中心に描かれることが多い。私たちが思い浮かべる戦略的・地政学的地図もこれを反映したものだ。ペンタゴンからフォーチュン500社、研究者、人道支援組織に至る誰もが、この広大なインド洋と周辺諸国の重要性を十分に考慮しなくてはならない。

第二に、インドに注目しなくてはならない。インドはまもなく中国を追い抜き、世界で最も人口の多い国になるだろう。インドを率いるのは世界を見据え精力的に活動するモディ首相であり、共通語は英語だ。そしてなによりも、インドは法に基づく活気に満ちた民主主義国家であり、我が国と根本的価値観を共有する。世界各地で開かれる国際会議に出席すると、中国、アメリカ、EUが議論の中心になることが多い。これらの議論ももちろん重要だが、インドにはほとんど言及されない。二一世紀には、この国の台頭が地政学的に最も重要な意味を持つだろう。とりわけインド洋での取り組みは大きな影響を及ぼすはずだ。

第三に、我が国はインド洋にすべての軍種を展開しなくてはならない。強力な海・空軍はもちろんのこと、陸軍や海兵隊の活動も欠かせない。アメリカ、インド、日本による洋上合同演習「マラバール」のような演習を、国防総省は今後も実施する必要がある。

第四に、東アフリカ沖で大きな成果をあげた海賊取り締まりを、各国と協力して継続する必要がある。NATO、ヨーロッパ、アジアの同盟国だけではなく、ロシア、中国、インド、パキスタン、イランの協力があれば、やれないことはほとんどない。激動のインド洋での対海賊作戦は、誰もが賛成でき、我が国が主導できる活動だ。

第五に、きわめて重要であるのは二つの困難な課題の解決だ。ひとつは、インドとパキスタンの対立。領有権をめぐるカシミール紛争の背後には、宗教、文化、歴史に基づく対立がある。もうひとつは、シーア派とスンニー派の対立で、アラビア湾はこのために常に不安定だ。これらは長期的課題ではあるが我が国は外交政策を通して緊張を緩和し、あからさまな対決を避けるよう働きかける必要があるだろう。

第六に、アラビア湾は、インド洋に「付属し、その一部である」というだけの存在には留まらないだろう。スンニー派とシーア派圏の断層線に位置するため、外洋での自由な活動、ホルムズ海峡を通る海上交通路の確保（特に原油運搬のため）、サウジアラビアをはじめとするスンニー派諸国との効果的な同盟関係、イランとの実効性のある暫定協定、生態学的被害を受ける可能性が高い地域の環境保護などを我が国が達成するためには、相応の関与が必要だろう。

二〇一六年には、アラビア湾とインド洋の両方で、アメリカ海軍艦艇がかかわるいくつかの事件があった。核問題に関する最終合意にもかかわらず、海上でのイランとの緊張は高まる一方だ。核協議の合意と制裁の解除によって、イラン海軍、特にイラン革命防衛隊は大胆になっている。一月には、アメリカ海軍の哨戒艇二隻がイラン領海を侵犯したとして拿捕され、一隻は破壊された。実際には、二隻とも航行・通信システムの不備が原因だった。もう一隻の乗組員は武器を取り上げられ、屈辱的な立場に置かれ、港へと移送された。しかもイランは、乗組員をさらに貶《おとし》めるため、拘束時の映像を公開した。これは明らかに国際規範を破るものだ。

二〇一六年後半には、イエメン沖の公海を航行中のアメリカ海軍駆逐艦が、シーア派系武装組織フーシによる巡航ミサイル攻撃を受けた。イランはフーシを強力に支援している。彼らはイランで訓練を受け、イランと同じ目的を掲げ連携しているのだろう。二つの事件は、アラビア湾だけではなくインド洋北部においても、さらなる緊張の前触れになりかねない。

私たちは広大なインド洋と、それよりは小さいが重要なアラビア湾の両方を常に視野に置かなくてはならない。二一世紀に向かって漕ぎ出す場合には、忘れてはならない地域なのだ。これまでは注目されてこなかったとしても、この広大な海洋は今後大きな影響力を持つだろう。インド洋の航行は、太平洋と大西洋よりも厄介だ。インド洋をめぐる地政学的要素が今後どう展開するかは、二一世紀地政学の全般的趨勢を大きく左右するだろう。

第4章　地中海　ここから海戦は始まった

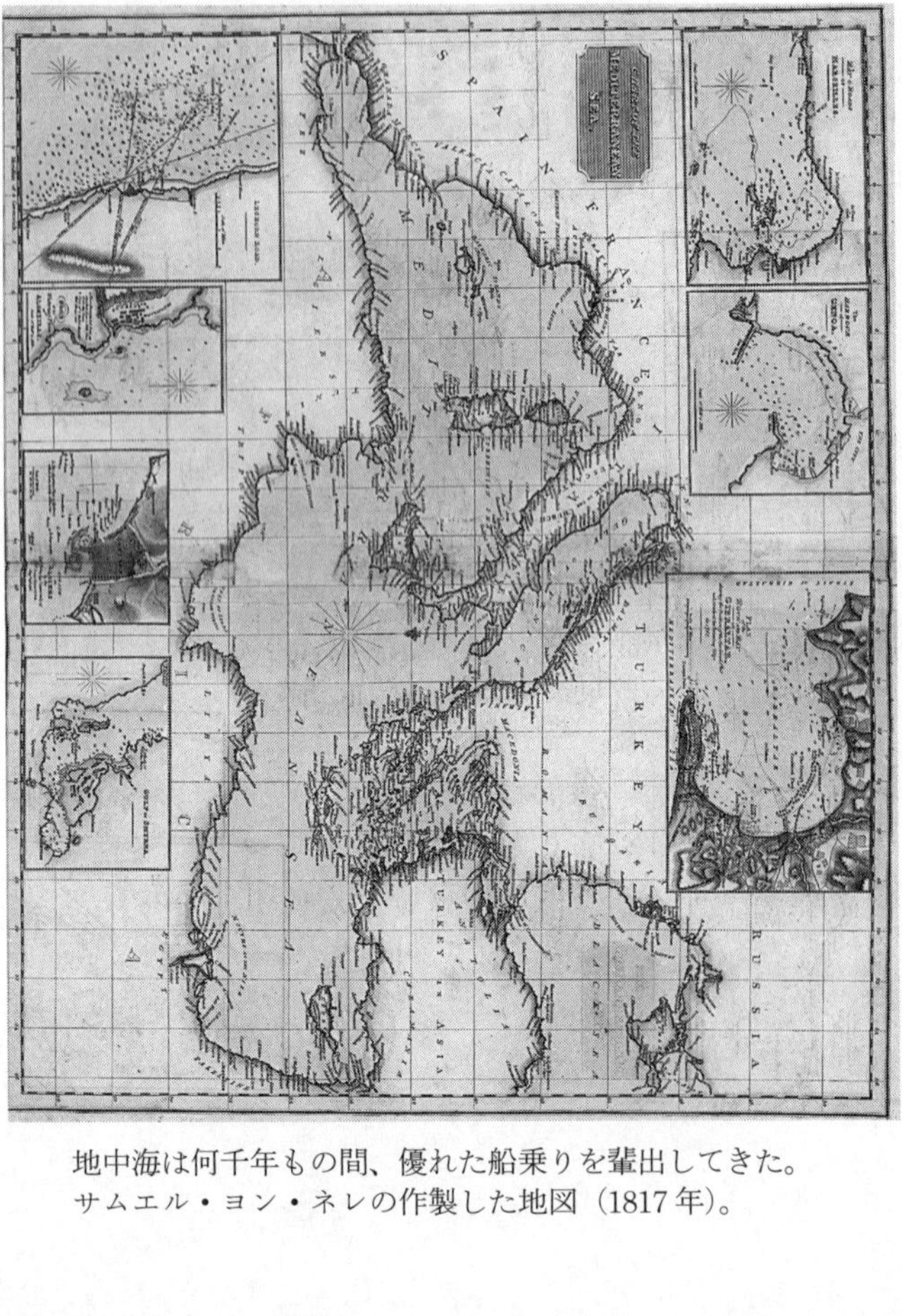

地中海は何千年もの間、優れた船乗りを輩出してきた。
サムエル・ヨン・ネレの作製した地図（1817年）。

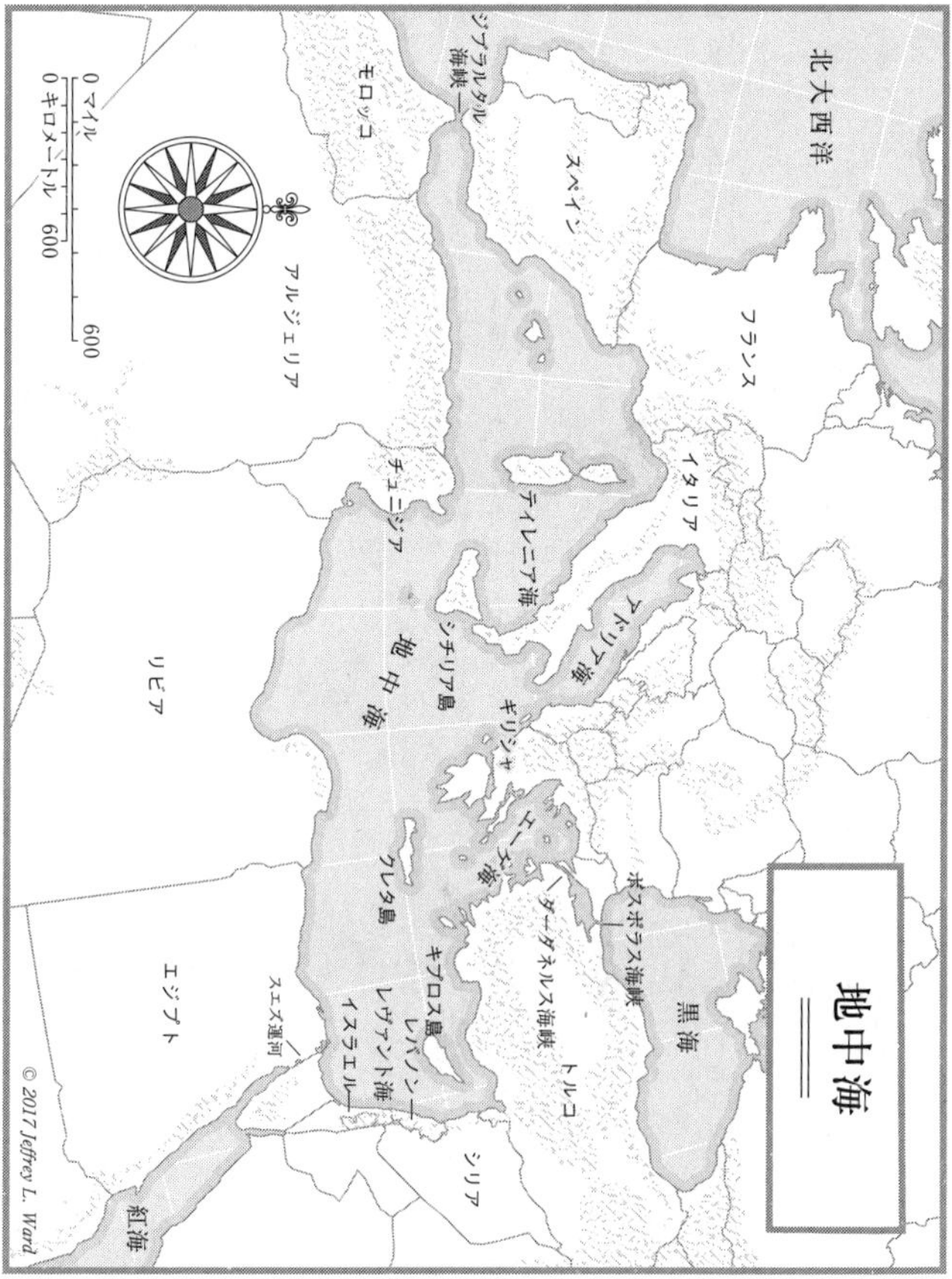

天然資源や移民をめぐる摩擦がふたたび顕在化しているため、しばらく安定していた地中海は危機に瀕している。

最古の海戦の舞台

人類が本格的に海で戦い始めたのは、地中海においてである。何世紀もの間、地中海の大海原を行き来していた船乗りは、海で戦うことを思いつき、実行し始めた。少なくとも海戦に関して言えば、世界史の初期から、地中海以上に戦いの場所になった海洋は存在しない。もしも命を落とした戦士たちの遺体が突然、地中海の海面に浮かび上がったとしたら、彼らの骨の上を歩いて渡れるほどだろう。

地中海の面積は約一〇〇万平方マイル（約二六〇万平方キロメートル）、東西は二四〇〇マイル（約三九〇〇キロメートル）、沿岸の距離は約二万三〇〇〇マイル（約三万七〇〇〇キロメートル）に及ぶ。地中海を広大な大西洋と結ぶのは、戦略的にも重要なジブラルタル海峡で、幅一〇マイル弱（約一六キロメートル）にすぎない。この海峡は、ギリシャ人とローマ人の間では「ヘラクレスの柱」として知られていた。

地中海の規模を実感するには、地図上でアメリカに当てはめてみるといい。ジブラルタル海峡は、緯度ではアメリカ西海岸のサンディエゴ辺りだ。スエズ運河から紅海にかけてはフロリダ半島の北東ジャクソンビル、アドリア海の北端はカナダとの国境辺りで、五大湖の西になる。リビア北岸のシドラ湾はメキシコ湾の辺りだろう。アメリカを横断するハイウェー66は地中海の東西に当たる。言うまでもないが、地中海は大きな海なのだ。

地中海の長い歴史に繰り返し登場する地理的な特徴がある。西側の入り口の狭さはもちろんのこと、それ以上に大きな意味を持つのが地中海最大の島、シチリア島だ。三〇〇〇年以上の間、さまざまな国がこの島を手に入れようと戦ってきた。アフリカに向かって突き出ていて、実際には地中海を二つに分けている短刀状のイタリアも、地中海の地形的特徴としてよく知られている。東と西の両方に良港を持つイタリアの長さと位置によって、ローマ人は交易を活発に行ない、「ローマの平和《パックス・ロマーナ》」時代に海を掌握できた。シチリア島の南には、もっと小さいが、ほぼ同じ戦略的重要性を持つマルタ島がある。この島も、地中海をめぐる戦略的ドラマに繰り返し登場することになる。

東に目を向ければ、岩がちのエーゲ海諸島は頻繁に海戦の舞台となってきた。現在も、ギリシャとトルコの軍艦や軍用機が小競り合いを繰り返している。そのためにトルコはNATOから撤退しかねないほどで、一〇〇〇年前からの東地中海でのキリスト教徒とイスラム教徒の激しい対立を思い起こさせる。カギとなるのは、レヴァント〔東地中海沿岸地域〕へのアプローチをさえぎる位置にあるキプロス島、エーゲ海への入り口を守る細長いクレタ島だ。

地中海の北にある黒海は、歴史の中で独自の位置を占めながらも、地中海での紛争がボスポラス海峡の北にも及んだため、一〇〇〇年の間、「地中海の縮図」のような役割を果たしてきた。地中海の南には、北アフリカの平坦な砂漠、ナイルの肥沃なデルタ、スエズ運河で結ばれた不毛な土地が広がる。どれもが地中海の歴史、政治、文化において大きな役割を担っている。

地中海（Mediterranean）という名称は、ラテン語の「*mediterraneus*」に由来し、「内陸」、「土地と土地に挟まれた地域」という意味を持つ。ローマ人は地中海を「我らが海（*Mare nostrum*）」と呼んだ。記録に残る西洋史のはじめから、地中海はある程度限定された空間での共有資産として機能してきた。交易路、タンパク質の補給源、輸送の場、手近な戦場、天然の障壁としての役割を果たしてきたのである。

この海は、人間の想像力にも貢献してきた。地中海の地理が次第に明らかになると、ジブラルタル海峡の先にあるものをめぐって伝説が生まれた。龍、海の怪獣、冥界への入り口、失われたアトランティス。どれもが想像力をかき立て、文化の一部となった。古代の船乗りは頑丈で美しい三段櫂船《かいせん》を漕ぎながら、未知のものへの恐怖から、ジブラルタル海峡を越えることはめったになかった。

地中海は、戦闘技術の発展や海洋戦略の創出にも重要な役割を果たした。古代の人々は地中海をみつめながら、陸で行なっていたことを海でもやろうとした。それは戦いだった。地中海での戦いを通して、船首に衝角《しょうかく》を備え、櫂の漕ぎ手を上下三段に配置した三段櫂船が登場する。波に揺られながら戦うために特別な訓練を受けた水兵、精度の高い大砲や初期の射撃管制装置も生まれた。航海術が大きく向上するにつれ、蒸気機関、内燃機関、さらには原子力が新たな推進手段として用いられた。海での戦闘の進化はその都度地中海で検証され、洗練され、容赦なく用いられた。

ジブラルタル海峡を渡るとき、海軍の軍人は、古代の戦場にやって来たかのように感じる。四方を取り囲まれ、取り残されたような感覚は、船乗りにとってうれしいものではない。航海に出るときには、「順風満帆でありますように（fair winds and following seas）」と願う。「邪魔されることなく、道中が無事でありますように（Godspeed and open water）」と言うときもある。地中海では、歴史に取り囲まれ、どうも過去に包まれているようでもあり、「邪魔されることなく」進んでいるとは感じられず、あまりいい気持ちはしない。

私がはじめて地中海を航行したのは、一九八〇年代はじめのことだ。海軍航空母艦フォレスタル（CV－59）に下級士官として乗り込んだ。初代国防長官ジェイムズ・フォレスタルにちなんで名づけられた空母は海に浮かぶ都市さながらで、軍用機や爆弾が大量に積み込まれていた。甲板に並ぶ最新式の軍用機には、全ローマ帝国が擁したのと同等の攻撃力があっただろう。

私は機関士官として、艦内で作業をすることが多かった。ジブラルタル海峡を通過するときに格納甲板から艦橋に出てみると、艦の両側の手の届きそうなところに陸があることに驚かされた。夏の夕方のことで、海は美しく穏やかだった。地中海の天候の変わりやすさはよく知られている。物知りな船乗りなら、トロイア戦争後、ギリシャ側の大将オデュッセウスが遠い故郷イタケーに戻ったときのことを思い出すだろう。オデュッセウスや乗組員が上陸しようとするたび、穏やかで美しい海は突然の嵐に見舞われた。

その年の夏の天候は、私たちが地中海のどこへ向かうときも申し分なかった。ところが夏が終わると日は短くなり、寒くなった。冬のミストラル（地中海の嵐）が近づいていることは、海面や雲の様子だけではなく、長い航海の途中で立ち寄った歴史の古い港湾都市の人々の態度からも感じられた。ミストラルはロバの耳を吹きちぎるとフランス人が言うほどだから、地中海を行く船が大揺れになるのも無理はないだろう。アテネ、イスタンブール、テルアヴィヴ、アレクサンドリア、シラクーザ、ナポリ、カルタヘナ、チュニス、どの港でも歴史の息吹を感じ、長い歴史の中で繰り返された激しい戦いが冷戦下における私たちの航海の背景にあることを再認識した。

私は、地中海で生じたさまざまな戦略的・地政学的分断についても考えずにはいられなかった。一九八〇年代の冷戦のさなか、アメリカは、地中海に二つの空母戦闘群を配備しようとした。一方は地中海西部に常駐し、同盟国の港、兵站、スペインとイタリア沿岸の古代ローマの港にアクセスする。基地はアメリカの軍艦の補給地として活用された。地中海東部の状況は西部とは違っていた。リビアとシリアではロシアの影響力が強く、私たちはしばしばロシアの小艦隊に接近した。長年戦いの場だった地中海の縮図とも言える黒海まで小型艦で追うこともできたが、衝突が起きれば、ソ連やワルシャワ条約機構加盟国との戦闘によって、黒海がアメリカ艦艇の「死の落とし穴」になることはわかっていた。幸いソ連との戦争に突入することはなかったものの、地中海での作戦が危険なものになるのは明らかだった。私たちは母国から遠く離れ、手ごわい敵と向かい合っていた。遠い昔のヴェネツィア人も、オスマン帝国の侵攻に対して同じように感じたに違いない。

地中海ではなぜ、かくも昔から戦争と征服が繰り返されてきたのか。この率直な疑問は、当時、私の頭を離れなかった。

答えの第一は位置にある。地中海は対立する文明の海上の交差路に存在する。地中海が地政学的影響を及ぼし始めたのは、ギリシャ人とペルシャ人、フェニキア人とローマ人の間で生じた初期の戦いからだった。人々が地中海を定期的に往復し始めると、ヨーロッパ、アフリカ、アジアのまったく異質な文明が接触するようになった。交易品、言語や人間、富の源が行き交う中で対立も生じた。地中海は、そのすべてを促したのである。

地中海の地理を見てみよう。対立する社会や国の中心に位置している。車輪のスポークと同じで、侵略を企てる艦隊は地中海を横断する海上交通路を通って目的地に到達できた。初期文明が地中海への道を見出したように、冒険好きな王や女王、皇帝、ファラオが兵士を大勢乗せた艦隊を派遣し、宝物や奴隷を乗せて戻ってくるために、海路を利用しようと考えたのも当然だ。そして地理的な分断、特にイタリアの位置によって、地中海での戦いは小さな区域ごとに行なわれた。

第二に、地中海には高度に戦略的な意味を持つ島が点在する。シチリア、サルデーニャ、マルタ、クレタ、エーゲ海の島々はどれも便利な足がかりとなる。さまざまな帝国が統合され、勢力を拡大すると、地中海周辺地域を手に入れるための戦いが起きた。これによって新たな対立が生み出され、手に入れた基地からは艦隊が危なげなく出撃した。

忘れてはならないが、地中海での交易と戦争が増えた一方で、古代人は自然からの挑戦に向き合わなくてはならなかった。第一に、地中海の気候は扱いにくい。普段は比較的穏やかだが、船乗りが油断すると、予想もしなかった取り返しのつかない事態も発生しうる。第二に、陸が見えない大海原での航海技術の発展には数世紀を要した。第三に、長期間の航海に耐えられる頑丈な船の建造は、試行錯誤と多くの人命の犠牲を経て、ようやく実現した。しかし人間が海に出て、スムーズに航海を行ない、戦えるようになると、地中海は一種の「サンダードーム」、すなわち戦いを繰り広げる金網のリングとして機能し始めた。そこで二つの国が戦うと、往々にして、立ち上がるのは一方だけだった。

歴史のDNA

地中海で栄えた最初の二つの文明は、どちらもやがてほとんど消滅した。ミノア文明は、クレタ島を中心とし、紀元前二五〇〇年から約一〇〇〇年間栄えた。フェニキア人が建設したカルタゴは、二〇〇〇年以上前、二つの比較的進んだ社会が徹底的に戦った世界初の戦争によって、ローマ人に破壊された。

クレタ人（紀元前二五〇〇年～前一二〇〇年頃）は、四五〇〇年ほど前、人口の増加によって海に向かわざるを得なくなった。彼らは生まれながらの船乗りで、その後、クレタ島の北に位置するいくつもの島を支配するようになった。まだそれほど発展していなかったギリシャ本土は、ミノアの王に貢物を強要され、首都クノッソスで牛とともに生贄《いけにえ》にするために若い男女を送った。生贄は牛頭人身の怪物ミノタウロスに捧げられた。王子テーセウスによるミノタウロス退治はギリシャ神話に語り継がれている。クレタ人の社会は、三〇〇〇年以上前、おそらく地震によって破壊されたのだろう。このとき、失われた王国アトランティスの伝説が生まれた。

数年前、私はクレタ島の小さなカフェにいた。心地よい夏の夜で、島で二番目に大きい都市ハニアでギリシャワインを飲みながら、魚のグリルに舌鼓《したつづみ》を打っていた。招いてくれたのは、私がNATO欧州連合軍最高司令官を務めていたときに、連合軍に参加する部隊を率いていたギリシャ人司令官だった。

私たちはミノア文明について話をした。ミノア文明が生き残っていたなら、のちの世にローマ人がそうしたように、ギリシャ世界が広がり、地中海を支配しただろうと彼は言う。ギリシャの都市国家は、他の社会を征服するために結束したことは一度もなかったよ、と私が答えると、彼はためらうことなく言った。クレタ人ならやれたはずだと。クレタ人はギリシャの都市国家を結束させたに違いないと。

そうかもしれない。歴史のDNAが別の形で働いていたなら、遠い昔にギリシャ・クレタ帝国がローマ人に挑んでいたかもしれない。もしかするとカルタゴの人々とともに。あり得ないことではない。

地中海の東端、現在のレヴァント周辺では、紀元前三〇〇〇年頃にフェニキア文明が出現し、二五〇〇年ほど続いた。もっぱら征服よりも交易を重んじたフェニキア人は、彼らが熟知する海をくまなく航海した。ブリテン島からは錫、バルト海沿岸からは琥珀《こはく》や貴重な鉱石、西アフリカからは香辛料、奴隷、金《きん》を運んだ。勇敢な船乗りはティルスやシドンなど主要な港から出発して「ヘラクレスの柱」を越え、地中海文明とインドを結ぶようになる。地中海の大小の島々には交易港が設けられ、そのうちのひとつ、南のカルタゴ（現在のチュニジア）は勢力を誇るようになった。

フェニキア人を祖先とするカルタゴ人は、サルデーニャ、コルシカ、シチリアからスペイン各地、さらには地中海に沿ってアフリカ沿岸にまで進出した。粗暴だが現実的で有能なカルタゴ人は、ギリシャ商人と競い、早い時期に黒海やエーゲ海から追い出されることになる。そしてついにはローマとの一連の戦争を繰り広げた。

ギリシャvs.ペルシャ

亡くなった政治学者サミュエル・ハンティントンが「文明の衝突」と呼んだものが最初に起きたのは、おそらく地中海東部、ギリシャ本土の都市国家とペルシャ帝国との間でだっただろう。驚くことにギリシャ人は、イエス・キリストの誕生に五〇〇年ほど先立つペルシャ人の猛襲に直面するよりもかなり前に、厄介な内戦をやめていた。

ペルシャ人は、この頃までに文明世界のかなりの部分を征服し、本拠地であるメソポタミアから地中海沿岸地域までを支配していた。レヴァントのフェニキア人は即座に降伏した。彼らは、新しい主人のために、船や海で必要なあらゆる技能を提供することができた。ギリシャ人の方は言うまでもなく別の道を選び、激しく戦った。

紀元前四九二年、最初のペルシャ艦隊がギリシャに到着した。しかしギリシャにとって幸運なことに大嵐が吹き荒れた。ペルシャの二度目の挑戦も、マラトンでの陸と海での大敗によって失敗に終わる。それでもペルシャ人はひるまず、さらに一〇年以上をかけて軍隊を再編成し、ついにギリシャを圧倒できるはずの規模の軍隊を引き連れて戻ってきた。

紀元前四八〇年頃、ペルシャ王クセルクセスは、軍船約一五〇〇隻、歩兵約二〇万人、一〇万人以上の水夫や海兵を率いてギリシャを攻撃した。無敵の軍事力だっただろう。当時のギリシャが集めた船は五〇〇隻ほどにすぎず、陸でも海でも数では圧倒的に劣っていた。テルモピュライで迎え撃った「スパルタの三〇〇人隊」は敵を撃退できず、ギリシャにとって最後のチャンスは、母国の海で戦うアテナイ艦隊にかかっていた。

勇敢でカリスマ性を備えたテミストクレス将軍の指揮のもと、ギリシャ人はアテナイ沿岸のサラミス湾で有利な戦いをするために岩だらけの浅瀬を利用した。ギリシャ文明は危機に瀕していた。

　結局のところ、勝敗のカギは「自由」にあった。ギリシャ人の兵士はみな自由人であり、家族や都市国家のために戦った。対するペルシャ兵は徴集兵か奴隷だった。決戦前夜、テミストクレスは部下を集めた。ギリシャの歴史家ヘロドトスによれば、両親のため、妻のため、我が子のため、生まれ育った都市のため、そしてなによりも自由のために漕げ、と説いたという。部下たちはその言葉を守った。彼らの武勇と意欲は、ペルシャ船よりも軽くて速く、無駄のないガレー船という卓越した技術と相まって勝利をもたらした。

　私はこの話を、さまざまな聴衆に向けて語ったことがある。聞いている誰もが、志願兵で構成される現代の軍隊が持つ力を確信する。数年前には航空母艦イントレピッドを利用してニューヨークに設立された博物館の晩餐会で、海軍特殊部隊（SEALs）のマイケル・マーフィ大尉を称えた。マーフィは二〇〇五年、アフガニスタンで戦死した。部下や当日出席していた家族、祖国のために犠牲を払ったマーフィに名誉勲章が授与された。その名にちなんだミサイル駆逐艦マイケル・マーフィ（DDG－112）は現在も就役中だ。サラミスの海戦で戦った古代ギリシャの人々からマイケル・マーフィの名を冠した軍艦までを測鉛線で測ってみれば、その勇気、誇り、献身に共通するものがあることを感じてほしい。

　アテナイとスパルタの兵士によってギリシャに勝利がもたらされ、ギリシャは黄金時代を迎えるかに見えた。ところが彼らはあろうことか、嬉々《きき》として互いに戦い始め、せっかくの機会をふいにする。ギリシャ人は、地中海へのアクセスや高度な軍事力にもかかわらず、シチリア島の一部と地中海沿岸の一部を征服しただけで、本当の意味で海を支配し大帝国を築くことはなかった。「内海」を作り出し、周辺地域を何世紀もの間完全に支配したのは、ローマ人だった。

「ローマの平和」

ローマ人が勢力を拡大し始めたのは、ギリシャの都市国家がシチリア島とイタリア半島南部の間の海域への支配を維持しようとしていた頃であり、若い都市国家カルタゴが帝国として北アフリカ沿岸で台頭し始めていた頃だった。ローマは両国家と競い合うことになる。ローマ人は紀元前三世紀にその力を強化すると、イタリア半島の小さな植民地を支配していたギリシャ人を圧倒した。用心深いカルタゴの人々は、地中海全域で敵が近づいているのを感じていた。シチリア島はローマとカルタゴが衝突した「第一次ポエニ戦争」の最初の戦地になった（「ポエニ」はラテン語でフェニキア人を意味していた）。

それまで陸を重視していたローマ人が艦隊を創設する必要性を認識すると、地中海はふたたび広大な戦場になった。地中海沿岸は、以前から海を知り尽くしたフェニキア人の襲撃に無防備で、行き交う交易船は略奪の的となり、敵の有能な艦隊の前ではほとんど無力だった。ローマ人は征服したギリシャから艦隊を手に入れることができた。しかし、彼らは海での戦い方を知らなかった。軍隊を立ち上げ、接近戦を展開するのは得意だったが、船団を敏捷《びんしょう》に操るフェニキア人には最初は歯が立たなかった。フェニキア人はローマの船の側面を突いて戦列を乱し、巧みな操船で激突しては沈没させた。

海での戦いによくあるように、打開策は新しい作戦、戦術、あるいは装備の考案にあった。このときは「コルウス（corvus、ラテン語でカラスの意味）」という新しい装備の登場が流れを変えた。これは鉄で作られた一種の歩み板で、先端に鋭い爪が伸びているため、敵の船の甲板に固定できる。兵士はこの板を渡って敵の船の甲板に乗り移った。紀元前二世紀の主な海戦では、ローマ人はこの素朴だが効果的な移乗攻撃用の「コルウス」を用いて、カルタゴの船を多数破壊した。

ローマとカルタゴのポエニ戦争では、海を制したローマ人が、やがてカルタゴの人々を敗北させる。陸ではカルタゴの将軍ハンニバルが華々しい成果をあげたものの、ローマ艦隊が北アフリカに大軍を送り込んだため、紀元前一四六年にはカルタゴは壊滅した。最終的に、最初はシチリアという大きな島、次にイベリア半島の豊富な原材料、さらには北アフリカの陸地と現在のチュニジアの穀倉地帯をローマにもたらしたのは、地中海の制覇だった。ローマ海軍は、その過程で海賊や海のならず者国家を一掃し、航海を尊重する文化、海軍、地中海の内海を権威と独創性によって支配する自信とを手に入れた。

二〇〇一年はじめ、少将に昇進した直後に、新たに一つ星に昇進した士官たちとともにチュニジアを訪れたときのことはよく思い出す。断崖から南地中海を見下ろしながら、カルタゴの滅亡について考えた。もしもカルタゴが生き残り、ローマに対抗する帝国となり、地政学的にまったく異なる結果が生まれていたとしたら、現在のヨーロッパや地中海はどのようなものになっていただろう。

歴史の流れはいずれにせよあらかじめ決まっていると、私たちは考えがちだ。もちろん、ローマ人は勝っただろう。だが、いくつかの決定、一度の戦い、予期せぬ発明、先見の明を持つ者や狂信的なカリスマによって歴史が大きく変わることもめずらしくない。カルタゴは歴史から永遠に姿を消し、ローマは勝利した。しかしこのとき死に絶えたのは、帝国のどのような夢だったのだろう。

カルタゴを下し、地中海を制覇したローマでは内戦が続き、その後、ローマは共和政から、皇帝アウグストゥスの支配する帝国となる。複雑な対立関係、ガイウス・ユリウス・カエサルの暗殺、伝説の執政官マルクス・アントニウスのエジプト遠征、カエサル・アウグストゥス（当時はオクタウィアヌスと呼ばれていた）の台頭。このすべてが、ローマ帝国の運命を決することになる紀元前三一年のアクティウムの海戦に至る歩みだった。

ギリシャの西にある小さな港町アクティウム沖に集結した艦隊は最大規模ではなかったものの、地中海史においてはこれ以上重要な戦いは見られない。ローマの本拠地近くにいたオクタウィアヌスが召集できたのはわずか二五〇隻ほど、対するアントニウスはエジプトで魅力的なクレオパトラに支えられながら、二〇〇隻ほどの大型船を率いた。アントニウスにとって不運なことに、陸上部隊と食糧を積んだ船は重すぎた。オクタウィアヌスと部下のアグリッパは、アントニウス軍の動きが鈍く、迅速に行動できないことを見抜いていた。

大事なのは、敵の引っ掛け鉤を避けつつも、帆や舵を巧みに操って敵の船を孤立させることができるかどうか。アグリッパは火器も活用した。戦いが山場を迎えたというのに、アントニウスとエジプトの僚船はこっそり退去してしまい、多くの船が破壊された。指揮官としてはほめられた例ではない。指揮官が退去し、部下を死に追いやった例は歴史の上でも数少ない。


アクティウムの海戦は「ローマの平和」をもたらした。歴史上はじめて、地中海が本当の意味で内海となり、ローマというひとつの国の統制下に置かれた。海賊はときおり邪魔をしたものの、ローマの支配はその後五〇〇年続き、地中海はおそらく史上類のない平和な時期を経験した。しかし五世紀には、西ローマ帝国は衰退し、ヨーロッパに暗黒時代が訪れる。

イスラム勢力は宗教としてだけではなく、地政学的にも大きな野心に駆り立てられていた。アラブの遊牧民族として出現したイスラム勢力は地中海周辺に広がり、中東の全域、さらにはエジプトとレヴァントを征服した。これらの地域を基盤として北アフリカを征服すると、やがてスペイン南部や地中海中部、東部の島々をも支配するようになる。率直に言えば、イスラム勢力がヨーロッパ南部の大半を制覇した世界を想像することは不可能ではない。しかしキリスト教軍は頑強に抵抗し、コンスタンティノープルを首都とするビザンツ帝国はこの時期にはほとんど譲らなかった。やがて西では神聖ローマ帝国が台頭し、一一世紀にはキリスト教徒が地中海で巻き返しを図り、十字軍というとてつもない災厄をもたらすことになる。

十字軍の遠征では、地中海は、ヨーロッパの熱狂的キリスト教徒にとって聖地へと進むための足がかりとなった。新たに、比較的短期間で創設された十字軍の王国は再補給、兵站、交易のために海に依存していた。十字軍は、その後二五〇年に及ぶさまざまなキリスト教普及運動を通して、ヴェネツィアなどイタリアの商業都市台頭をも大きく促した。

ここでふたたび地理の政治的重要性が浮かび上がる。ヴェネツィアはアドリア海の北という好立地にあった。ヨーロッパからアルプスへと向かう交易路にアクセスしやすく、地中海そのものにも比較的安全にアクセスできる。地政学的に見れば、ヴェネツィア人は敏捷な活動家だった。管理に頭を悩まされるような広大な領土を手に入れようとはせず、各地の交易拠点を求め、地中海において最も戦略的に好位置にある二つの島、クレタ島とキプロス島を獲得している。彼らはまた、地中海東部周辺に小規模な要塞や交易拠点を設けた。見方によればそのシーパワー戦略は、商業と交易のための主な拠点を自国の周辺に計画的に設けるという点で、アルフレッド・セイヤー・マハンの理論を六〇〇年ほど先取りしていた。

こういったすべての活動の軍事的裏づけとなったのが、ヴェネツィア共和国によって設立された国立造船所だった。そこでは初期のライン生産方式による設備によってガレー船が建造された。ヴェネツィア人は海運技術を巧みに活用していた。中核となる人口は二〇万人ほどにすぎなかったというのに、最盛期には何千隻もの船と何万人もの水夫による艦隊を持っていた。他の王国や帝国とは主に交易で結ばれ、キリスト教国の支配者が互いに争うように仕向け、教会の権力や教皇による支配を巧みに利用した。彼らは地中海東部を支配するように運命づけられているかに見え、どんどん豊かになっていった。どれもこれも、地政学的な計画、地中海の地理的条件の巧みな活用、建設や武器製造、統治への新技術の適用によるものだった。

そして言うまでもなく、地中海で勢力を振るったのはヴェネツィアだけではない。イタリアや南フランスの交易都市はみな積極的に盛んになっていた交易に参加した。ジェノヴァ、ラグーザ、ピサなどイタリアの都市国家は本質的には小規模な海洋国家で、新型の船や帆を考案し、亜麻布、染料、香辛料、香料、宝石、薬、真珠の交易で得た富を戦争や十字軍に注ぎ込んだ。西からは油、石鹸、蜜蠟、蜂蜜、獣皮、木材や金属などがもたらされた。交易は活発で、地中海中部の海洋共和国に対して大きな影響を与えていた。

オスマン帝国とレパントの海戦

その一方で、新たな勢力も台頭し始めていた。中央アジアから突如あらわれたオスマン帝国だ。アラビアの君主間の反目に乗じて、一四〇〇年にはアラブ世界をほぼ征服していた。現在のトルコと広範囲にわたるアラブ圏を統合し、多くの国が試みては失敗していたコンスタンティノープル征服を成し遂げることによって、彼らは一四五三年には本当の意味で地中海という舞台に立った。一〇〇〇年の間、文化やキリスト教の聖地だったビザンツ帝国がついに滅びたのは、海からの防衛に失敗し、トルコ人を撃退するために必要な資源（人と財力）を生み出せなくなったためだ。

イスタンブール〔かつてのコンスタンティノープル〕を訪れるたび、私はあのすばらしい海軍博物館に立ち寄ることにしている。ボスポラス海峡に面するベシクタシュ地区にあり、海峡を横断するフェリー航路のターミナル近くにある博物館はとても静かで、オスマン帝国時代の収蔵物が数多く飾られている。目を引くのは当時の支配者が用い、二、三〇人の漕ぎ手が漕いだ何隻ものバージ（平底船）だ。この手の博物館によく見られるように、庭園にはさまざまな大砲が置かれている。だが、私がいつも目を留めるのはもっと控えめなもの、錨のついた鎖だ。現存するものは数少ない。黒くてざらざらしていて、鉄でできているように見える。説明書きには、ビザンツ帝国皇帝のひとりによって、八世紀に作られた「大きな鎖」の一部と書かれている。

戦争のときには、接近する敵の船から都市を守るため、この鎖によって金角湾《きんかく》の入り口が封鎖された。この方法は、一四五三年にオスマン帝国がコンスタンティノープルを包囲するまでは何度も成功していたようだ。メフメト二世は鎖を破れなかったけれど、代わりに艦隊の七〇隻ほどの船を陸上から兵士たちに力ずくで運ばせた。ビザンツ帝国がオスマン帝国のエネルギーやダイナミズムから文明を守れなかったように、鎖は結局のところこの都市を守れなかった。

コンスタンティノープル陥落によって、オスマン帝国はヨーロッパへの侵略を本格化させ、ウィーンを包囲し、地中海東部や南部に沿って沿岸のかなりの地域を支配するようになった。彼らは当時の水準から見ても残虐で、イスラム教への改宗や奴隷となることを強制し、キリスト教徒の船を積極的に捕獲しては乗組員を奴隷にした。キリスト教とイスラム教の二つの文明は衝突し、一五〇〇年代、一六〇〇年代を通して対立が続くことになる。

地中海でのそれまでの紛争と同じように、地理は重要な役割を担った。オスマン帝国は海岸沿いの拠点を活用することができ、エーゲ海諸島や西へと向かおうとした。ヨーロッパ人は同じようにエーゲ海の島を支配しようとする一方で、イタリア沿岸の拠点を戦略的要塞として利用しようとした。大砲や帆、漕法、海兵の戦術など技術面はほぼ同等だった。しかしオスマン帝国は管理や訓練において優れたシステムを持ち、拡大する帝国に普及させていた。対するヨーロッパではさまざまなシステムが用いられていて、各国の艦隊が団結して戦うのは厄介だった。

一五七〇年に戦略的に重要な東地中海のキプロス島がオスマン帝国に敗れると、競合するヨーロッパ諸国は警戒感を強めた。教皇ピウス五世はオスマン帝国に対抗するために、主にイタリア諸国とスペインによる「神聖同盟」を結成した。オスマン帝国はその後も陸と海の両方で侵略を続ける。大規模な海戦が海上での戦いの行方を定め、多くの点でヨーロッパの運命を決定づけることになるのは明らかだった。その海戦はイオニア海のギリシャ西岸沖に位置するレパント周辺で起きた。

決戦は一五七一年一〇月七日、澄み切った空の下で始まる。七万五〇〇〇人の水夫や兵士を乗せた二五〇隻を超えるガレー船を備えたオスマン帝国に対し、ヨーロッパの連合艦隊は約七万人の水夫と兵士を乗せた約二〇〇隻のガレー船で構成され、率いるのはハプスブルク家の王子で神聖同盟軍総司令官のドン・ファン・デ・アウストリアだった。ヴェネツィアが、恐るべき殺傷力を持つ重装備で大型のガレアス船を六隻用意したことは重要だ。これらは艦隊の浮き砲台として使われた。レパントの海戦は、一六〇〇年ほど前のアクティウムの海戦以来のガレー船による大規模な戦いであり、地中海のほぼ同じ海域で戦われた。よく知られているように、オスマン帝国は一世紀以上の間、重要な海戦で敗れたことはなく、圧倒的な自信を持って戦いに臨んでいた。

しかし、戦いが終わりに近づいた午後四時頃には、海は血に染まり、そのほぼすべてはオスマン軍の兵士の流したものだった。オスマン帝国側は船の大半を失い、二万五〇〇〇人を超える熟練した水夫や兵士を犠牲にして、五〇隻に満たない船で逃げ去った。対する神聖同盟軍の損失は七〇〇〇人と船十数隻にすぎなかった。この日は歴史の転換点であり、地中海全域を支配する海洋帝国になるというオスマン帝国の野望が閉ざされた日でもあった。勝敗を決したのはヨーロッパ人による鋭い戦略、特にガレアス船の活用だった。トルコ人はガレアス船を取り囲んで戦わざるを得ず、大砲をかなり失うことになる。ほとんどの戦いが接近戦となり、司令官たちも戦いに加わり、ドン・ファンは敵の総司令官を倒した。

レパントの海戦は歴史の流れを定め、イスラム教のキリスト教世界へのさらなる拡張を防いだ。しかしキリスト教勢力による追い打ちはなく、オスマン帝国は幸運にも領土を失わずにすんだ。キリスト教徒の足並みはすぐに乱れたため、オスマン帝国はキプロス島を守り、その船は地中海を大挙して航行し続けていた。レパントの海戦で敗れたにもかかわらず、オスマン帝国は艦隊を再建し、海軍を懸命に維持し、地中海東部で勢力を振るい続け、その後の二〇〇年の大半を通してイタリアやスペインの海軍と小競り合いを繰り返した。しかし、一時は現実的な野望だった地中海内海の完全な支配は二度とかなわなかった。

レパントでの失敗は、つまりは永遠に続くかに見えたオスマン帝国の翳《かげ》りを意味していた。彼らはアラビア砂漠を通って南へ、ペルシャ帝国を越えて東へ、あるいは地中海やバルカン半島のヨーロッパ諸国を越えて西へと進出することはなかった。おそらく最も重要なことは、レパントの海戦の結果、南ヨーロッパの人々が感じていた「無敵のオスマン帝国」への強烈な恐怖心が消えたことだろう。その意味では、この海戦はきわめて重要な戦いだった。

NATO欧州連合軍最高司令官だったとき、私はよくスペインを訪れた。言語や文化のすばらしさ、食べ物のおいしさ、イベリア半島の長い歴史など、多くの点で魅力を感じる国だ。かつてはイスラム世界の不安定な一部だった。セビリアなど南スペインの建築や言語、文化はこれを色濃く反映している。

セビリアで開かれた軍事サミットに参加したとき、スペイン軍の司令官が私にスペインのブランデーを贈ってくれた。ボトルには美しい装飾が施され、箱にはレパントの海戦を示す図柄が手書きで描かれ、赤く血に染まった海に神聖同盟軍の勝利を示すスペインとイタリアの国旗が翻《ひるがえ》っていた。この海戦によってエーゲ海からアドリア海、ジブラルタル海峡に至る地中海の歴史は変わった。地中海中部や西部へのオスマン帝国拡張の扉は閉ざされたのである。

イギリスの台頭

キリスト教世界の優位がたしかなものになると、イギリスが地中海に大きくかかわり始めた。彼らは「ヘラクレスの柱」と呼ばれたジブラルタル海峡、地中海の中心に位置するマルタ島、キプロス島など、東に向かうために重要な島や海峡を掌握した。言うまでもなく、エジプトはインドを支配するための踏み石だった。イギリスの軍人は内海に精通するようになった。その代表がネルソン提督だ。

一七九八年の長い夏、ネルソンとナポレオンの艦隊は、地中海の広い範囲でいたちごっこを続けた。フランス軍がアブキール湾のアレクサンドリア北東沖についに錨を下ろすと、ネルソンはなにもできずに数週間を過ごしたのち、攻撃開始を命じた。指揮下の艦長には、敵艦の脇につけよ、とだけ指示した。攻撃的で果敢な艦長たちはナイル川の入り口に錨を下ろし、ナポレオン艦隊を撃退した。当時は少将にすぎなかったネルソンは男爵の称号を得て、ヨーロッパ中に知られる英雄になった。フランスが地中海に展開した艦隊は破壊されるか捕獲された。イギリス海軍の士気は高まり、勝利をもたらすに十分だった。これはナポレオン戦争において最も重要な海戦であり、一九世紀を通じて、イギリスの地中海支配を確立することになる。

一九八〇年代はじめ、私は空母フォレスタルでアレクサンドリア湾を航行していた。有名な海戦の地からそれほど離れてはいなかった。波に揺られながら小船で陸に向かい、ヨットクラブに船を停めて温かいもてなしを受けた。一八〇〇年代はじめにこの地で起きた戦争の名残はなく、エジプト人は私たちの米ドルが経済を潤すのを歓迎していた。

　ネルソンにとってエジプトは、トラファルガーでナポレオンを破るための大事な通過点だった。ナポレオンをみつけるために地中海を航行した数カ月は、輝かしい経歴の重要な転換点となる。それは、実に有益な日々だった。冷戦のさなかにアメリカの軍艦に乗っていた者にとっては、エジプトは陸でアイスクリームとビールを純粋に楽しめる場所だった。ネルソンは、地中海のすばらしい夜をエマ・ハミルトンの腕に抱かれて過ごし、その運命は「ヘラクレスの柱」の外、大西洋に面するトラファルガーでの運命的な戦いに委ねられた。一九世紀はじめのイギリスのシーパワー絶頂期に、地中海はネルソンに指揮官として、栄光と死を味わわせた。

　一九世紀を通して、地中海はおおむね静かだった。ナポレオン戦争後の秩序回復を目指して一八一五年に開かれたウィーン会議による妥協的体制への反発が高まると、地政学的駆け引きの中心はヨーロッパ大陸そのものへと移る。プロイセンの「鉄血宰相」オットー・フォン・ビスマルクはヨーロッパの国際政治を主導し、クリミア戦争と一八七〇年の普仏《ふふつ》戦争以降、地中海を巻き込んだ地政学的紛争はほとんど生じなかった。一九世紀末から二〇世紀にかけて、主な戦略思想家は、主要国同士の戦争は、それぞれが文化、血縁、経済的紐帯《ちゅうたい》で結ばれている場合には起こり得ないと考えるようになった。だが残念ながら、その考えは間違っていた。一九一四年には、第一次世界大戦（Great War）が勃発し、地中海は人類史上初の世界大戦の舞台となる。

第一次世界大戦と地中海

第一次世界大戦は、地中海からそれほど遠くない陸地、当時オーストリア領だったボスニアのサラエボで始まった。一九一四年六月、オーストリア＝ハンガリー帝国の皇位継承者だったフランツ・フェルディナントは、セルビア人の民族主義者ガヴリロ・プリンツィプに暗殺された。この事件をきっかけにヨーロッパ諸国は複雑な同盟関係を結び、やがて世界戦争に突入する。その中心にはドイツ帝国とイギリスの海での対立があった。

第一次世界大戦の海戦の多くは、潜水艦や武装商船などの補助艦艇によって行なわれた。そして言うまでもなく、イギリスの「大艦隊」とプロイセンの「大洋艦隊」の戦いの多くは、ドイツ北部の両国に挟まれた海域、霧の多い厳しい環境の北海で行なわれた。しかし、やがて多くの戦争と同じように、黒海という付属海での戦いが始まり、戦争は地中海に広がった。ドイツの巡洋艦二隻が老朽化したオスマン帝国の軍艦とともに、クリミア半島に位置するロシアの港を攻撃した。敵味方の関係は微妙に異なるものの、この海域での現在のＮＡＴＯとロシアの対立を思わせる。

一九一五年はじめ、若いウィンストン・チャーチルによって大胆な策が講じられ、老練で思慮深い第一海軍卿ジャッキー・フィッシャーはしぶしぶこれを受け入れた。彼らはエーゲ海からマルマラ海、黒海へとつながるダーダネルス海峡のガリポリ（ゲリボル）でオスマン帝国軍を攻撃し、西部戦線の膠着《こうちゃく》状態を打開しようとしたのだ。当時、「ヨーロッパの病人」と呼ばれるほど揺らいでいたオスマン帝国の首都イスタンブールを占領し、オスマン帝国軍を敗退させることが目的だった。そうすれば南の港をロシアのために開放することもできる。

当初は十分な資源がなく、段階的アプローチを取ったために損失はふくれあがった。オスマン帝国軍は予想外に強く、戦略的に重要なガリポリ半島でイギリス軍を撃退したため、特にイギリス植民地軍の兵士が数多く犠牲になった。一九一五年二月の作戦開始時には五〇万人いた連合軍兵士は、一一月には半数ほどになっていた。チャーチルとフィッシャーの評判は地に落ち、戦争はさらに三年続く。

二〇一〇年夏の暑い日、私はトルコ陸軍参謀総長イルケル・バシュブーに招かれ、チャナッカレ（トルコ人はガリポリをこう呼ぶ）を訪れた。私たちは、のちにトルコの近代化を実現した若い将軍ケマル・アタチュルクのもとでオーストラリア・ニュージーランド連合軍との激戦が繰り広げられた場所を歩いた。バシュブー参謀総長が案内してくれた記念碑は、連合軍の兵士に対する驚くほどの寛大さを示すものだった。敗軍の兵士の母親に向けたアタチュルクの有名な言葉も記されている。「その血を流し、命を失った英雄たちよ。あなた方は今、友好国の土に眠るのだから、安らかにお眠りなさい。オーストラリア・ニュージーランド連合軍の兵士もオスマン帝国軍の兵士も、我々にとっては同じであり、ここにともに眠っている。息子を遠い国に送った母親よ、涙をぬぐいなさい。あなたの息子は今、我々の胸に抱《いだ》かれ、安らかに眠るのだから」。アタチュルクの言葉ではないとの説もあるが、心に響くのはたしかだ。文化や歴史の一部として、トルコ軍によって大切にされてきたのだと思う。

バシュブー参謀総長と私は、そのあと海峡を見下ろせる戦場跡で、トルコの赤ワインと軽食を楽しんだ。連合軍の艦隊はここでいつ果てるともしれない砲撃を繰り返し、兵士を上陸させようとしたのだろう。艦上の兵士はこのまま祖国に戻りたいと願ったに違いない。このときもまた、私は海軍の軍人になって本当によかったと思った。私たちは、陸と海での兵士の運命の違いについて言葉を交わした。

バシュブー参謀総長は優秀な軍人であり、祖国に深い忠誠心を抱いていた。ところがその後、軍の文民統制を損ねたとの誤った容疑で投獄される。幸い釈放され、嫌疑は晴れた。現在は退役後の生活を楽しんでいる。彼はシーパワーの重要性を深く理解すると同時に、戦いのときに陸にいる人間こそが戦いの行方を決めることも承知していた。私たちの友情は今も変わらない。

第二次世界大戦と地中海

第一次世界大戦の決着には時間を要した。怒りと苦しみを抱えたドイツ国民は、ファシズムやハイパーインフレの犠牲になり、被害者意識を持つようになった。国民の怒りはヒトラーの台頭を促し、やがてドイツは第二次世界大戦へと突き進むことになる。第一次世界大戦の主戦場が西部戦線だったのに対して、第二次世界大戦は地中海で繰り広げられ、ポエニ戦争に匹敵する戦いとなった。初期には地中海が主戦場だったと言っても過言ではない。フランスが敗れ、イタリアが参戦したのち、イギリス艦隊によってヴィシー政府とイタリアの船が破壊された。

地中海での戦いで最も重要だったのは北アフリカである。連合国軍は、エルヴィン・ロンメル率いるドイツ軍に第一撃を加える場所として、この地を選んだ。ドイツ軍は、収益や資源の重要な源であるインドをイギリスから切り離そうとする一方で、エジプトを脅かしていた。

一九四二年、連合国軍はカサブランカ付近でのトーチ作戦によって、北アフリカに上陸した。最初は敗れたが、その後、ハスキー作戦によってシチリア島に侵攻し、アヴァランチ作戦によってイタリア本土へと進軍した。その結果イタリアは敗北し、ヒトラーは打撃を負う。これらの作戦は、連合国軍司令官として地中海作戦を成功させ、一年後にオーバーロード作戦を指揮してフランス北部に侵攻することになるドワイト・アイゼンハワーによるものだった。

戦争が始まると、海ではドイツ人とイギリス人が戦いを繰り広げ、陸戦の勝敗を決する主要海上交通路の統制権を手に入れようとした。連合国軍の形勢は、ギリシャをめぐる戦闘では不利だったが、最終的には北アフリカ沿岸で勝つことができた。ドイツによる潜水艦作戦は初期にはきわめて効果的だったため、北アフリカの状況はイギリス司令部にとって重大な関心事だった。地中海はふたたび、海での総力戦の場となる。

マルタ島の戦略的重要性が注目されたのもこの時期だった。マルタ島は地中海の真ん中を通る主要海上交通路に位置する。バーナード・モンゴメリー率いるイギリス軍のトーチ作戦は、北アフリカのドイツ軍を撃退し、甚大な被害を与えた。ロンメルはかろうじてドイツに逃げ帰った。このすべてが、地中海中部で活動し、陸上部隊への補給を行なうイギリスのシーパワーによって可能になった。

ポエニ戦争のときと同じように、地中海は船や航空機が攻撃し合う「戦場」として、さらには、戦争のあらゆる手段が行き来する「通路」として重要な役割を果たした。地中海を航行するたび、私は第二次世界大戦での長期にわたる哨戒活動を思い浮かべた。C・S・フォレスターの名作『巡洋艦アルテミス』（高橋泰邦訳、西武タイム、一九八五年）には、イギリスの軍艦がジブラルタルからマルタやアレクサンドリアに向かうときに、重要な供給ラインを常時確保しておこうとする様子が巧みに描かれている。私は駆逐艦の艦長として、一九九〇年代半ばに何度もこの海域を訪れた。そのたびに遠い過去の海戦を思い、航海が危険と背中合わせであることを実感した。

冷戦時代を通して、アメリカ海軍は地中海を哨戒するために、二つの空母戦闘群を維持していた。これは、中央ヨーロッパでフルダ・ギャップに沿ってNATO軍を背後から攻撃できるソ連に対抗するためのものだった。地中海での活動は追いつ追われつで、海軍の軍艦、特に巨大な空母はソ連の情報収集艦（AGI）につきまとわれていた。逆に海軍の駆逐艦がソ連の情報収集艦を追い払うこともあった。

冷戦時代の地中海は、訓練や取り組み、情報収集活動の一種の経路になっていた。地中海は北大西洋の沖合いに比べると浅く、太平洋沖よりも浅い。そのため、原子力潜水艦時代には大規模艦隊が活動する場にはならなかった。潜水艦は海の底に隠れて攻撃の準備をしなくてはならないからだ。冷戦時代には、地中海は過去二〇〇〇年のように戦場にこそならなかったものの、米ソの艦隊が対峙する局面はあった。

中でもよく知られているのは一九八五年の出来事だ。パレスチナ解放人民戦線がイタリアの旅客船アキレ・ラウロ号を攻撃した。乗客の一人で車椅子に乗っていた年輩のユダヤ系アメリカ人レオン・クリングホーファーが銃撃され、海に突き落とされた。犯人はアメリカによって捕らえられ、イタリアに引き渡された。

一九八〇年代後半には、リビアに対する「航行の自由」作戦が実施され、ソ連で訓練を受けたパイロットが操縦していたリビアの戦闘機が撃墜される。一九八六年にはドイツのディスコで爆破事件が起こり、アメリカ兵が死亡したため、リビアに対する空爆が行なわれた。一九八八年にはスコットランドのロッカビー上空を飛行中のパンアメリカン航空機が爆破され、シドラ湾へのさらに激しい空爆が行なわれた。地中海の紛争では、イデオロギー対立が薄れたことを反映し、冷戦時代の大艦隊態勢からもっと複合的な作戦が取られるようになった。

この時期、私は何度か地中海に派遣された。そのたびにこの地で繰り返された無数の海戦の延長線上に自分がいることを肌で感じた。衝突の危機や挑発は何度もあったが、私たちが怒りに駆られて攻撃を行なうことはなかった。やがて冷戦の暗い時代は終わった。「歴史の終焉」とともに繁栄と平和の新たな世界が訪れると、誰もが信じてやまなかったというのに、残念ながら、そうはならなかったのはたしかだ。

冷戦後の地中海

冷戦の「勝利」に酔いしれたのも束の間、現実が割り込んできた。世界のあちこちでソ連の支配を退けたとしても、不穏な勢力を排除できないことが明らかになる。一九九〇年代にバルカン半島で紛争が発生し、ユーゴスラビアが分裂したことは、冷戦直後の地中海を巻き込んだ象徴的な出来事だった。

ボスニアのイスラム教徒とクロアチアのカトリック教徒、セルビアの正教会派信徒との長年の宗教的・民族的対立は、バルカン半島の中心にあるボスニアをめぐる激しい戦いをもたらした。死者の数は数え切れず、何百万人もが戦乱を逃れて国境を越えた。一九九五年七月には、スレブレニツァで八〇〇〇人を超えるイスラム教徒の男性と少年が虐殺された。一九九八年には、イスラム教徒が大半を占めるコソボのセルビアからの分離によって、ふたたび紛争が起きる。国際社会は逡巡《しゅんじゅん》したのち、ついに空と海からの介入を行なった。海での作戦には攻撃や武器禁輸、地上軍に対する後方支援が含まれていた。陸では、ボスニアとコソボの戦いにNATO軍兵士一〇万人以上が投入された。

私が艦長を務めた駆逐艦バリーは、一九九〇年代半ばにセルビア人勢力に対する武器禁輸作戦を担い、重要な役割を果たした。ロバート・カプランの力作『バルカンの亡霊たち』（宮島直機、門田美鈴共訳、NTT出版、一九九六年）を読んだときには、この地域の問題があまりにも根深く、痛ましいものだと感じた。

それでも国際社会の取り組みによって、やがてバルカン半島には一応の平和が訪れる。海軍は重要な役割を果たした。私たちは何週間も配置につき、激しやすいイギリス人提督の命令に従いながら、密輸船を追いかけ、海岸へと追い返した。私は暗い海岸線を後にして家路に向かえるのがうれしかった。一九九〇年代半ばのバルカン半島での紛争を経て、地中海は落ち着きを取り戻した。しかし、この静けさが長続きしないことは、この地域を注視する誰もがわかっていたし、実際そのとおりだった。

現在の地中海は紛争の海に逆戻りしている。ロシアがふたたび台頭し始め、地中海のあちこち、特に黒海と地中海東部で積極的行動を見せている。ロシア艦隊はソ連海軍の大艦隊に匹敵するものではないが、アメリカの利益を損なう能力を持つ。そのうえ、イスラエルは現在も近隣諸国の大半と対立関係にある。キプロス周辺の海底には天然ガスや原油が豊富にあるため、地中海東部のすべての国による領有権争いが起きている。NATO加盟国のギリシャとトルコは、美しいエーゲ海諸島をめぐっていまだに争っている。地中海に属する黒海では、ロシア、ジョージア、ウクライナの紛争が続く。

まずロシアを見れば、ウラジーミル・プーチンが、自国を地中海の大国であり、黒海の主要勢力だと考えているのは明らかだ。クリミアの編入と、ウクライナ南東のルハーンスクとドネツクの支配によって、ロシア連邦は戦略的に必要な重要拠点を手に入れた。セヴァストポリの港に主力艦を常時配備するというウクライナとの古くからの取り決めもあり、ロシア人がこの地でインフラを築くのは簡単だった。

二〇一三年、私はＮＡＴＯ欧州連合軍最高司令官としてクリミアにあるロシアとウクライナの海軍基地を訪れ、ウクライナの駆逐艦上で同国の作戦部長と昼食をとった。ＮＡＴＯの海賊掃討作戦に艦艇を派遣してくれたことに謝意を示すことが目的だった。ウクライナのウォッカ（ロシアのではない）で何度も乾杯し、燻製《くんせい》の魚をたらふく食べ、主に豚肉を使った六種類もの料理をたいらげるという永遠に続くかに思えた昼食が終わると、私たちは甲板に出た。彼はロシアの軍艦を指差した。クリミアの母港に軍艦を置くというロシアとの協定によって、すぐ下の埠頭につなぎとめられている。

ウクライナがかつてのようにソ連の一部でもなく、ロシアと密接な関係にもないというのに、ロシアの軍艦が配備されているのは、腹立たしいに違いないと私が言うと、ウクライナの作戦部長はタバコをふかし、煙をゆっくりと吐き出したあとで、こう答えた。「ロシアはクリミアを絶対にあきらめないでしょう。絶対に」。数年後、ロシアが侵攻しクリミアを併合したとき、私はこの言葉を思い出した。ロシアには黒海を支配する必要があり、クリミアはそれを実現するための足がかりだ。彼が言ったように、ロシア人はクリミアを絶対に返さないだろう。

黒海を地中海の歴史から眺めてみると興味深い。黒海の探検は、ギリシャ神話の時代から始まった。英雄イアソンの一行は「金羊毛」（翼を持つ金色の羊の毛皮）を求めて、現在のジョージアへと漕ぎ出した。何世紀もの間、黒海ではロシアとトルコの小競り合いがあった。両者の関係は複雑に入り組んでいる。オスマン帝国が勢力を誇っていた時代には、黒海はこの帝国の湖だったが、その後、ロシアの支配下に置かれた。冷戦時代には基本的にはソ連の湖であり、トルコはNATO連合軍の一員として入り口を見張り、南の沿岸部を統制するだけだった。

冷戦の終結に伴い、黒海は「開拓時代の西部《ワイルド・ウエスト》」さながらの様相を示し始める。NATO加盟国には、新たにルーマニアとブルガリアが加わった。ウクライナはクリミア併合など、隣国ロシアとの関係に悩まされている。NATOの密接なパートナーであり友人であるジョージアには、親ロシアの分離主義者とロシア軍が占領する二つの重要な地域がある。さらに最近では、密輸船や暴力的な過激派がヨーロッパへの通路として黒海を使うことが多い。ロシアは今後も黒海を重視し続けるだろう。炭化水素開発の潜在的可能性もまた、ロシアの関心事だろう。

プーチンは、シリアのアサド政権との関係を強化している。ロシアは冷戦時代、シリアの地中海沿岸部に海軍基地を設けた。それらは現在も、モスクワとアラブ世界とを地政学的に結びつける拠点となっている。内戦が続く中で、アサド大統領が国民に残酷で不当な行為を行なったにもかかわらず、プーチンはアサド政権を擁護し続けている。このことからも、ロシアが今後、地中海東部での作戦遂行能力を維持しようと考えているのは明らかだ。

ロシアの意図は、内戦での化学兵器や樽《たる》爆弾の使用、拷問を非難し、アサド政権を倒そうとしているアメリカやNATO加盟国とは対立する。地中海東部は、今や過去に頻繁にそうであったように、大国の権力政治（パワーポリティックス）の舞台だ。現在の情勢は、一〇〇年前のバルカン半島を不気味に暗示する。そのときヨーロッパの火薬庫は、オーストリア＝ハンガリー帝国を吹き飛ばし、文明世界の多くを二〇世紀半ばまで続く戦争へと引きずり込んだ。

それ以上に懸念されるのはイスラム国の台頭だ。狂信的な宗教集団は、レヴァントや北アフリカに至る地域でカリフの統治を復活させようともくろむ。シリアとイラクの混乱と破壊に乗じて、両国にも入り込んでいる。レヴァントの領土の大半を失い、まだ沿岸地域を統制していないとはいえ、リビアでは次第に勢力を拡大している。リビアには地中海諸島から一〇〇マイル（一六〇キロメートル）ほど離れた長い海岸があり、イタリアやヨーロッパへの通路となっている。ここからは一〇〇万人以上の難民がヨーロッパ諸国を目指している（数百万人以上が南トルコ、ヨルダン、レバノンに逃れている）。移民の多くが海を経由してギリシャ、イタリア、クロアチアをはじめとする地中海沿岸地域に来ているように、大勢が地中海を渡って押し寄せる。現在のところ、トルコとEUの間には、移民送還についての合意がある。しかしこの合意は揺らいでいて、いずれ解消されるだろう。今後も難民は、身の安全と経済的必要性から、地中海を渡ってヨーロッパに逃れてくるだろう。

迫り来るイスラム国

航海の観点から特に懸念されるのは、リビアの脅威だ。一九四二年、ウィンストン・チャーチルは、イタリアは「ヨーロッパの泣き所」だと述べ、連合国軍による侵攻を指揮した。現在の対イスラム国戦略も、同じような成果を期待するものだろう。

二〇一五年半ば、イスラム国（ＩＳＩＳ）に忠誠を誓うイスラム過激派が、エジプト人のコプト教徒二一人を虐殺すると、イタリア政府は自国を攻撃から守るための取り組みを強化し始めた。イスラム過激派による脅威はどれほど現実的なのか。イスラム国は地中海を渡ってイタリアを攻撃する能力を持つのか。イタリアはどう対処すべきなのか。

なによりもまず、私たちはイスラム国の言葉を聞くべきだ。機関誌《ダービク》には、「最後の十字軍遠征について」という記事が掲載されている。イスラム国はローマを倒すというのが主張の中心であり、ジハード（聖戦）を示す黒旗がサン・ピエトロ広場に翻る挿絵が添えられている。「我々は至高なるアッラーの許しを得てローマを倒し、十字架を破壊し、女どもを奴隷とする。我々が成し遂げられなかったとしても、我々の子孫が成し遂げるだろう。彼らはお前たちの息子を奴隷とし、市場で売買するだろう。イスラム教徒はみな家から出て十字軍戦士をみつけ、殺さなくてはならない。イスラム国は、その旗がローマに翻るまで存続するだろう」

誇大妄想だろうか。もちろんそうだ。本当に可能だろうか。いや、あり得ない。しかし、地中海を渡って祖国攻撃の可能性が高まっていることに対して、ヨーロッパ国民の心情を考える価値はあるに違いない。

カナダのジャーナリスト、グラアム・ウッドは《アトランティック》に「イスラム国はなにを望んでいるのか」と題した記事を掲載し、歴史的背景を含めた詳細な分析を行なっている。この記事によれば、イスラム国のレトリックと行動の源は中世にあるという。罪なき者を打ち首にし、捕らえた囚人を焼き殺し、磔刑《たっけい》を行なっているとの噂を流し、美しい女性や子どもを奴隷として売買し、都市を略奪する——このすべてが、あたかも十字軍による聖戦がまだ行なわれているかのようで、イスラム国の国際社会に対する強い願望を暗示する。つまり、ローマこそが、その憎しみの矛先となる可能性が高い。

実際に可能かどうかと言えば、イスラム国は通常兵器での攻撃を行なうだけの軍事力を持たない。しかしイタリアへは海からの二つの経路がある。ひとつは、不法移民に紛れてリビアからイタリア南岸や島にたどり着く近道、もうひとつは、アドリア海や地中海南部を行き来する密輸人や麻薬運搬人のように、小さな船を使う方法だ。どちらもトルコやバルカン半島を通ったり、陸路でＥＵ諸国を不法通行するよりも簡単で実現可能だ。

イスラム国が宗教戦争を起こしたいなら、ヨーロッパでローマ以上に恰好の標的があるだろうか。キリスト教の聖地への大規模な攻撃は、イスラム国が明言する戦略とも基本的な主張とも矛盾しない。アメリカの同盟国であるイタリアもこのことを十分認識している。軍だけではなく警察官などの準軍事組織による警戒を強化し、リビアとイタリア南部の島との海上警戒を増やし、ＮＡＴＯやＥＵ、インターポールとの情報共有を行ない、対応策を公表して牽制するなど適切な初期対応を取っている。どれも必要なことだ。

さて、「ヨーロッパの泣き所」を守るために、ほかにできること、なすべきことがあるだろうか。

第一に、ＮＡＴＯを地中海を舞台とする戦略に組み込むこと。イタリアはＮＡＴＯ本部のあるブリュッセルでの北大西洋理事会で、条約第4条に基づく部会を招集すべきだ。この条項は、いずれかの締約国が、いずれかの締約国の安全保障が脅かされていると認めたときはいつでも協議することを認めている。協議はたいてい特定の問題に関して開かれ、共通の行動につながる場合が多い。第5条の「(特定の)締約国に対する武力攻撃を全締約国に対する攻撃とみなす」という有名な条項に基づいて、全加盟国二八カ国の合意による決断が下される。イタリアは、特にＮＡＴＯ即応部隊《タスク・フォース》による地中海全域での監視警戒を求めるべきだ。

数年前、隣国シリアからの空爆可能性が高まると、ＮＡＴＯはトルコの要請に応じ、領空防衛のためにトルコ南部に地対空誘導弾パトリオットを配備した。現在も配備は継続されている。イスラム国の潜入に対するイタリアの懸念については、NATO即応部隊の常設海上グループの配備が、イタリア沿岸警備隊や海軍の負担を軽減するためには現実的だろう。

第二に、地中海での情報収集活動をさらに促進すること。イタリアは、現在リビアで収集されている最高機密レベルの情報にアクセスする必要がある。そのためにはNATOを通じたチャネルを活用するだけではなく、アラブ世界の反イスラム国（エジプト、アラブ首長国連邦、可能であればチュニジア）に協力を求めなくてはならない。現場で得られる情報に勝るものはない。イタリアは、商業面ではリビアと密接であるにもかかわらず、情報収集に関しては成果をあげていない。アメリカ、NATO、アメリカ国家安全保障局（NSA）のハイテク情報源だけではなく、アラブのネットワークを活用すべきだ。こういった活動の多くは、沿岸を航行する情報収集艦を通して行なうことができる。

第三に、海を重視し、地中海でNATO海軍を活用すること。イタリア艦隊と沿岸警備隊を派遣し、地中海中部の一〇〇～二〇〇海里で警戒任務に当たらせる。シチリアの基地から長距離哨戒機を飛ばし、海上交通路に位置する隣国マルタと全面的に協力し、海での高度なリアルタイムの状況把握を継続するため、長航続時間の無人偵察機を利用する。

第四に、これは最も重要なのだが、リビア問題を根本的に解決するための戦略を考案すること。秩序が失われ混乱が高まる一方のこの国を見れば、見切りをつけ、革命で力尽きてしまえばよいのにと言いたくもなる。実のところ、カダフィ大佐のもとでの安定した「古きよき時代」を懐かしむ意見も少なくない。しかし、いずれリビアは立ち直るだろう。この国には大油田がある。人口一人当たりに換算すればその意味は大きい。国民の教育水準は高いし、ヨーロッパに近くて広大な海岸線を持つという好ましい地理的条件がある。

ヨーロッパにとって、地中海の安定は不可欠だ。密接な同盟関係にある我が国は、イスラム国による脅威や、不法移民や難民の流入を緩和するため、レヴァント沿岸地域への直接的関与を増やす必要があるだろう。リビアの安定のための海事戦略も必要だ。国連やEUの平和維持活動、国際的に正当性を認められた比較的穏健なトブルク政府への支援のほか、エジプトと密接に協力し、イスラム国を標的として諜報活動を行ない、アラブの銀行へのアクセスを遮断することによって財政基盤を破壊し、必要があれば空爆を行なう。アメリカはイタリアを支援し、リビアを安定させるためのヨーロッパのアプローチの主導を促すべきだ。

チャーチルがイタリア経由でヨーロッパへと向かうことが比較的容易だと考えたように、イスラム国は、地中海を渡ってイタリアへ、エーゲ海からギリシャへと向かう経路に対して地理的、政治的、象徴的な関心を持つ。今後も地中海の東部と中部に手を伸ばそうとするだろう。ロシアの野心も、地中海東部や黒海周辺へと向かうはずだ。地中海が今後も地政学的に揺れ動き、安全保障のための活動を必要とするのは明らかだ。地中海を航海する者は、これからも四方を取り囲まれているような感覚を肌で感じ続けるだろう。

はじめてジブラルタル海峡を軍艦に乗って航海したとき、私はまだ若く未熟な下級士官だった。その後の海軍勤務のかなりの歳月を地中海で過ごすことになるとは、当時は知る由もなかった。七月四日のアメリカ独立記念日を美しい町カンヌの魅力的な人々とともに祝ったこともある。武器禁輸を強化するため、そこからかつての殺戮と爆撃の地、バルカン半島に向かった。

エジプトやアテネ、イスタンブールに寄港したときには、古代の都市を訪れ、その後の文明がなにをもたらしたかを学ぶことができた。イベリア半島のコスタ・デル・ソルの港では、スペイン南部のこの地でアラブとスペインの文化が混じり合っている様子を目にした。その後、私は地中海のすべての国を訪れた。多様性と歴史、文化と美しさに目を見張るばかりだった。しかし現在に至るまで私の心に最も強く残るのは、この地での帝国同士の衝突、戦いで失われた命、彼らの叫び声だ。

結局のところ、地中海の物語は、地政学的には、そのときどきの戦争に対応してもたらされた技術の発展に依存する。特徴的な地形は内海の通航を可能にする一方で、戦いの小さな舞台ともなっている。貿易、奴隷、富、土地をめぐる文明の衝突は、そのどれもが地中海という物語の一部である。しかしつまるところ、地中海でこれほど多くの戦いが起きているのは、この海自体の特徴による。

私たちはしばしば地中海を文明のゆりかごとして考える。そこではいくつもの国家が誕生し、恐ろしいほどの力で舞台の中央へと進み、究極の栄光を手にした。たしかにそのとおりだが、この地は、海での戦いが容赦なく繰り広げられた場所でもあった。地中海での戦いが、長い歴史の道筋を定めてきたのである。

未来に目を向ければ、地中海が提示する安全保障上の課題は、今後も人類史を左右する重要なものであり続けるだろう。最新式軍艦の乗組員は、タンカーやコンテナ船、きらめくクルーズ客船のかたわらで、その任務を果たし続けるだろう。遠い過去の戦いの亡霊は、いまだに地中海をさまよう。冬の黄昏時に軍艦の甲板を歩く乗組員は、深く冷たい波とともに戦いの亡霊が忍び寄るのを感じるはずだ。

第5章　南シナ海　紛争の危機

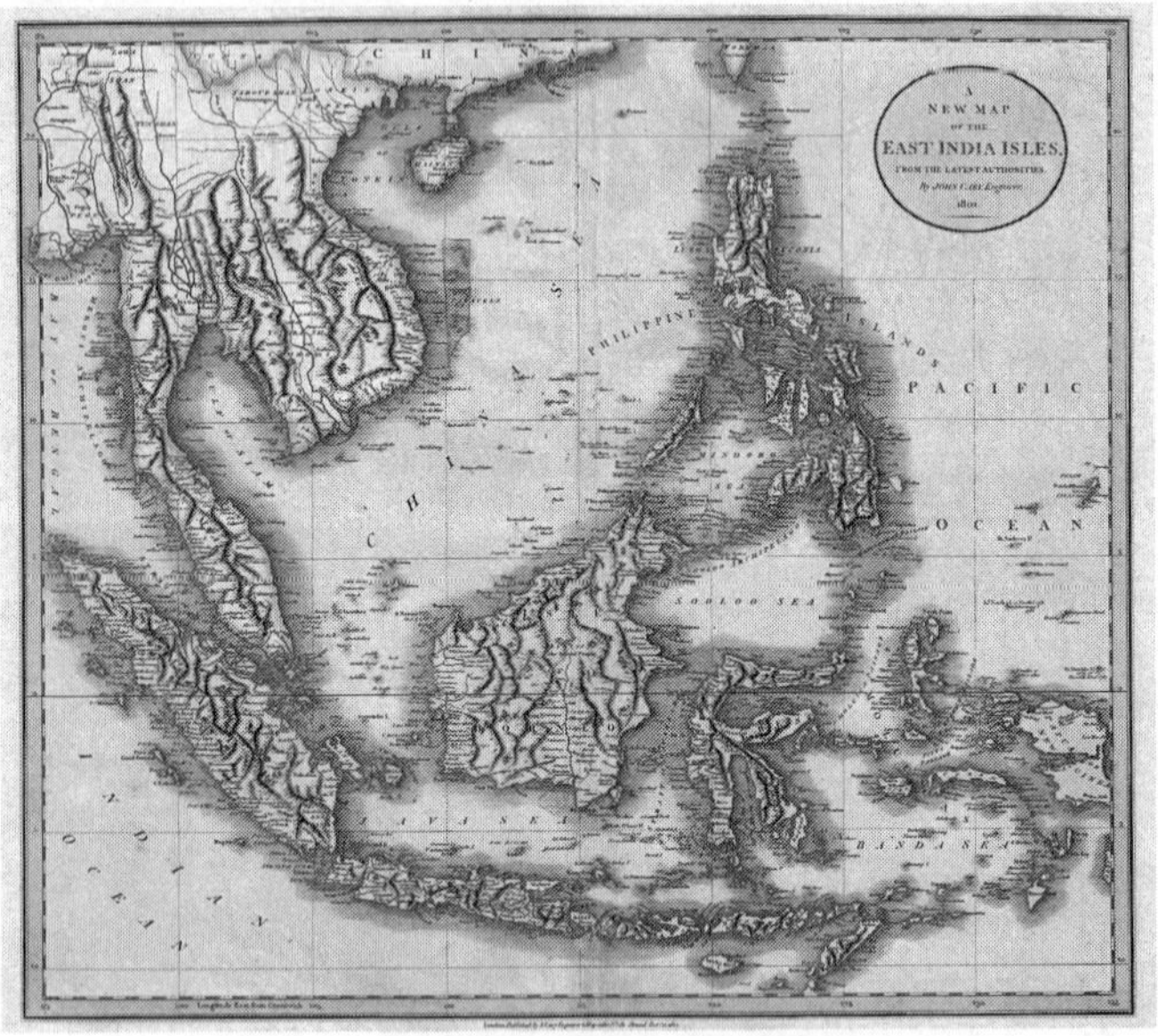

ジョン・キャリーが作製した東インド諸島の地図（1801年）。この地図を見ても、南シナ海域が現代世界にとってどれほど重要かはわからない。

南シナ海
中国
台湾
ミャンマー
ラオス
タイ
ベトナム
カンボジア
アンダマン海
南シナ海
フィリピン
太平洋
タイランド湾
スールー海
ブルネイ
マレーシア
セレベス海
シンガポール
インドネシア
インド洋
ジャワ海
バンダ海
0 マイル 600
0 キロメートル 600
オーストラリア
© 2017 Jeffrey L. Ward

はじめての香港

船が頻繁に行き交う南シナ海の中心に位置する香港は、世界で最もすばらしい天然の港だろう。はじめて訪れたのは一九七七年、少尉だった私は、建造されたばかりのスプルーアンス級駆逐艦ヒューイット（DD－966）で対潜哨戒を担っていた。艦長のフリッツ・ゲイロードは、無謀にも私に甲板での錨の操作を任せた。海底に固定したコンクリートにつなぎとめられた大きなブイはゆらゆらと揺れ動く。艦の係留は厄介な作業だ。九〇〇〇トン級の軍艦の艦首をブイに近づけ、エンジンを止める。屈強な甲板員数人が小さなボートに飛び乗って、錨の鎖をブイにつなぐ。十分な時間を見込んでおく必要があるし、艦があらぬ方向へ進まないように舵を操作しなくてはならない。

優れた技能が求められたが、当時の私は未熟だった。港の向こうには二手に分かれる美しい大陸が見えた。日が暮れる前のヴィクトリア・ピークの勾配には無数の光がきらめく。私は香港の景色に目がくらみそうだった。当時まだ英領だったこの地は活気に満ちていた。不慣れなうえに気が散ってしまい、私はとんでもないヘマをやらかした。艦底をブイにぶつけてしまったのだ。艦底には壊れやすく高価な音波探知機が設置されている。幸い、艦長は巧みな操縦技術の持ち主で、艦をブイから離し、風が吹きつけ、海流が艦を揺さぶる中でもうまく着岸できるよう私を指導してくれた。

すべてが終わると、艦長はフィルターなしのラッキー・ストライクに火をつけた（当時の海軍では艦内喫煙が認められていた）。そして私に軽く微笑みながら言った。「潜水艦をみつけるのは得意だといいんだがね。ようこそ、香港へ」。私と南シナ海、周辺の国や都市、文化との長く心温まる関係の始まりだった。

南シナ海の歴史

南シナ海は広い。広域カリブ海と同じくらいの規模だ。中国、ベトナム、マレーシア、インドネシア、フィリピンなど経済力を持つ国に囲まれ、毎年、世界の海洋貿易の約半分、液化天然ガスの半分、海上輸送される原油の三分の一が行き来する。何千年も前から人間が生活していた証拠もある。人やモノ、言語は、海を渡って伝わったようだ。真実がどうであれ、初期の海運ネットワークが急速に発展し拡大したのはたしかだ。南シナ海は魚が豊富で、雨も多く、真水にもアクセスできる。そのために早い時期から、一度に数週間をかけて陸地との往復が行なわれていたのだろう。古代に地中海文明と南シナ海圏との交易が行なわれていた証拠すら点在する。一世紀頃には、南シナ海の住民がインドと東南アジアとの貿易によって豊かになっていた。

　インド洋では、季節風の活用が初期の交易を大きく発展させた。中国南部とメコン川流域の扶南《ふなん》王国は、この地域の最初の交易拠点だった。紀元一〇〇〇年頃には、最初は文化の違いとしてあらわれた現在の中国とベトナムとの対立が顕著になった。またこの時期には、南シナ海がインドと中国という二つの優れた文明の境界線として登場している。両文明は、一五〇〇年頃から、ヨーロッパ人の探検に大きく影響を受けることになる。さらに中国とアラブ世界の交易も九、一〇世紀には盛んになっていた。私たちが現代的現象としてとらえているグローバリゼーションは、実のところ当時から存在したのである。

　長い歳月を通して、中国のさまざまな王朝が南シナ海の西側を支配した。唐《とう》と宋《そう》は約一〇〇〇年前、沿岸地方の大半を支配していた。彼らは交易を推進し、都市や地域が富の創造に加わるよう求めた。一三六八年に明《みん》が建国した頃には、交易、商業、海を介しての交換のＤＮＡは南シナ海に根づいていた。明の指導者は内政を重視したが、南シナ海はその後も地域経済の重要な部分であり続けた。その好例は宦官《かんがん》提督による遠征だ（提督という自分のことのようでいささか落ち着かない）。遠征隊は一〇〇から二〇〇隻で構成され、何千人もの水夫や兵士が加わる大規模なものだった。遠征の目的についてはいろいろ議論があるが、商業を統制し、税を集めるためのものであり、大国である明に対する畏怖を呼び起こすためだったと、歴史研究者の多くは考えているようだ。ただし数十年後には遠征は行なわれなくなり、船は朽ち果てた。中国はその後の五〇〇年間、内政を重視した。

広大な南シナ海を行き来した興味深い品に、銀がある。アメリカ大陸を植民地化したスペインは、交易の十字路であるマニラを足がかりとして中国が切望する硬貨をもたらすことができた。銀は日本からも手に入ったものの、中国の需要を満たせたのはポルトガルとスペインだった。その結果、中国の南部と東部の沿岸地域は、南シナ海へのアクセスを通して世界経済に統合される。この時期に生じたのは貿易をめぐる競争で、主にイギリス、オランダ、ポルトガルの紛争に発展することもあった。航路を発見したのは自分たちだ、とポルトガル人は権利を主張したが、当時の国際法は他の貿易相手、特にオランダとイギリスの割り込みにも寛容だった。一六〇〇年代はじめには、小国オランダは何千隻もの船に何万人もの腕のいい意欲的な水夫を乗り込ませ、アムステルダムとバタヴィア（現在のジャカルタ）を拠点に世界貿易を牛耳っていた。

しかし一七〇〇年代後半になると、イギリス人が東インド会社を通して貿易を掌握し始める。一八一九年にはシンガポール、一八四二年には香港が英領となった。一八三九年から四二年、一八五六年から六〇年のアヘン戦争は、力のない中国の王朝が勢力を拡大する植民地保有国と衝突した結果だった。一方インドシナではフランスが、中国南岸ではドイツが植民地支配の拠点を設立した。一八〇〇年代後半には、それまで植民地領有に否定的だったアメリカでさえ、植民地（現実には「給炭地」または戦略地政学上の前進基地）によってシーパワーの基盤を形成し、世界に影響を及ぼすことができるという海軍戦略家アルフレッド・セイヤー・マハンの考え方を取り入れるようになっていた。一八九〇年に発表された『マハン海上権力史論』(抄訳、北村謙一訳、原書房、二〇〇八年)は、二〇世紀に入る頃には若い大統領セオドア・ルーズベルトに熱心に支持され、南シナ海に大きな影響を与えた。言うまでもないが、この頃、徐々に力を貯え、影響力を高めながら、水中に潜むサメのように動いていたのが日本だった。衝突は避けがたく、第二次世界大戦へと拡大したが、そもそもの発端は南シナ海での小競り合いの繰り返しだったのである。

アメリカにとって、この時期の主要な出来事はスペインとの戦争だった。一八九八年はじめの冬のある日、アメリカ海軍の巡洋艦メインが、スペインの植民地だったキューバのハバナ湾で停泊中に突然爆発し、沈没した。新聞発行人のウィリアム・ランドルフ・ハーストはスペインの仕業だと糾弾し、「メイン号を忘れるな」という叫び声が国内に広がる。アメリカはキューバからのスペインの撤退を要求し、宣戦を布告した。戦後、キューバはアメリカ領土となった。

余談になるが、私は、以前からオフィスに爆発する前のメイン号を描いた絵を掲げている。その絵は現在、私が学長を務めるフレッチャー・スクールの学長室にある。マサチューセッツ州にあるタフツ大学の一角で、ニューイングランドらしい、学問にはうってつけの静かな環境だ。なぜ沈んだ軍艦の絵をかけ続けているのか、とよく聞かれる。航空母艦エンタープライズや駆逐艦バリーなど、私が指揮した英雄と称えられる軍艦の絵を、なぜかけないのか、と。

理由は二つある。ひとつは、船というものは乗っているときにいつ爆発してもおかしくない。メイン号の絵はそのことを思い出させてくれるからだ。だからこそ、もしものときの策、たとえばどこに救命ボートがあるかを知っておかなくてはならない。もうひとつ、漠然としているが、私にとっては大事な理由がある。メイン号が沈んでからおよそ五〇年後、海軍は艦体を引き揚げた。しかしどこを探しても、スペイン人によって艦が爆破された形跡はみつからなかった。爆発はおそらくはボイラーか、武器庫で起きたのだろう。スペインに対する宣戦布告は、間違った証拠に基づくものだったと言える。私が沈没前のメイン号の絵を常にオフィスに掲げている理由の二つ目は、一時の激情に流されて結論に飛びつくな、という自分自身に対する戒めだ。立ち止まり、目の前にある事象を検討し、疑問を投げかけるように、とこの絵は警告してくれている。

メイン号の爆発、アメリカの参戦の影響は、遠く離れた南シナ海にも及んだ。マニラ湾では、老朽化したスペイン艦隊が行く手を阻まれ、ジョージ・デューイ提督率いるアジア方面戦隊の攻撃を受けた。デューイは奇襲に成功し、停泊中のスペイン艦隊に対して大勝利を収めた。これは、帆船の時代から蒸気船の時代への転換点での出来事だった。デューイは蒸気機関を活かした作戦を展開してスペインの戦線を破り、スペイン側の戦闘能力を破壊する巧みな攻撃を行なった。数世紀に及ぶフィリピンへのスペインの本格的支配は終わり、代わってアメリカが植民地支配を開始したが、これはうまくいかなかった。

一九世紀末のこの時期、日本も南シナ海域へ進出しようとしていた。当初、朝鮮半島を重視していた日本は、無力な清朝から台湾を奪う。その後の秘密結社による排外運動「義和団《ぎわだん》の乱」は清と欧米諸国との戦争へと発展し、何千人もの死者が出た。清の弱体化は、南シナ海を長年支配してきた中国史における例外だった。中国は偉大な文明社会だが不遇な時代もあったと、鄧小平《とうしょうへい》はヘンリー・キッシンジャーに率直に語ったという。南シナ海での昨今の出来事を見ても、二〇世紀の弱い中国は例外だとして、強い中国を押し出す政策が打ち出されているのは明らかだ。

一九三〇年代には、対立の構図は鮮明だった。台頭する日本は天然資源を必要とし、国内経済の破綻から立ち直ったばかりで上《うわ》の空《そら》のアメリカとの交渉を進めようとした。中国からの台湾割譲に始まり、ベトナム侵攻に至るまで、日本が南シナ海沿岸への支配を徐々に強化しても、アメリカはすぐには動かなかった。一〇〇〇年の歴史ではじめて、南シナ海は事実上、日本という一国家の領海となった。この状態が解消されたのは、四年間の戦争ののちだった。

マッカーサーと日本軍

アメリカが第二次世界大戦に参戦した当初から、南シナ海はアメリカにとって重要な戦略目標となった。なぜかと言えば、南シナ海は日本の兵站支援が、太平洋西部や東アジア本土に広がる地域を次々に侵略していた前線の兵力に運ばれる幹線道路だったからだ。

太平洋の章で述べたように、一九四一年一二月の真珠湾攻撃後、南シナ海の先端フィリピンに巧みに上陸した日本軍は、駐屯するアメリカ軍の反撃を受けた。ルソン島では、アメリカ極東陸軍司令官ダグラス・マッカーサーがマニラから撤退せざるを得なくなり、バターン半島へ向かう。マニラよりは防衛が容易だと考えてのことだ。マッカーサーは近くのコレヒドール島も押さえた。南シナ海は東アジアへの通路であり、南方の原油やゴムを運ぶ道でもあったため、日米双方が重視するようになっていた。コレヒドール島の駐屯隊は対応が遅れ、救出の希望も持てないまま、包囲されるのを待っていた。

しかし一九四二年三月はじめ、もはや持ちこたえられないことが明らかだったため、ルーズベルト大統領は、マッカーサーにフィリピン撤退を命じる。アメリカ陸軍のほとんどの高官にとって真珠湾は記憶に新しく、日本軍の手に落ちることは受け入れがたかった。マッカーサーはそれでもなお時間稼ぎをしようとした。一九一八年以来参謀長として軍を指揮し、一九三〇年代には大将に昇進していた彼は誇り高く、不屈の精神の持ち主だった。とはいえ、一時の勇気よりも分別が肝要と悟り、フィリピンからの脱出を決意する。「私はアメリカ大統領から、日本の戦線を突破して、コレヒドールからオーストラリアに向かうよう命じられた。私の理解するところでは、日本に対するアメリカの反撃を準備するためであり、その最大の目的はフィリピンの救援にある。私はこの地にやって来たが、必ず戻って来るだろう」との去り際の言葉は有名だ。

私は一九八〇年代にジョン・D・バルクリーに会ったことがある。すでに退役していたが、コレヒドール作戦での魚雷艇指揮と、マッカーサーのフィリピン脱出を成功させた功績で名誉勲章を受章していた。当時は恐れられる存在で、海軍検査・調査委員会委員長を務める無愛想な軍人だった。私たちの艦が戦闘態勢にあるかどうかを確認するという任務は、まさに彼にうってつけだった。

当時の私はまだ若くて経験も浅く、彼が「しゃれた新しい巡洋艦」と呼んだ、イージス・システムを搭載したヴァリー・フォージの一部門を率いていた。水際にやって来た彼は、被害を最小限に抑えるための能力が欠けていると私たちをこき下ろし、前に立たせると、消火水設備の不備がどれほど大きな問題になるかを説いた。私はうつむきながら、彼の軍服の胸につけられた「名誉勲章」をじっとみつめていた。そのほかにも海軍十字章などいくつもの勲章を授与されているのは知っていた。彼は第二次世界大戦時に海軍の第一線で活躍した軍人の一人であり、南シナ海で日本軍の包囲をくぐり抜けた行動は伝説として称えられている。私も、いつか同じように勇気を持って名誉ある行動ができるだろうか。私は自問した。

マッカーサーがコレヒドールを逃れたちょうどその頃、無敵の日本艦隊は南シナ海を制覇してボルネオ沿岸に向かい、沿岸地域に航空隊や地上部隊のための前線基地を建設しようとしていた。彼らの南シナ海支配を邪魔する唯一の戦力は、アメリカ（小規模なアジア艦隊）、イギリス、オランダ、オーストラリアの海軍艦艇を集めて結成されたABDA艦隊だった。艦艇数も少ないこの艦隊は、まさに「神に見捨てられた艦隊」であり、オランダの海軍少将カレル・ドールマンの指揮下にあった。艦隊は一九四二年二月に壊滅し、ジャワ島は降伏、オランダ領東インド諸島の陥落を招いた。日本軍はボルネオ、ジャワ、スマトラの油井《ゆせい》から原油を得られるようになり、ゴム、抗マラリア薬のキニーネ、錫《すず》などの戦略的必需品を手に入れた。南シナ海は「大東亜共栄圏」に豊富な資源を与えた。

しかし、連合国軍の包囲網は容赦なく狭まり始めた。この頃から、作戦は南シナ海の外、太平洋の幅広い地域へと移る。人口に限りがある日本が持ちこたえられなくなるのは当然で、真珠湾攻撃によってアメリカとの交渉はできなくなっていた。アメリカと連合国軍は巻き返しを図る。一九四三年末にはアメリカ軍はふたたびフィリピンを奪還しようとした。

この年の血みどろの戦いと島伝いの作戦によって、マッカーサーは翌四四年三月にはフィリピンと南シナ海に向けて部隊を配置できた。完全に勝敗を決したわけではないが、六月半ばのフィリピン海（マリアナ沖）海戦はきわめて重要だった。マーク・ミッチャー中将率いる空母艦隊の奮闘もあって、マッカーサーは南シナ海の中心部をふたたび戦いの舞台にした。一〇月半ばのある日の午後早い時間に、マッカーサーは軽巡洋艦ナッシュビルから上陸用舟艇に乗り込みレイテ島に近づくと、膝まで水に浸かりながら大またで歩いて上陸した。約束どおり、彼は戻って来た。一〇月下旬の命運を左右するレイテ沖海戦を経て日本艦隊は壊滅的な打撃を受け、南シナ海は「アメリカの湖」となった。フィリピン諸島を奪還され、南シナ海経由の資源を断たれた日本は、原子爆弾で武装したアメリカの前に降伏を余儀なくされた。

海軍軍人として、私はかなりの時間をフィリピン周辺で過ごしている。この地域はいろいろな意味で太平洋とアジアの境目でもある。何世紀もの間、スペインの植民地支配を受けていたフィリピンに対して、二〇世紀はじめにはアメリカが中途半端に植民地支配を試みた。そしてようやく独立が実現するかに見えたときに、残酷な世界戦争の舞台になったのである。何度も津波に襲われているという点では、カリブ海国家とも似ている。しかし、これほどの不運に見舞われ、ひどい統治に苦しみながらも、フィリピンの国民は快活で、カトリック教徒として信仰に篤く、ユーモアを持って逆境に対処する。

私がはじめてフィリピンの人々に会ったのは一九七〇年代半ばのことだ。海軍少尉として駆逐艦に乗り、美しい天然の港スービック湾を目指した。ここには古くから、大規模なアメリカ陸海軍基地があった。熱帯の活気にあふれる地域には美しい浜が広がり、冷えたサンミゲル・ビールが楽しめる。バーやストリップクラブ、売春宿の並ぶ一帯は「腐った川《シット・リバー》」と呼ばれ、ホステスはフレンドリーだ。

私は当時、分艦隊司令官として、部下が現地の若くて美しい女性と恋に落ち、結婚することがないようにと駆けずり回っていた（しかし、失敗することが多かった）。海軍には早まった結婚を防ぐための「クーリングオフ」期間があるが、忍耐が、逆に若者の気まぐれを本物の恋にしてしまうことも多かった。とはいえ、こういった結婚は結果的にはうまくいく例が多い。新婦はサンディエゴの母港に着けば、たいてい海軍軍人のつつましく良識ある配偶者になるからだ。私は海軍にいた間に、海外配置によって結ばれたフィリピン諸島出身の花嫁を何人も見てきた。彼女たちはとてもうまくやっていると思う。

フィリピン諸島の戦略的価値は、地図を見れば一目瞭然だ。スービック湾にはアメリカ海軍と陸軍の巨大な複合基地があり、マニラ近郊にはさらに大規模なクラーク空軍基地がある。冷戦時代には、アメリカの海軍戦略、地政学的戦略の中心だった。南シナ海において「風上に錨を下ろす」ことで、アメリカはこの海域で強いプレゼンスを維持できた。

冷戦時代には、アメリカと中国の間で、特に台湾の保護をめぐって小競り合いが頻繁に生じたものの、南シナ海での主な戦闘は、言うまでもなくベトナム戦争だった。冷戦初期には、元NATO連合軍最高司令官ドワイト・アイゼンハワーがホワイトハウスに入った。のちに「ドミノ理論」と呼ばれることになる危険で魅力的な考え方を踏まえたとしても、この地域へのこれ以上の介入には二の足を踏む意見が主流だった。ちなみにドミノ理論というのは、モスクワか北京か、あるいはその両方と連携する共産主義国家の成立を防がなければ、ドミノ倒しのように隣接国に影響が及び、アメリカは強力な共産主義国家連合に向き合わなくてはならなくなるという考え方だ。この理論には多くの問題もある。戦争を何度も経験したアイゼンハワー大統領は、アメリカがこの地域での陸戦に巻き込まれるのを避けようと努力した。ドミノ理論を認識しながらも、アジアへの地上部隊の大規模な投入を避けようとしたのである。

第二次世界大戦では連合国の一員だったフランスが、フランス領インドシナ連邦（現在のベトナム、カンボジア、ラオス）を激しい暴動によって失いかけたときも、アイゼンハワーは部隊を派遣することも、核兵器を使用すると脅すことも拒んだ。フランスは、ホー・チ・ミン率いるベトミン（ベトナム独立同盟会）に敗れ、一九五四年のディエンビエンフーの戦いで大敗を喫したのち、ベトナムから撤退した。アメリカは事態を憂慮し、ドミノ理論を踏まえたベトナムへの関与強化が議論され始める。これが実現したのは、アイゼンハワー政権ではなく、後継者のジョン・F・ケネディによってだった。

一九六〇年代には、南シナ海はアメリカにとって主要な海洋拠点となった。冷戦が世界に広がり、北極海から地中海、バルト海、大西洋にまで海軍を展開せざるを得なくなり、南シナ海でも積極的な活動が繰り広げられた。南ベトナムの代理としてのアメリカの作戦行動が、急激に増えていたためである。南ベトナムは、中国に支援された北ベトナム軍や、国内のベトミン、ベトコン（南ベトナム解放民族戦線）の暴動と戦っていた。そのため一九六〇年代はじめから半ばには、ケネディ、ジョンソン両大統領が陸上部隊の展開を強化しなくてはならなかった。

ピーク時には、五〇万人以上の陸軍と海兵隊員の部隊が投入され、海軍艦隊がこれを常時支援した。海洋における活動には、南北ベトナムの標的に対する複合的な空母攻撃をはじめ、兵士や海兵隊員を直接的に支援する沿岸や川岸での作戦、陸上部隊に対する兵站支援と海上での長期作戦、海での監視と情報収集活動、海軍特殊部隊（ＳＥＡＬｓ）による警戒と海からの支援、沿岸地域での艦砲射撃などが含まれていた。この時期の大半においては、南シナ海はアメリカの湖となり、数多くの軍艦が作戦行動を行なった。ベトナムとフィリピンを結ぶ輸送路は、アメリカ海軍軍人にとってなじんだ道になった。

一九六〇年代はじめには、アメリカの関与は年ごとに増加し、一九六一年には三倍に、翌六二年にはさらに三倍になった。まだ比較的若かったケネディ大統領は、戦争が「アメリカ化」する危うさを懸念していた。ダラスでの運命の日が近づくにつれ、戦争に対する大統領の意欲は急速に薄れていった。悲劇的な暗殺ののちに後継者となったリンドン・ジョンソンは、共産主義に対する強気の姿勢を示す必要があると考えた。戦争が本格化し始める頃には、ジョンソンは統合参謀本部議長と有能な国防長官ロバート・マクナマラに常に脅されているように見えた。

おそらくアメリカの関与を決定的なものにしたのは、一九六四年のトンキン湾事件だっただろう。南シナ海の北端に位置するベトナム沖で、北ベトナム軍の魚雷艇がアメリカ海軍の駆逐艦二隻を攻撃したと伝えられる事件だ。駆逐艦マドックスとターナー・ジョイは数百回の重砲攻撃を行なった。のちにほとんどの関係者は、北ベトナム軍魚雷艇からの攻撃は疑わしく、反撃は「偽りの標的」に対するものだったと結論づけている。この攻撃は、ジョンソン政権がベトナムでの直接的軍事行動やアメリカ軍の急激な増員、北ベトナムへの攻撃を議会に認めさせるために利用された。トンキン湾事件では多くの命が失われ、この事件を発端とするその後の出来事によって、さらに多くの人々が苦難に見舞われることとなった。

南シナ海作戦に関しては、アメリカ海軍が主要戦力であり、ベトナム戦争の間に約二〇〇万人が投入された。任務はさまざまだったが、沖合いでは供給や兵站業務が大きな位置を占め、ベトナムに出入りする物資や人員の九五パーセント以上が海軍艦艇や商船によって海を渡った。海軍の病院船二隻は、傷病兵の多くが最初に手当を受ける場所だった。

そのうえアメリカ海軍は、南ベトナム海軍の訓練にもかなりの時間を費やした。一九七二年、アメリカが戦闘から離脱し始めた頃には、南ベトナム海軍は八〇〇隻を超える船と四万人以上の兵士を抱えていた。川や海の沿岸部を哨戒する小型艇がほとんどだったとはいえ、南ベトナム海軍の規模はその年にはなんと世界第五位になっていた。アメリカ海軍の方は、南シナ海で積極的な取り組みを続けていた。一九七二年には一カ月の延べ出撃数は三八〇〇回を超え、駆逐艦と巡洋艦は陸上の目標に向けて一〇万回以上長距離砲撃を行なった。北ベトナムの港を封鎖するため、空からの機雷投下も実施された。

戦争が激しくなり頂点に達すると、犠牲者の増加への反感、ウォーターゲート事件による政治不信、軍指導部による間違った戦略選択などによって、アメリカ国内での支持が次第に揺らぎ始めた。撤退するしかないのは明らかだった。最終的にこの戦争で命を落としたアメリカ兵は約六万人にのぼる。ベトナム側はおそらく五〇〇万人だろう。その後もアメリカ海軍は南ベトナム政府が存続する限り、支え続けた。しかし一九七〇年代半ばには議会が資金援助を中止したため、サイゴンでのこれ以上の支援は不可能になった。アメリカ大使館は当惑した。海軍が最後に行なったのは、大使館や残っている部隊とともに、ベトナム人の中のアメリカ支持者をできるだけ多く空と海から救い出すことだった。二〇一五年に刊行されたヴィエト・タン・ウェンの小説『シンパサイザー』（上岡伸雄訳、早川書房、二〇一七年）はベトナム戦争末期の状況やサイゴンからの脱出を鮮やかに描き、アメリカのベトナムからの敗走を巧みにとらえている。

数十年後、二一世紀に入ってまもなく、私ははじめてベトナムを訪れた。行き先はサイゴン（現在は言うまでもなくホーチミン市と名前が変わっている）ではなく北のハノイ。国防長官ドナルド・ラムズフェルドに随行しての旅だった。国防長官は、ベトナムとの戦略的関係の確立が我が国にとって大きな利益になると固く信じていた。私たちは王族のようにもてなされ、ベトナム高官もアメリカとの関係に強い関心を持っていることが見てとれた。なぜかと言えば、経済的・政治的・軍事的利益を得ることによって、ベトナムが中国に対して独立した姿勢を維持できるからだ。

ハノイを進む車の窓から、子ブタが入った箱を荷台に乗せて走るオートバイが見えた。小型冷蔵庫ぐらいの大きさの金網の箱に入った子ブタは、箱の中でぶつかり合いながら私たちを追い越した。私たちを乗せた車は上院議員ジョン・マケイン（当時は海軍航空士官）が捕虜となり拷問を受けた有名な収容所の前で止まった。アメリカとベトナムは歴史の暗い一時代を共有している。私は、両国間の関係が子ブタの未来よりも明るいものになりますようにと願った。実際、そうなっているようであり、両国の良好な関係は政治・経済・安全保障全般で拡大し続けている。

一九七〇年代半ばにベトナムから完全に撤退したのち、アメリカは南シナ海では、軍事同盟を結ぶフィリピン、台湾との関係を重視するとともに、南のシンガポール、マレーシア、インドネシアとの防衛、経済両面での関係改善にも取り組んでいる。この地域における台湾との関係の重要性については、特に考慮する必要がある。

戦略拠点としての台湾

一九五〇年代に南シナ海に影響を及ぼした重要な紛争がもうひとつある。中国本土と台湾、毛沢東《もうたくとう》率いる共産主義の中華人民共和国と国民党率いる中華民国との南シナ海での戦いだった。南シナ海の北の入り口に位置する台湾は、征服地、植民地としての長い苦難の歴史を持つ。フォルモサ(「美しい島」)とも呼ばれるこの島は、オランダやスペイン、中国に何度も侵略され、服従してきた。一九世紀末から第二次世界大戦終結までは日本の統治下にあった。蔣介石《しょうかいせき》率いる中国国民党は中国本土での激しい内戦で敗れると台湾に逃れ、以後数十年間、自分たちこそが「真の」中国政府だと主張した。第二次世界大戦後の一時期、一九七一年に共産主義国家の中華人民共和国が代表権を認められるまでは、国連安全保障理事会常任理事国にもなっていた。

冷戦時代を通してアメリカは台湾を支持し、現在に至るまで、政治的・軍事的支援を提供し続けている。しかし一九七〇年代後半に入ると、アメリカは、南シナ海に影響を及ぼす中国の外交政策の変化に目を留めた。中国にとっての安全保障上最大の脅威は、アメリカからソ連へと変わっていた。中国は外交的にもアメリカに協力するようになり、台湾海峡での緊張は目に見えて緩和された。その結果、何十年もの間台湾を訪れていたアメリカ海軍にとっては残念なことだが、台湾の港に立ち寄ることはなくなった。

海軍軍人が上陸許可を楽しみにする台湾の二つの港は、基隆《キールン》港と高雄《カオシュン》港だった。どちらも美しい女性たち、強い酒、安く遊べるクラブで知られていた。豪胆な海軍軍人が一ヵ月以上の長い航海の末に陸地で求めるものだ。私は、台湾の北にあるにぎやかな基隆港で陸での取り締まりを担当したことがある。ここは亜熱帯で雨が多い。私たちは飲み過ぎた乗組員を大勢取り押さえ、艦に戻って罰を言い渡した。ミュージカル映画「南太平洋」のシーンさながら、頑強な下士官数名に力仕事をさせた。

だがそれ以上に私の心に残っているのは、翌日港を案内してもらい、一九世紀のアヘン戦争のときにこの町が果たした役割について学んだことだ。イギリスは弱体化した清に戦いを挑み、基隆を手に入れようと三度攻撃した。そのたびに地元の守備隊が侵攻を防ぎ、少数のイギリス兵を捕らえて処刑した。基隆港では一九世紀を通して、対外開放政策が維持された。オランダ、スペイン、イギリス、言うまでもなく中国本土、日本、そして本土の共産主義体制に対抗し続けてきた台湾国民党。振り返ってみると、この島が幾たび歴史の荒波に押し流されたかがよくわかる。

地中海のシチリア島と同じように、台湾は戦略的拠点であり、住民は何度も戦争の矢面に立たされてきた。海軍の軍服を着てこの港を歩きながら、この島がどれほど戦略的に重要であるかを私は思い知らされた。南シナ海という大きな瓶の栓のように働き、朝鮮半島、日本、中国、さらには南のすべての国との海上交通路を横切る位置にある。マハンなら、ここに国旗を立て、給炭基地を建設すべしと主張しただろう。今はそういう時代ではないが、アメリカによる継続的な関与は大きな意味を持つ。私は遠い昔のあの春の日にそう感じたし、その考えは今も変わっていない。

南シナ海では過去二〇年以上にわたって、容赦なく台頭し始めた巨大な中国と、南シナ海沿岸に位置する小さいがダイナミックな近隣諸国との地政学的対立が続いている。船の通航をめぐる対立や沿岸での大小の紛争だけではない。南シナ海に点在する島をめぐる対立がある。領有権を認められれば海の一部に対する権利を主張できるからだ。見たところ、西沙諸島や南沙諸島、ミスチーフ礁をめぐる対立が続いているのはそのためだ。

対立の背後には、言うまでもなく南シナ海の炭化水素資源と水産資源がある。ほとんどの国は、一九八〇年代に採択された「海洋法に関する国際連合条約（国連海洋法条約）」に基づく規則や規制に不満はないだろうが、争点となっているのは、アジアの海産物市場に近いこの地域の豊かな漁場と、海底の炭化水素へのアクセスだ。推計によれば、南シナ海の原油や天然ガスの総量は中東に匹敵するという。特に周辺の小国にとっては、資源の主脈だ。したがって五〇年近くの間、諸島の領有をめぐって争いが絶えないのも驚くことではない。

最近の新たな動きは、中国による人工島の建設である。数年前から本格的に始まり、すでに十あまりの島が主に南シナ海の南や東にできている。これらはアメリカ軍やワシントンの政治家の目に留まるほど大きい。日系アメリカ人で、アメリカ海軍ではアジア系初の大将となったハリー・ハリスは、人工島を「砂の万里の長城」と呼ぶ。アメリカは中国の領有権主張に対抗するために、「航行の自由」作戦を展開している。ハリス司令官は中国側の主張を「とんでもない」と述べ、ほとんどの国際法学者もこれに同意する。二〇一六年半ばに示されたハーグの仲裁裁判所による判断は、中国の主張を完全に否定した。しかし今のところ、中国はこの判断をまったく無視し、あたかも南シナ海全域が自国の領土であるかのように、人工島の建設と海上行動を積極的に推進している。この状況は今後数十年の間にさらに加速されるだろう。実際に戦闘が生じる可能性は小さくない。

新しい「万里の長城」は、石やレンガや木ではなく人工の島でできていて、中国政府が歴史的に領有権を有すると主張する南シナ海に広がっている。中国の主張は、いわゆる「九段《きゅうだん》線」という地図上の破線に基づくものだ。この主張に基づけば、南シナ海を取り囲むベトナム、フィリピンなどの国の正当な主張を無視して、中国がかなりの海域を領有することになる。

こういった行動が示すのは、地政学者ロバート・D・カプランがアジアの「大釜《おおがま》」と呼ぶ南シナ海は、シェイクスピアの『マクベス』に登場する魔女の釜のように、ぐつぐつ煮え立っているということだ。南シナ海が重要であるのは、領有権をめぐる対立があるからだけではなく、世界経済の円滑な運営にきわめて大きな意味を持つからである。世界の年間貿易のうち南シナ海を通過するのは五兆ドル以上、そのすべてが国の軍隊としては一風変わった名称の「中国人民解放軍海軍」の監視下にある。

人工島建設という中国の積極的行動は、国際法の他の規範の無視とも重なる。たとえばアメリカ、日本、韓国を対象とした東シナ海での防空識別圏、ベトナム沿岸での石油掘削装置の設置、よく知られるアメリカの知的財産、産業秘密、個人データのサイバー攻撃による大規模な窃盗などの挑発行為には主張そのものが不当な場合もあり、国際法上はおおむね非常識だとみなされている。

こういった人工島建設の詳細は驚くべきものだ。中国はすでに約三〇〇〇エーカー（約一二一四ヘクタール）の島を海上に建設し、現在も工事は続いている。大げさに宣伝され、七〇機を超えるジェット機やヘリコプターを搭載できるアメリカの巨大空母でさえ、フラットトップはわずか七エーカーなのだ。これらの人工島は、南シナ海に何百隻もの不沈空母が並んでいるに等しいのだろうか。中国と、二つの対立する軍隊の均衡に影響を及ぼすのだろうか。もちろんそうに違いない。

明白な地政学的・軍事的問題だけではなく、生態系にも深刻な影響が及んでいると多くの科学者は指摘する。マイアミ大学のジョン・マクマナスは、中国の人工島建設によって「サンゴ礁域が、人類史上最速で失われている」と述べた。

習近平体制の中国では、国内も揺れ動いている。不動産価格の下落、高齢化、男女の数の不均衡（男性が多すぎ、女性が少なすぎる）、代替措置を必要とする深刻な生態系の損傷、そしてなにより成長を阻む経済失速。権威主義的体制は、圧力がかかると国民の目を逸らせようと外に向かう。民族主義も台頭する。現在の中国がまさにそうだ。国連で二〇一五年九月に演説した習近平は、日本の安倍晋三《あべしんぞう》首相に向けて、辛辣《しんらつ》な口調を隠さなかった。両国の関係は過去数年の間に一進一退を繰り返している。現在はふたたび緊張が高まりつつあるところだ。

アメリカにとって最善のアプローチはどのようなものか。情勢が緊迫しているのは明らかで、二〇一五年九月後半の習近平のワシントン訪問によっても根本的には変わっていない。

第一に、挑発行為があるとしても、アメリカは中国とのオープンな対話を維持し、アメリカと中国、あるいははるかに可能性の高い中国と近隣諸国のいずれかとの不慮の衝突を避ける方法を模索しなくてはならない。アメリカの中国との関係は、南シナ海の紛争に限定されるものではなく、経済問題、アフガニスタンやイラン情勢に対する協力、地球環境の問題などを含む。対話こそが重要だ。習近平訪米時に両首脳によって議論された軍事交流やサイバーセキュリティに関する合意も、ないよりはましだ。

第二に、アメリカはこの地域の既存の同盟国やパートナー国との関係を強化し、これらの国の相互協力を促す必要がある。これは、特に、歴史的理由から長年不安定な関係にある日本と韓国に当てはまる。アメリカは、軍事交流や演習を推進し、シャングリラ対話（シンガポールで毎年開かれるアジア安全保障会議）のような重要な催しを開催するとともに、政府間（トラック1）ではなく、民間レベルのいわゆる「トラック2」協議を奨励することで、両国関係の改善をあと押しできる。環太平洋戦略的経済連携協定（TPP）も大きな要素だ。今まで以上に強力な貿易ネットワークを築くことで、同盟国や友好国との協調はたしかなものになる。特にベトナムとのさらに密接な関係は重要であり、これには武器禁輸措置の解除を含むべきである〔二〇一六年五月、全面的に解除〕。

第三に、国際法は、基本的には南シナ海での中国の姿勢を認めていない。アメリカは、国連やG7、東南アジア諸国連合（ASEAN）など国際的なフォーラムにおいてこれを強く主張すべきだ。南シナ海に関する国際法の判断はきわめて明快だ。どの国も、他国が公海とみなしている領域を奪えないし、「歴史的権利」を主張することもできない。アメリカは、世界的海洋勢力として、反論する機会を逃すべきではない。最近の中国に対する国際司法の否定的な判断は、この戦略的アプローチを強化するものだ。率直に言えば、アメリカは、こういった対話において優位な立場に立つためにも、「国連海洋法条約」に署名すべきである。

第四に、アメリカは国際法に基づいて通航の権利を主張し、「航行の自由」作戦を行なわなくてはならない。これはつまり、領土をめぐる中国の主張を否定し、中国が領有権を主張する海域（人工島の一二マイル以内）でアメリカの艦艇を航行させることを意味する。アメリカは従来、公海や公空を通航することによって、歴史的権利の不当な主張に対抗してきた。

南シナ海でそれを行なうときが来ている。

南シナ海の課題が、こういった戦略的アプローチのみで解決されることはないだろう。アメリカの空母や艦隊が、中国が領有権を主張する空や海を何事もなく通航できることもない。南シナ海での中国の主張に対抗するためには、中国の行動と米中関係の両方を包含した幅広い脈絡を考慮して、国際法侵害に対処する必要がある。そのためにアメリカは、東アジアの多くの同盟国や友好国とともに、リーダーシップを発揮しなくてはならないだろう。中国は、万里の長城によって少なくとも部分的には外敵から身を守ることができた。だが、「砂の万里の長城」が同じ役割を果たすことはないだろう。

沿岸海域に対して主権国家が持つ権利と、「自由な海」の価値、あるいは公海の自由とをめぐる五〇〇年前からの議論は、現在もほとんど変わらない。一九八〇年代後半に私がはじめて南シナ海を航行したときには、私たちには中国に対する懸念はほとんどなかった。アメリカ海軍の艦艇はどこへでも行くことができた。ところが最近では、中国は南シナ海全体の領有権を主張し、強硬姿勢を崩さない。それ以上に憂慮すべきは、彼らが南シナ海に対する主張を強化するために人工島を建設しているということだ。中国の主張の根拠は少なくとも五〇〇年前にさかのぼり、南シナ海の領有権に関しては、大昔、数千年前を根拠にしている。アメリカの立場からすれば、こういった主張を黙認すれば公海をさらに閉ざすことになるため、「航行の自由」作戦が必要になる。この作戦によって海軍艦艇が偵察のために進入し、通過する海域は、中国の主張とは裏腹に、実際にはすべての国が自由に航行できる公海なのである。南シナ海をめぐる議論を理解するためには、この地域の長い歴史を振り返る必要がある。

煮えたぎる大釜

太平洋で海軍士官として長い年月を過ごしたことから、私は第二次世界大戦後のアジア地域での軍拡競争について考えずにはいられない。アジア全域、特に南シナ海の大釜では急速に軍備拡張が行なわれている。

残念ながら、周辺諸国は、軍事国家としての中国の台頭と不安定な朝鮮半島情勢の両方への対応を迫られ、先行きが懸念される危険な軍拡競争は始まったばかりだ。こういった状況が生まれたのは、シリアでの危機、イスラム国の脅威、ウクライナをめぐるロシアとの緊張、トランプ政権の孤立主義的傾向によって、アメリカの「太平洋回帰」がうまくいっていないためである。

軍事支出に関しては、アメリカに次ぐ世界第二位の中国が毎年防衛費を約七パーセント拡大し、二〇二〇年までに二倍にする予定だ。これに対して、欧米特にヨーロッパの防衛予算は縮小の一途をたどる。中国は巨大な空母を購入するとともに、国内初の建造も開始した。急激に向上しているサイバー攻撃能力は、今後、軍事作戦の中心となるだろう。

周辺諸国もこれに対応している。日本は防衛予算を増額しただけではない。異論や反対もあったが、同盟国が攻撃されたときの軍事介入を認める法案〔安全保障関連法〕を通過させた。

これは明らかにアメリカとの軍事連携を強化するものだ。ベトナム、フィリピン、マレーシアなど周辺諸国のすべてが、同じように防衛費を増額し、東アジアの軍事支出は、数年前に比べると、少なくとも年平均五パーセント以上増えている。アメリカとロシア、軍事支出に関しては世界第一位と第三位で、二大武器輸出国である両国もまた、太平洋国家であることを忘れてはいけない。

近年ダボスで開かれた世界経済フォーラムでは、アジアの指導者間の緊張が、過去数年よりも緩和されているように見受けられた。いい傾向だ。ところが二〇一四年には、安倍首相が日中関係を一世紀前、第一次世界大戦勃発前の英独関係になぞらえた発言を行ない、参加者を驚かせた。その後、安倍首相と習近平国家主席は何度か顔を合わせ、緊張は和らいでいるように見える。しかし、私が過去数カ月の間に軍や政府の関係者と話したところでは、日中関係が相変わらず緊張状態にあり、衝突の可能性を秘めているのは明らかだ。

中国との領土問題を抱える国のいくつかは、アメリカに接近している。日本は、すでに東アジア地域でアメリカに最も近い同盟国であり、オーストラリアの北部沿岸にはアメリカ海軍が駐留する。ベトナムは、軍事的にも商業的にもアメリカと密接な関係を維持する。フィリピンの場合はもっと複雑だ。二〇一六年まではアメリカと密接な関係を持とうとしていた。しかし、新たに大統領に就任したロドリゴ・ドゥテルテは気まぐれで大衆迎合的だ。人権を侵害し、麻薬犯罪容疑者の殺害を奨励していると彼を批判するアメリカから距離を置こうとしている。アメリカやオバマ元大統領を（頻繁に）ののしり、アメリカとの軍事協力を減らし、中国との（おそらくはロシアとも）連携を望んでいるようだ。トランプ大統領の就任によって緩和されたものの、今後事態がどう動くかは、ドゥテルテ自身の移り気な性格から予断を許さない。しかし、不安定な南シナ海にさらなる緊張と予測不可能性をもたらしているのはたしかだ。

TPP協定の締結（中国は不参加）によって、参加国とアメリカとの連携は深まっただろう。しかしトランプ政権が離脱を表明したため、アメリカは中国や他の国の主導によってこの地域で新しい貿易ルールが確立されるのを見守らざるを得ない。

国際社会の取るべき方策

中国の軍事支出増額や強硬姿勢に加え、北朝鮮の問題がある。新たに核実験を行ない、二〇一七年には弾道ミサイルを発射するなど、金正恩は世界で最も危険な国の指導者として悪名高い。この国は核兵器を保有し、未熟で不安定で感情的で、健康にも問題がある独裁者に支配されている（ヘアスタイルもいただけない）。高度な弾道ミサイルも所有し、隣国の大韓民国とは事実上の交戦状態にある。このすべてが、すでに不安定な南シナ海周辺の緊張を一層高めている。特に日本と韓国にとっては、北朝鮮の存在が軍備増強を促す要因になっているに違いない。

世界の安全保障に大きな影響を与えるインドも、東アジアに波及効果を及ぼすだろう。インドは、歴史的には東アジアの政治的な動きから少し距離を置いていた。広大なインド洋に囲まれていて、国内には課題が山積していたからだ。しかし、精力的に活動するナレンドラ・モディ首相のもと、軍事や安全保障面でアメリカや日本との協力関係を強化しようとしているようだ。アフリカの角《つの》沖での対海賊作戦への参加のほか、軍事交流や共同演習も実施されている。

現状を見れば、今後一〇年ほどの間に南シナ海での緊張が緩和し、周辺諸国の軍事支出が大きく減少するとは考えにくい。だとしたら、国際社会や南シナ海周辺諸国は安定をもたらすためになにをすべきなのか。

第一に、戦術レベルでは、周辺諸国の軍同士の直接対話を少しでも推進すべきである。これによって艦船や航空機の偶発的衝突を最小限に留めるためのプロトコルを設定でき、発砲事件に発展するような誤解を回避し、軍の指揮統制システムを揺るがすきわめて危険なサイバー攻撃を防ぐための合意すら形成できる。軍同士の接触は、軍のスタッフ間で、あるいは並行して地域会議を開くことによって実現できる。

第二に、たとえばＡＳＥＡＮ年次外相会合のような、安全保障に関する高官レベルの率直な対話の機会を持つことができれば、互いの信頼が高まる。そのほか、海洋航行、商用航空機の統制、サイバー空間に関する合意、環境技術など、政府間の会議や民間部門の取り組みも、中立的な場で意見を交換するための優れた方法になりうる。

第三に、南シナ海周辺諸国の軍同士が、特に海での協力推進手段を見出すことが重要だ。

医療外交、災害救助、人道作戦など、非戦闘作戦にもっぱら焦点を当てた海事演習でもいい。擬似軍事演習のほか、対海賊行為や災害被災地域からの人道的避難・救助活動など各国の合意による共同作戦も含まれる。

第四に、領土問題を解決するために国際交渉の場を活用することが重要だろう。ハーグの国際司法裁判所のような国際機関、第三国政府、あるいは双方が合意した国連の機関や拘束力を持つ仲裁者などを介した解決を検討すべきだ。とはいえ残念ながら、こういった国際司法活動には拘束力がなく、中国が自国の「裏庭」への外部の介入を受け入れる可能性は低い。

つまるところ、東アジアの軍拡競争は、地政学的緊張の反映にすぎず、今後しばらくこの地域は不安定なままだろう。緊張を緩和する方法はあるが、近い将来に実現できる可能性は低いため、本気で取り組む必要がある。

こういった状況を踏まえ、南シナ海に対するアメリカの戦略はどうあるべきか。太平洋や他の海域に対する考え方とは一線を引くべきなのか。南シナ海の重要性と我が国のアプローチについて、マハンならどう考えるだろう。

ひとつの海洋を世界の海洋全体から切り分け、そのうえで世界戦略を構築することは不可能だが、南シナ海の地政学的重要性には独特のものがある。資源が豊富で、強大な海洋国家が周辺にあり、海上交通路は世界で最も人口の多い地域を結んでいる。アメリカはこの地域でのプレゼンスを維持しなくてはならない。そのためにできることはいくつかある。

南シナ海周辺国の合意を得て、基地やアクセスのネットワークを維持すること。候補として妥当だと考えられるのは、東ではフィリピン（できればスービック湾にふたたび基地を持てるといい）、西ではベトナムのカムラン湾、南ではシンガポール（アメリカ軍がすでに確たるプレゼンスを持つ）。北では、たとえ中国を不快にさせるとしても、台湾との間で燃料補給や再供給の合意形成への取り組みを続けるべきだ。四つの基地を確保できれば、あるいはアクセスや再補給だけでも認められれば、アメリカ軍は南シナ海でかなり自由に活動できるだろう。

さらに我が国は、南シナ海周辺諸国のそれぞれとの関係を強化しなくてはならない。日本や韓国とはすでに良好な関係を結んでいる。しかし、ベトナム、フィリピン、マレーシアとも演習や軍事交流、海上での取り組みなどを推進する必要がある。タイ、インドネシア、さらにはカンボジアとの良好な関係も役に立つだろう。

今後大きな問題になるのは、中国とどれほど密接なかかわりを持つかだ。中国が国際規範を尊重し、海域や沿岸の国境を守るかどうかは、率直に言ってわからない。南シナ海の領有権を主張し続けるつもりなら、友好的な関係を築ける見込みは少ないだろう。

それでも私たちは、可能な限り中国とのオープンで建設的な関係を維持しなくてはならない。知的財産の侵害、サイバー攻撃、同意できない海洋権の主張、国内での人権侵害、民主主義や自由の欠如など不一致は多々あるにせよ、協調できる領域を見出す手段はある。たとえば海では、災害救助、医療外交、麻薬対策、密入国対策、環境問題などが対象となるだろう。大事なことは、主張が大きく対立する領域があろうとも、特定の領域で協力できる可能性を完全に排除しないことだ。

アメリカと中国の間では突発的な衝突も起こりうる。二〇〇九年には、公海で航行していたアメリカの音響測定艦インペッカブルに対して、中国が自国管轄海域だとして警告を発した。二〇〇一年には、アメリカ海軍の哨戒機P‐3（オライオン）が中国海軍戦闘機と空中衝突し、中国領土への着陸を余儀なくされた。二つの事件は最終的には外交的に解決されたとはいえ、南シナ海での両国の攻防を示唆するものだ。中国の哨戒機が、我が国の軍事施設に近いメキシコ湾上空や我が国の排他的経済水域内を、定期的に飛行するようなことがあれば、私たちは対応を検討しなくてはならない。

こういった出来事は、南シナ海などの海域にかかわる国際法をめぐる興味深い一面を浮き彫りにする。アメリカは、一九八二年に採択された「国連海洋法条約」を批准していない（非締結国はわずか三〇カ国、うち一六カ国は海に面していない）。この条約では、他国の排他的経済水域（二〇〇海里）を航行する場合の条件がいくらか曖昧だ。アメリカは、この水域で偵察活動（スパイの婉曲表現）を行なえると解釈するが、中国やインドなどはこれに断固反対する。条文の文言からはどちらの解釈が妥当であるかは明らかではない。この解釈の不一致が、排他的経済水域内ではあるが、領海（一二海里）の外にある水域で活動するアメリカのスパイ船や偵察機にかかわる出来事をもたらしている。南シナ海の問題の海域では、今後さらにこういった衝突が起きるだろう。

総合的に見れば、南シナ海では、今後も地政学的に重要な問題が続出するだろう。アメリカは、この海域を二一世紀の海洋活動にとって重要な領域とみなさなくてはならない。中国はアメリカが譲歩して領有権を認めることを強く願い、他に道はないと考えているが、そうなれば我が国の世界戦略は破綻するだろう。台頭する中国との冷戦に突き進むべきではないとしても、私たちは自国が掲げる価値や、国際法の重要性を忘れてはならない。四〇年近く前、私は未熟な士官としてこの海域を航行し、中国の歴史と文明に深く感銘を受けた。私たちはこの地域の文化や重要性、濃紺の海を尊重する必要がある。しかし同時に、公海では、友好国や同盟国とともに活動を維持しなくてはならない。南シナ海での勢力均衡は細心の注意を要するものになるだろう。しかし、均衡を保つことは重要だ。ロシア連邦との関係と同じように、協力できる場面では協力し、断固たる姿勢を取るべき場面では立ち向かわなくてはならない。

第6章　カリブ海　過去に閉じ込められて

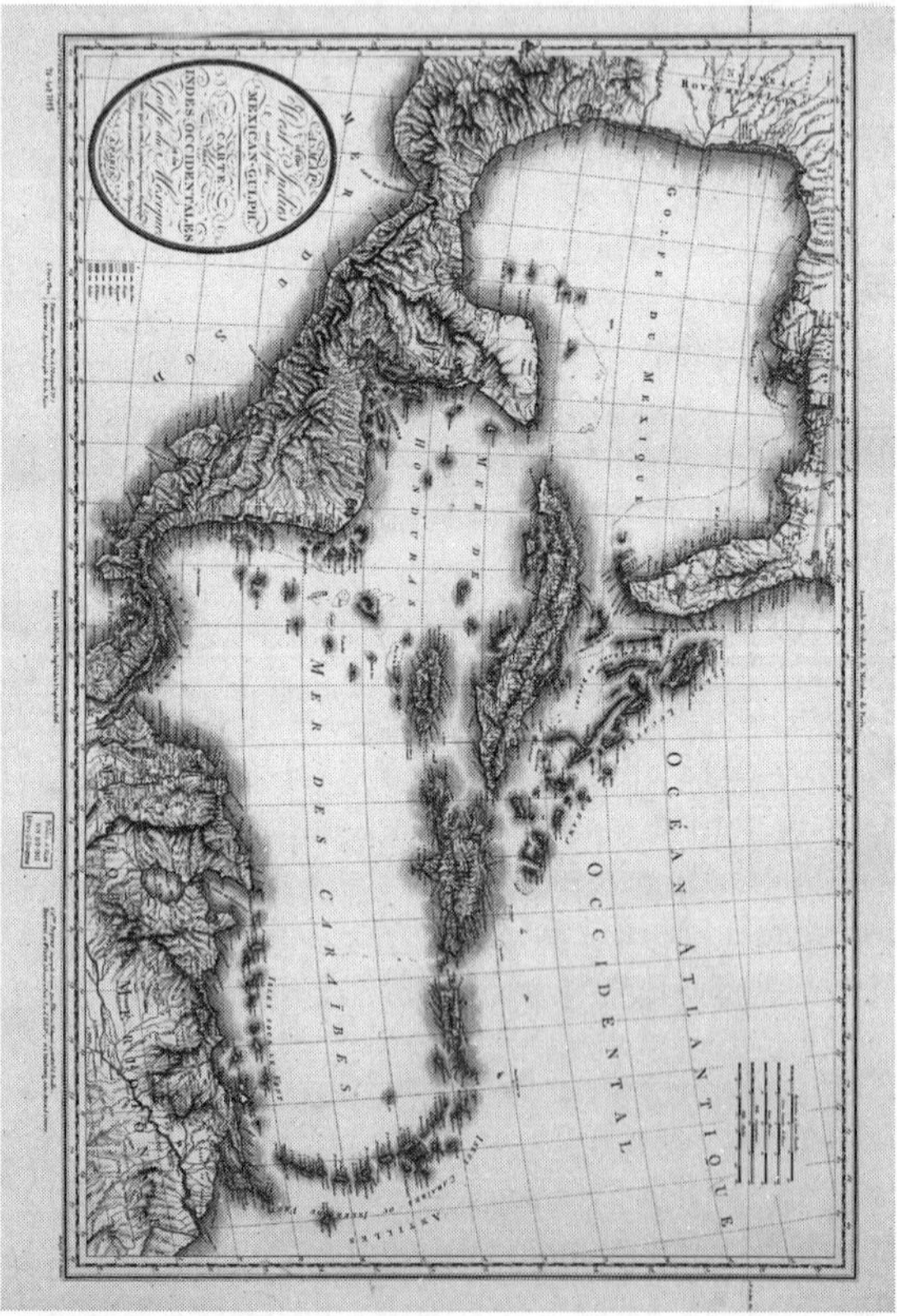

ピエール・ラピエとアンブロワーズ・タルデューの作製した地図（1806 年）。当時の地図作製者の目にはカリブ海はこのように見えていた。

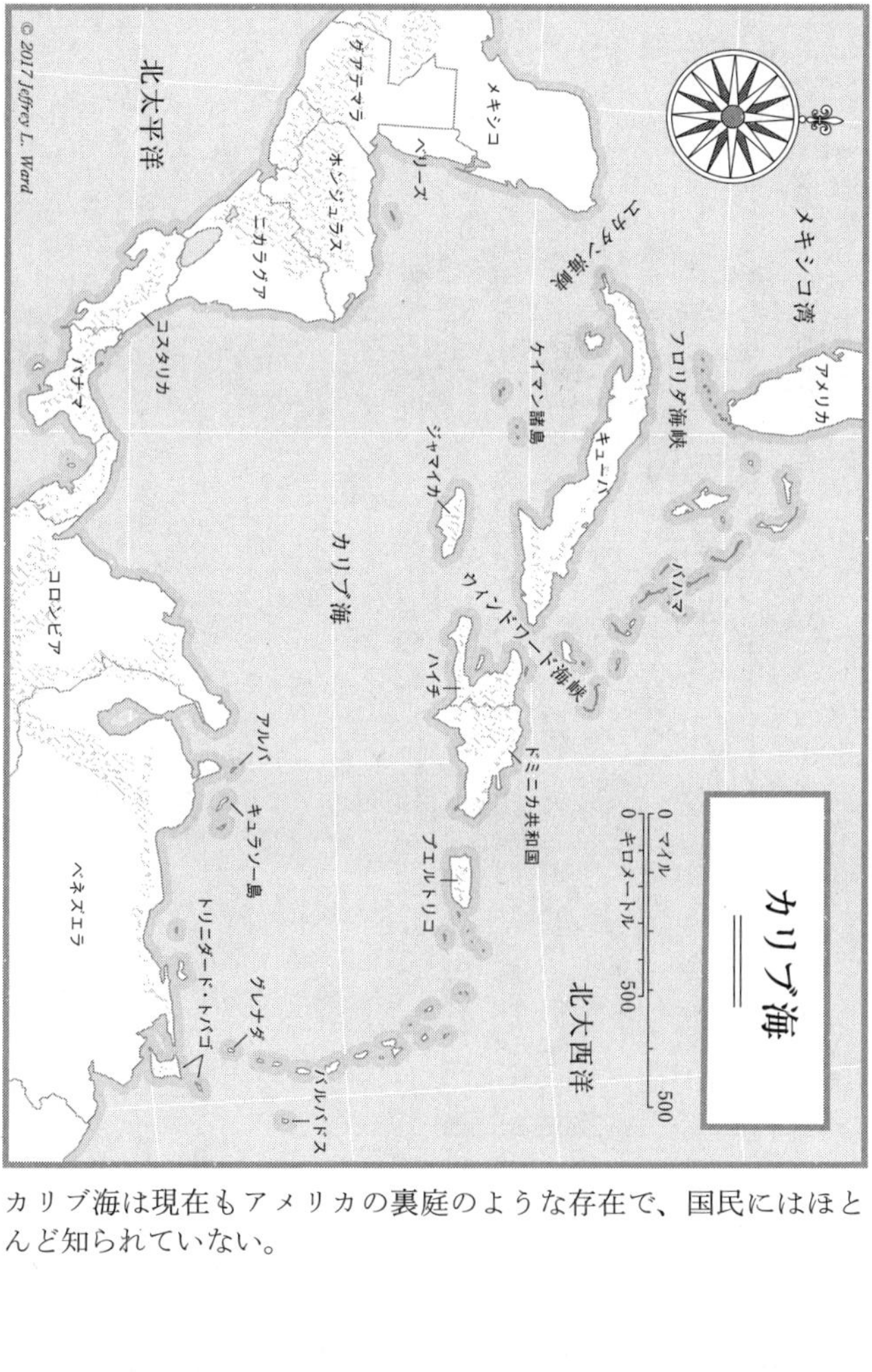

カリブ海は現在もアメリカの裏庭のような存在で、国民にはほとんど知られていない。

コロンブスの航海の光と影

近世のカリブ海を理解するには、マドリードの海軍博物館を訪れるといい。私がはじめて訪問したのは二〇〇九年だった。スペインの統合参謀総長はとびきり優雅な空軍大将で、NATO欧州連合軍最高司令官だった私のために、部下の海軍参謀長を案内役につけてくれた。私たちはスペインによるアメリカ大陸の征服、カリブ海での海軍活動を中心としたスペインの海洋史をたどり、すばらしい数時間を過ごした。

博物館では、ファン・デ・ラ・コサがアメリカ大陸を描いた最初期の地図を見た。地図の専門家でもないベテラン水夫が一五〇〇年に描いたこれらの地図は、当然ながら不正確だが、よく描けていることは私たちが見てもわかる。中央アメリカがあるはずの位置に、旅行者を守る聖クリストファーの絵が描かれているのは、クリストファー・コロンブスに敬意をあらわしたものだろう。

政治的公正《ポリティカル・コレクトネス》が叫ばれる以前の一九七〇年代に子ども時代を過ごした者なら誰でも知っているように、コロンブスはスペイン人ではなくイタリア人だった。一四五〇年頃にジェノヴァで生まれた。スペイン語ではクリストバル・コロンとして知られている。地中海西部からアフリカ沿岸を広範囲に旅したという。当時のポルトガル人は既知の世界の境界を越えようと、潮流や風を活用する新たな方法を日々模索していた。コロンブスが北にも向かい、アイルランドにまで達していたという説もある。

コロンブスが若い頃のジェノヴァは、映画「スター・ウォーズ」に登場する酒場のシーンのようなものだった。コロンブスはハン・ソロさながらに飲み歩いていた。極東では交易が盛んで、威張った人物や船長がいて、怪しげなチャンスが山ほどあるという誇張された物語が、ジェノヴァではしきりに語られていた。下流中産階級の毛織物職人の息子コロンブスは、水平線の向こうを目指せば、最も豊かな土地にたどり着けると信じ、マルコ・ポーロの物語に出てくる中国を夢見たのだろう。一四七〇年代半ばにはポルトガルに移り、西への冒険旅行の後援者を探し始めた。やがてスペインのフェルナンド二世（アラゴン王）とイサベル一世（カスティーリャ女王）に頼ることになる。

一四九二年はイベリア半島からイスラム世界の痕跡が消え、スペインが統合された重要な年だった。一月二日、現在のスペインの一部に対する八〇〇年に及ぶイスラム支配は、国土回復運動（レコンキスタ）によって終わりを告げた。厳粛な出来事をめぐって楽観主義と熱狂が広がるさなか、「大洋（Ocean Sea）」と呼ばれた海を越えて西へ向かう冒険への資金援助を国王夫妻に求めることは、むずかしくはなかった。なんと言っても、イサベル一世の父と祖父も艦隊を派遣していたのだから。

コロンブスは巧みに条件を提示し、認められた。提督の称号、発見した土地の処分権、利益の大半を受け取ること。一四九二年八月、カリブ海への旅に資金を得て、有名な三隻の帆船、ニーニャ号、ピンタ号、サンタ・マリア号が出発した。「大洋の提督」は、一〇月はじめにはバハマにある小さな島（コロンブスが命名した、現在はサン・サルバドル島として知られる島）に上陸したと言われている。こうしてヨーロッパ人は、少なくともカリブ海について言えば、はじめてアメリカ大陸に到達した。

だが、コロンブスの失望はいかばかりだっただろう。黄金の宮殿も娯楽施設もなく、金《きん》も絹もない。アジアの香辛料も宝物もなかった。代わりにみつけたのは、裸同然で最低限の暮らしをしていた住民の伝統文化だった。金はどこにもなかった。コロンブスはキューバとイスパニオラ島を発見したが、いわゆる価値のあるものはなにもなかった。一四九三年一月には、宮廷に持参するためのわずかな金、果物や鳥、数人の怯える先住民を伴って帰路に就く。イスパニオラ島には金を探すために約四〇人の船乗りが残された。

極東へ向かう西回りの海路を見出すという当初の目的を果たせなかったにもかかわらず、コロンブスは当時の多くのヨーロッパ人の冒険心をかき立てた。すぐに新たな冒険が企てられ、資金が提供される。一四九三年の次の冒険旅行では、コロンブス提督はプエルトリコ、ヴァージン諸島、モントセラト、グアドループ、アンティグアなどの重要な島を発見した。

小さな拠点と商業基盤が確立され、冒険家が次々に訪れた。発見をもたらした地理的誤解の大きさを踏まえれば、コロンブスの発見が偶然の産物なのは明らかだった。

一九九三年後半、私がはじめて艦長として駆逐艦バリーを率いたときには、カリブ海に向かい、人道支援を行ない、ハイチに対する武器禁輸を強化するという任務を担っていた。冷戦が終わり、ベルリンの壁が崩壊したばかりだったため、いささか勝手の違う航海だった。正直に言えば、私はこの新しいイージス艦でバルト海に向かい、ソ連の潜水艦を追いかけたかった。しかし時すでに遅し、私はソフトパワーを活用するためにカリブ海に向けて出発した。経験の浅い乗組員を含む誰もが船酔いしないようにと気をつけながら、新たな任務を負った軍艦の最初の重要な航海に加わっていた。

カリブ海の入り口に当たるサン・サルバドル島にさしかかると、私は乗組員を甲板に集め、コロンブスの最初の航海について簡単に説明した。小学校五年生のときの歴史の先生を手本に、感動的な言葉で締めくくった。「諸君、我々は大探検家クリストファー・コロンブスが五〇〇年前に渡った海を航海している。コロンブスはこの地に平和をもたらそうとやって来た。コロンブスの遺産は今も引き継がれている」。即興的に歴史の授業を行なった私は大層満足だった。

ところが夕食をとるために上級士官用のラウンジに下りると、コロンブスの航海のせいで、現地の人々の多くは奴隷になるか殺されたのだと、若い士官たちが私に訴えた。彼らは私よりも二〇歳ほど若く、アフリカ系アメリカ人もいた。いい指摘だと私は思った。「大文字の歴史（History with a capital H）」〔記録された公《おおやけ》の歴史〕というものは、宇宙のサイコロを転がすようなものだ。そのことを忘れてはならない。長い目で見れば、いい目と悪い目の両方が出る。そのときにどちらが出るかは、神のみぞ知る、だろう。うぬぼれの強い冒険家は、先住民にしてみれば、大量虐殺を行なった征服者でもある。宇宙のサイコロがテーブルの上でどう転がるかは、誰にもわからない。

コロンブスの発見の本質を踏まえれば、「カリブ海」が「偶然の海」と名づけられた可能性もある。思慮深い部下たちが指摘したように、砂糖や穀類を生産するために奴隷が集められた痛ましい歴史は、これらの美しく汚れのない島から始まった。カリブ海の植民地化は、先住民をキリスト教徒に転向させたいという願望にもあと押しされた。大航海時代は世界の広大な海で始まり、穏やかなカリブ海周辺の島々に押し寄せ、現在までその影響が残るほどの破壊的威力を持っていた。残念ながら、結果的にもたらされたものは偶然というよりはむしろ欲得ずくの一連の行為の産物であり、この地域の島々を現在も翻弄していることは否定できない。

多彩な島々

メキシコ湾を含めれば、カリブ海はかなり広い。太平洋、大西洋、インド洋、北極海などの大洋を除けば、地中海をしのぐ広さだ。面積はおよそ一六〇万平方マイル（約四一四万平方キロメートル)、アメリカ合衆国本土の半分ほどに当たる。

大きな壺のような形をしたカリブ海は、巨大な火山の縁として描くこともできる。長い指のようなフロリダ半島は、ブーツの形をしたイタリア半島のように南のキューバの島々を指し、その西側にカリブ海が広がっている。ところでアメリカ人は、必ずしもキューバの広さを認識しているとは限らない。アメリカの地図に重ねてみれば、キューバはワシントンDCからシカゴまで広がる。一九六〇年代はじめにケネディ大統領がホワイトハウスでピッグス湾上陸作戦についての説明を受けていたとき、第二次世界大戦にも従軍した海兵隊司令官が、キューバの地図をアメリカの地図に重ねて見せた。そしてさらにその上に、中心部に小さな点のある地図を重ねた。それはタラワ環礁の地図だった。太平洋戦争ではこの小さな島々で、何千人もの海兵隊員が亡くなっている。つまり、キューバはそれほど大きい。

キューバはおおむね北西から南東へと延びる。東にはイスパニオラ島があり、スペイン語圏のドミニカ共和国とクレオール・フランス語圏のハイチに分かれる。後者はおそらく最も不運で、確実に最も貧しい国だろう。その南には、カリブ海の東の境界を形成する長く連なる島々がある。国籍は実にさまざまで、カリブ海へのヨーロッパ帝国の絶えざる野望を示すものだ。イギリス、フランス、オランダ、デンマーク、スペインは何世紀もの間、この地域を支配してきた。それぞれの島の文化は、現在もヨーロッパとの混合物である。

連なる島の末端、南アメリカ大陸のすぐ北には、トリニダードとトバゴの二つの島がある。カリブ海のほとんどの島よりも豊かで、イギリスとスペインの文化が不思議な融合を見せている。二つの世界の長所を持ち合わせているとも言えるだろう。スペインの島としての文化を持つ一方で、公用語は英語で、イギリスの法制度を採用している。トリニダード・トバゴは原油に恵まれているため（これは必ずしもいいことばかりではない）、近隣諸国よりも高水準の社会福祉を実現できる。戦闘部隊指揮官として私が訪問したときには、空港から首都、官邸へオートバイの列が随行してくれたのを覚えている。背が高く優雅な警察官はオートバイに立ち乗りし、手を放したままで列を指揮し、しかもかなりのスピードを出していた。私は一〇〇カ国以上で自動車の列に混じったことがあるが、このときが一番危険を感じた。戦闘で危険をくぐり抜けてきたグリーンベレー〔陸軍特殊作戦コマンドの特殊部隊〕の指揮官にこのことを話すと、彼はこう言った。「まるで死にたがっているみたいだね」。それでもすべてが、観劇を楽しみ、危険を恐れない国民のエネルギーやユーモアに合っているように思えた。

南アメリカの北部沿岸には、カリブ海に面して、ギアナ（旧フランス領）、スリナム（旧オランダ領）、ガイアナ（旧英領ギアナ）が並ぶ。カリブ海の南の入り口を守る三人のいわばブリキの兵隊で、スペインの後にやって来た三大植民地勢力を代表している。それぞれが独自の特徴、文化、言語、政治状況を持つが、私の心に残っているのは一番西に位置するガイアナだ。アメリカ人には、一九七八年のジョーンズタウン（人民寺院）集団自殺の地として知られる。この事件は、証拠はないものの、教祖ジム・ジョーンズが毒物を入れた粉末清涼飲料（クールエイド）を信者に飲ませたことが原因だと言われている。事件後アメリカ英語では、無批判に受け入れることを「クールエイドを飲む」と表現するようになった。ガイアナは景観の美しい、比較的資源の豊かな国であり、穏やかな空気と、ボルジア家さながらの悪政をあわせ持つ国だ。

私がはじめてこの地を訪れたのは二〇〇〇年代半ば、アメリカ南方軍司令官としてだった。就任後の最初の数カ月間に、この地域の三〇カ国あまりを全部訪ねてみようと考えた。部下には、三大ギアナは入れない方がいいと言われた。「なにもないから」だと言う。しかし、すべての国に足を踏み入れるという思いつきを気に入っていた私は、懐疑的な部下と何度かやり取りしたのち、もっと大きくて重要な国、ブラジル、アルゼンチン、コロンビアのあとで訪問するという計画を立てた。ガイアナに到着すると、大統領（いや、首相だったのだろうか）を表敬訪問する手はずが整えられていた。埃《ほこり》っぽい執務室にはブラインドが下ろされ、熱帯の太陽が遮《さえぎ》られていた。今一番の課題はなんですか、と私は聞いてみた。貧困？　麻薬？　犯罪？（どれもかなり明白な問題だった）。

大統領は頭を振り、ため息をついた。どれも大きな課題だが、最大の問題は移民だという。「高校を卒業すると、誰もがすぐにこの国を出てしまう。ほとんどの国民が行き先として希望するのはあなたの国だが、ガイアナを出られるならどこでも行くだろう」。悲しみをたたえた大統領の悲しい言葉だった。我が身を振り返り、アメリカ国民であることの幸運を考えさせられた。もちろん我が国にも問題は多く、課題もある。失敗も少なくない。それでも私が訪れた国の人々はみな、アメリカに行きたいと言う。アメリカを出たいと言うわけではない。しばらく話したのち、私はガイアナの小規模で従順な軍の訓練や装備の充実に協力すると約束し、実際、そうした。当時訪れたカリブ海の国の中では、多くの意味でガイアナは最も悲しい土地だった。

訓練の日々

コロンビアは、カリブ海で最も美しいが、問題も多い国だ。青々とした空、金《きん》や原油など豊かな天然資源、肥沃な農地、立派な港、地政学的立地の良さは、カリブ海南西部を意のままにするにも、太平洋へと漕ぎ出すにも好都合に違いない。この国は、南北アメリカ大陸、カリブ海と太平洋の十字路に位置する。アメリカが、パナマ運河を築くためにコロンビアからの独立革命に資金を提供し、一九〇三年のパナマ独立を支援しなかったなら、コロンビアはパナマ運河（そしてパナマ）を所有しているだろう（ちなみに、カーター政権時代にパナマ運河返還が議論されたとき、某上院議員は「我々はこれを正当に奪い取った」と述べた）。

二一世紀に入って最初の一〇年に、私はマイアミを本拠地とするいわゆる「麻薬戦争」の指揮官として、コロンビア沖で過ごしたことがある。それ以前にもこの海域を航行する機会は多かったが、ほとんどがパナマ運河を経由するものだった。このときの海軍大将としての任務は、コロンビアからの麻薬の流れを止めるための支援だった。その大半がカリブ海西部の海路を運ばれていた。麻薬は大量で、何百トンにも及ぶ。任務に就いてまもない頃には完全武装した潜水艦を捕らえたこともある。コロンビアのジャングルで作られたもので、乗組員は三人、ディーゼルエンジンや優れた通信設備を備え、なんと一〇トンのコカインを運んでいた。市場価値で言えば一億五〇〇〇万ドル、優れたイノベーションと断固たる意志を示す一例だ。彼らは新種の「カリブの海賊」であり、カリブ海西部で活動していた。

コロンビアの北には、アメリカ経済（北、南、中央アメリカのすべてを含む）の中心であるパナマ運河がある。アメリカが仕組んだパナマ共和国「独立」ののち、一九一四年に開通した。完成までには大勢の労働者の苦労と犠牲があった。労働者のほとんどがカリブ海周辺からやって来て、アメリカ人技師のもとで働いた。ちなみに一八八〇年代後半には、フランス人フェルディナン・ド・レセップスが運河建設を試みるも失敗に終わっていた。デーヴィッド・マカルーの『海と海をつなぐ道　パナマ運河建設史』（鈴木主税訳、フジ出版社、一九八六年）には、建設の状況がつぶさに描かれている。

船乗りにとって、パナマ運河の通航は特別な経験だ。特殊な技能が必要であり、指揮官に完全な責任を負わせることで知られるアメリカ海軍でさえ、パナマ運河通航中はパナマ人にその指揮権限の一部を委ねる。私は一九八〇年代半ばに、完成したばかりのタイコンデロガ級ミサイル巡洋艦の四番艦、ヴァリー・フォージの作戦担当士官として運河を通航した。私は、ミシシッピ川の造船所で私自身が建造にかかわったこの艦が大好きだった。灰色の艦体はピカピカで、海に出ると「新車の匂い」がした。私は作戦担当士官として、五六七フィート（約一七三メートル）の艦体の外側に気を配る必要があった。運河の狭い区域にさしかかると、無愛想な甲板長ジーン・ジョーンズ上等兵曹は卒倒しそうに見えた。艦体の側面が運河の壁面に接触するのではないかと心配でたまらなかったのだ。艦は閘門《こうもん》の操作によって進んでいた。とはいえ、パナマ人の操作は見事で、艦は側面をかすることもなくスムーズに運河を通過した。カリブ海の広い海から狭くて脆弱な閘門に入り、運河の労働者や水先案内人に艦を任せたときには、いささか落ち着かなかった。南に抜けたときにはうれしく、三〇ノットに加速して運河をあとにし、広大な太平洋へとスピードをあげて進んだ。

パナマを離れ、中央アメリカ沿岸を北上すると、コスタリカ、ニカラグア、ホンジュラス、エル・サルバドル、グアテマラ、ベリーズ、メキシコと、世界で最も危険な国々を通過することになる。これらの国の犯罪率は世界でもきわめて高い。アフガニスタンやイラクを含めても、人口一〇万人当たりの暴力による死亡率は最大だ。悲しいことに、暴力の多くは基本的にはアメリカへの輸出にかかわるものであり、麻薬に対する莫大な需要によるものだ。暴力は、アメリカの工場で作られた自動小銃や拳銃、南カリフォルニアで生まれたギャング文化、三〇年前の追放者とともに南に広がった。中央アメリカのカリブ海沿岸は、海賊時代と少しも変わっていない。「開拓時代の西部《ワイルド・ウエスト》」さながらだ。隠れた港や拠点は無法地帯で、麻薬の運搬人がとがめられることもなく活動する。

はじめてカリブ海を航海したのは一九七五年、海軍兵学校の最終学年、士官候補生のファーストクラスとも呼ばれる四年生のときだった。海軍兵学校では、毎年夏に士官候補生隊全員、四〇〇〇人あまりが世界各地を巡航する。

カーニバル社のクルーズに参加し、艦内で買い物を楽しみ、太陽の下でカリブ海生まれのカクテル、ピニャコラーダを味わう……ような旅ではなかった。士官候補生の夏の航海には、艦が出発する港へ飛行機で向かうところから始まるものもあった。背中に重い荷物を背負い、のろのろと鉄のタラップをのぼる。これもまた、「艦隊」研修の一環なのだが、海での経験の少ない当時の私はよく理解していなかった。

一九七五年の蒸し暑い夏、私はバスでヴァージニア州ノーフォークへと向かっていた。十数人のクラスメートとともに、就役したばかりの空母ニミッツに乗艦することになっていた。この艦は海に浮かぶ町のようなものだった。満載排水量は一〇万トンを超え、全長はフットボール場三つ分、竜骨からマストの先端まではエンパイア・ステート・ビルディングの高さに匹敵する。簡単なレクチャーのあと、私たちは早速艦に乗り込むとアメリカ東海岸を離れ、カリブ海へ向かった。

数日後、ハイチとドミニカ共和国のあるイスパニオラ島とキューバとの海峡、ウインドワード海峡を抜けてカリブ海に入った。艦長は艦内放送のマイクに向かい、我々は今、何世紀も前にコロンブスが通った場所を航行するところだと告げた。約二〇年後、私は駆逐艦艦長として同じ演説をすることになるのだが、このときの私は一士官候補生にすぎず、上級士官用ラウンジでチーズバーガーをほおばりながら、コロンブスや当時の水夫の想像を絶する苦労を思いやって、ソフトクリームサンデーは我慢することにした。

最初に立ち寄ったのはキューバのグアンタナモ湾で、観光客が行くような場所ではなかった。もちろん当時はテロリストの収容所として世界的に知られていたわけではなく、配備前の海軍艦艇の訓練施設だった。グアンタナモ基地の本来の目的は、設立以来ほとんどの期間、兵站支援、マハンの言う給炭地だったが、太平洋の主な海上交通路に通じていることや補給が可能であることから、やがて太平洋沿岸での訓練の中心地となった。

つまり軍艦は、ここで三週間の厳しい訓練を経て任務に向かう。砲撃から被害対策（艦上火災や消火後の出水対策）、航行作戦、燃料補給など、すべてについての訓練が行なわれた。乗組員にとっては、一日二〇時間、気を抜く暇もない過酷な日々だった。

家族や友人から遠く離れたグアンタナモ湾で訓練を行なうことで、乗組員は任務に完全に集中できた。ノーフォーク海軍基地のバーや刺青《タトゥー》の店の記憶は遠ざかっていた。とはいえ、厳しい訓練だけでは最大限の成果はあげられないため、毎週一日か二日、乗組員に陸で過ごさせ、ストレスを発散させるのが海軍の慣例だ。

私は士官候補生だった二〇歳のときにはじめてカリブ海諸国に足を踏み入れ、ギラギラと照りつける夏の太陽の下、海軍基地の運動場やテニスコートで汗を流した。新たに知り合った四〇〇〇人の仲間とともに訓練に参加し、一杯三五セントのビールを飲み、ときには最高級の五〇セントのラム酒を流し込んだ。言うまでもないが、その日の終わりには少しばかりめまいもして、仲間とともに美しいビーチに腰を下ろし、酔いを醒ましながら、海洋の観点から世界について語り合った。

夜のカリブ海はとても美しい。その夜は穏やかな波の上の低い空に満月が見えた。カリブ海周辺はほとんどどこもそうだが、キューバの景色も浜辺から離れると岩が多くて情緒に乏しい。しかし貿易風の心地よさと輝く紺碧《こんぺき》の海の美しさはそれを補って余りあるものだった。うしろにもたれ、月がのぼるのを見上げながら、キューバの長い島の南端から帆をあげて、あるいは蒸気船で出航していったすべての船のことを考えた。その多くは犠牲を伴うものだったはずだ。

翌日、私たちは空母の巨大な鉄の甲板に戻り、総員配置の合図が繰り返し鳴り響くのを聞いていた。

王立海軍の伝統はと問われたウィンストン・チャーチルは、「ラム酒と男色とむち打ち刑だ」と答えたらしい。植民地としてのカリブ海の歴史を振り返ると、この言葉がすぐに思い浮かぶ。「カリブ」という名称は、実のところアメリカ先住民の部族にちなんだものだ。カリブ族は銃、病原菌、鉄が入ってきたためにこの地から一掃された。ジャレド・ダイアモンドは名著『銃・病原菌・鉄』の中で、ヨーロッパはなぜ世界の多くの地域を植民地としたのか、なぜその逆ではなかったのかを明らかにしている。

ヨーロッパ人が訪れる前のカリブ海についてはほとんど知られていないし、記録もない。

ヨーロッパ人は発見した先住民にさまざまな名前をつけた。「タイノ」族は比較的協力的な先住民、「カリブ」族は好戦的な人食い人種《カンニバル》、「アラワク」族はその中間的な存在であることを意味していた。どの部族に対しても、キリスト教に転向し、奴隷となるよう期待していた。スペインの征服者は文化人類学を得意としなかったようで、現地の言語や歴史、文化はほとんど守られなかった。

初期のカリブ海住民は、船の操縦が得意ではなく、大海原に漕ぎ出してもいない。沖合いでの漁を除けば、本格的な航行、帆の利用、数人以上の乗組員が乗れる船の建造などの記録や証拠はほとんどない。したがって現在の水準とは比べものにならないにせよ、スペイン人の巨大船団の到来は、住民を驚愕《きょうがく》させたに違いなかった。

カリブ海住民の暮らす社会は必ずしも原始的な社会ではなかった。彼らは、ヨーロッパ人が訪れる何千年も前にカリブ海の大きな湾に入り込んだのだろう。ヨーロッパ人のように金《きん》や絹を探し求めていたわけではなく、新しい土地、南アメリカ大陸の抑圧者からの自由、食糧、魚を探し求めていたに違いない。

ヨーロッパ人がやって来た頃には、彼らは村や居住区ごとに生活していた。中には五〇〇人が集まる村もあったようだ。カリブ海諸島の総人口を推計することは不可能だが、ヨーロッパ人到来後の数十年で圧倒的多数が亡くなったのはたしかだろう。メル・ギブソン主演の傑作「アポカリプト」で描かれたように、メキシコ沿岸へのヨーロッパ人の到来は、先住民にとってはたしかに「アポカリプト（大惨事）」だっただろう。

その次にカリブ海を揺るがすことになるドラマの幕は、実際には一五一七年、現在のドイツの教会の門扉《もんぴ》に、当時はほとんど無名だった修道士マルティン・ルターが抗議文を貼り出したときに開いていた。イングランド王ヘンリー八世は自身の離婚問題を解決しようと論争を引き起こす。その結果、プロテスタントとカトリックの分裂が生じ、両派の戦争は一五〇年以上の間に多くの犠牲をもたらし、一九世紀にまで影響を及ぼした。

このすべての根底にあるのは、言うまでもなく地政学的要素であり、帝国の対立だった。やがてヨーロッパはプロテスタントとカトリックの政治と宗教をめぐる戦いに巻き込まれ、その後五世紀の間、さまざまな形で戦いは続いた（北アイルランドやバルカン半島では、現在もその名残が見られる）。ヨーロッパの陸地での大規模な戦争は、はるか遠くのカリブ海周辺社会にも、特に海洋をめぐって大混乱を引き起こし始めた。

一方の陣営の中心となったのがスペインのカトリック教徒で、彼らはその後、数百年以上の間、アメリカ大陸に巨大帝国を築くためにあらゆる手立てを講じた。先住民の改宗と奴隷化、金、銀、貴重な宝石などの搾取、よく知られる砂糖、のちにはタバコなど、新世界が提供しなくてはならなかったあらゆるものの交易の独占。これに対抗したのが、プロテスタントのイギリス人とオランダ人だった。大胆な彼らは、探検家や侵略者として北大西洋からカリブ海にやって来た。両者の中間にいて、それほど力を持たなかったのがカトリック教徒のフランス人とポルトガル人で、彼らは苦労して南アメリカ大陸で勢力を拡大した。つまり当時は、カリブ海周辺の島や、カリブ海を取り囲む大陸沿岸の比較的狭い地域で、海洋帝国が戦いを繰り広げた時代だった。

プロテスタントの侵略者にとって主な標的のひとつは、スペイン王の宝物を積んだガレオン船だった。これらの船は毎年スペインを出発し、交易品を新世界に運んでいた。「フロータ（艦隊）」と呼ばれ、十数隻の大型船で構成されていた。アメリカ大陸に到着すると積荷が降ろされ、貴重な搾取品が船がきしむほど積み込まれた。ボリビアではポトシ銀山の銀、コロンビアでは金とエメラルド、そのほかにもタバコや砂糖が積み込まれ、中国やフィリピンの品さえも太平洋を渡って運ばれた。スペインは、一六世紀後半には最初の世界市場を生み出し、そこから莫大な賃料や収益を得ていた。交易船は恰好の標的であり、プロテスタント国家の軍艦と私掠船は嬉々として攻撃を仕掛けた。

プロテスタントの海の侵略者として最も象徴的存在だったのはおそらくフランシス・ドレークで、その名は、一連の大胆な襲撃とともにカリブ海の歴史に刻まれている。エリザベス一世の寵愛を受け、親密な関係にあったとも言われるドレークは、一五〇〇年代後半には、コロンビアとフロリダでスペインが支配する港を焼き討ちし、略奪を行なった。その後、一時的にイギリス艦隊を指揮し、一五八八年の大西洋のアルマダの海戦でスペイン艦隊を撃退したのち、愛してやまない海賊業に戻った。一五九六年にカリブ海に停泊中に病でこの世を去ったときには、かなりの富を築いていた。

だが海賊は、ドレーク一人ではなかった。一五〇〇年代から一六〇〇年代には、大勢の

「バッカニア（*buccaneer*）」がカリブ海を行き来していた。この呼び名は、フランス語で「ブーカン（*boucans*）」と呼ばれる、木枠で時間をかけて肉や獲物を焼く調理法から来ているのだろう。カリブ海は大激戦の舞台にはならなかったものの、「開拓時代の西部《ワイルド・ウエスト》」さながらだった。やがて「文明」の発展とともに、カリブ海を行き交う海軍の軍艦は、この地域の主要戦力となる。

しかし、カリブ海で植民地化が進んだ最初の一〇〇年間には、主に商船が好機を狙う海賊の攻撃を受けた。暴れ回り、気まぐれに命を奪う海賊の姿は、映画「パイレーツ・オブ・カリビアン」の中でジャック・スパロウ船長として滑稽に描かれている。映画での挿話のいくつかはウェールズ生まれのヘンリー・モーガンの活躍に大まかに基づいている。モーガンはカリブ海賊を代表する存在で、その人生はまさに伝説の宝庫である。ときには残酷な襲撃も行ないながらバッカニアとして成功し、イギリスに戻ると形ばかりの叱責を受けただけで、ジャマイカ島副総督に任命された。スペインにとってはさぞ腹立たしかったことだろう。彼はその後も海賊を黙認することで甘い汁を吸い、一六八八年に現地で亡くなった。

私がはじめてジャマイカを訪れたのは一九七〇年代後半で、当時この島は激動の時代を迎えていた。独立してから日も浅く、ジャマイカ人はイギリス統治への依存から、自分たちの文化や歴史、国民性を重んじるシステム（と一連の政治的選択）への自然な移行の道筋を模索していた。驚くことではないが、彼らは急激に左へと舵を切る。当時二十代そこそこだった海軍少尉の私には十分理解できてはいなかったが、島全体にどこか劇的で、革命を思わせる雰囲気があふれているのが肌で感じられた。この島には、レッドストライプのビール、ジャーキー風チキン、ガンジャ（薬草の一種）の吸引やレゲエに合わせて踊るラスタファリアン〔一九三〇年代にジャマイカの労働者階級と農民を中心に広がった、アフリカへの回帰を唱え、ハイレ・セラシエを崇拝する宗教思想運動（ラスタファリ運動）の実践者〕、贅沢な観光地以上のものがあったのはたしかだ。

このことを痛感させられたのは、上陸許可を得て空母フォレスタルを降りていた間の出来事だった。私たちはモンテゴベイの観光地に飽き足らず、黒人選手だけをメンバーとするチーム同士のクリケット試合を見に行こうと決めた。観客は全員が黒人で、私たちが歓迎されなかったのは言うまでもない。映画「アニマル・ハウス」では、白人の大学生たちがバンドマンも客も黒人ばかりのバーに入ってしまい、仲間入りしようと必死になる。私たちは映画の中の学生のように意図的に無視され、脅されたわけではないが、居心地は悪かった。訪れた他の店でも同じような経験をし、慎重であることこそ肝要と判断すると、北部の海辺に引き揚げた。

翌晩、私たちの艦は錨を引き上げ、カリブ海の澄んだ波間を進んだ。冬の夜風は強く、四つの大きなプロペラと一〇万馬力のエンジンを自在に使えたというのに、艦橋当直だった私は艦を予定した方向に進めるのに苦労した。ようやく正しい方向へと進めることができ、太陽が沈む頃には東へ向かい、ジャマイカを離れ、冬の黄昏の中へと進んだ。通常任務に戻った私は、ジャマイカの歴史についてのわずかな知識と、実際にこの地で見聞きしたことのすべてとを照らし合わせ、今回の旅が自身にどれほど強烈な印象を残したかを思い知らされた。この地には歴史が大きくのしかかる。過去の亡霊が音を立て、すぐ目の前にいるかに思えた。その後もカリブ海に対する私の印象は変わらない。島や沿岸地域の人々に強い共感や愛情を抱いているにもかかわらず、暗い夢から目覚めたばかりのようで、本当の意味ではこの地を理解できていない。

一六〇〇年代のヨーロッパ大陸での戦争はやがて否応なく海にも広がった。イギリスは遅れてカリブ海に進出したにもかかわらず、砂糖やタバコだけではなく、チョコレートや生姜《しょうが》、塩、インディゴを統制するようになる。一七世紀後半には、彼らの艦隊はカリブ海で戦い、スペインから領土をもぎ取ろうとした。幾たびもの混戦ののち、イギリスはジャマイカ、バルバドス、ネヴィス、セントクリストファーなどの島を植民地として保有し続けることになった。

オランダもこれに続き、カリブ海南部のいくつかの島やオランダ領ギアナ（現在のスリナム）を手に入れた。一方にとっては好都合、他方にとっては残念な歴史の皮肉とも言える出来事のひとつだが、オランダはニューアムステルダム（のちのニューヨーク）とオランダ領ギアナとを交換した。これは一七世紀のことで、当時二つの地域はほぼ同等の価値を持つとみなされていた。言うまでもなく、ニューヨーク市の現在の市場価値が数兆ドルであるのに対して、スリナムの首都パラマリボの人口は五〇万人に満たず、アメリカ大陸では一、二を争う貧しい首都である。

すぐにフランスも乗り込み、小さな島々を確保し、南アメリカのカリブ海沿岸地域の一部を手に入れた。この地はのちにフランス領ギアナとなり、現在もフランスの海外県である。官民の取り組みによって海洋貿易や通商を行なう会社が誕生し、現地での自国の権利を高めるための疑似国家権力として機能した。西インド諸島で発展したこれらの会社は名前も国によって異なるが、約一世紀後にインド洋を往復する東インド会社によく似ていた。

植民地経営

一七〇〇年代までには、その後二〇〇年続く経済のあり方が確立された。奴隷労働を基盤としたもので、砂糖などの農産物を生産するために、アフリカの労働力がカリブ海にもたらされた。生産された農産物はヨーロッパに送られ、奴隷を集めるための資金となった。この三角貿易では、船は奴隷を集めるためにヨーロッパからアフリカに向かい、その後、アメリカ大陸では奴隷と引き換えにさまざまな産物を受け取り、カリブ海の宝を携えてヨーロッパに戻った。

砂糖はカリブ海が植民地になる前から世界的に知られていた。太平洋およびインド洋沿岸が原産のサトウキビは、かつてはレヴァントでも広範囲に植えられていた。しかしこれらの地域は供給先として機能しなくなる。ヨーロッパ人の甘味に対する欲求は高まり、砂糖に対する渇望がカリブ海地域の経済を動かすようになった。サトウキビの栽培、伐採、粉砕、貯蔵、糖蜜やラムの抽出、輸送という労働集約的作業には、アメリカ先住民や年季奉公をする白人もかかわっていた。サトウキビの糖分はわずか一〇パーセントであり、抽出作業はきわめて厄介だ。

明らかに過酷な労働に加え、三角貿易も疫病や死を促した。先住民やアフリカ人奴隷が免疫のない細菌にさらされたためだけではない。開拓時に汚水や蚊によって生じる病気はヨーロッパ人にとって危険だった。黄熱病《おうねつびょう》は免疫のあるアフリカ人ではなくヨーロッパ人を苦しめた。その結果、あらゆる種類の白人労働者を避け、「適応できるアフリカ人」を求める需要はさらに高まった。

こういった要因に基づいて、一七〇〇年代から一八〇〇年代にかけてのカリブ海の運命と人口構造が決定され、奴隷制が拒絶されるまで続いた。イギリスでは一八〇七年に奴隷貿易が禁止され、アメリカでは一八六〇年代に奴隷制をめぐって南北戦争が起きた。ブラジルでは一八八八年に奴隷制が廃止された。しかし被害は大きく、奴隷文化は長年の間にカリブ海周辺の社会を深く傷つけ、その影響は現在も残っている。何百万人もの人々が、アフリカから新世界への航路、悪名高い「中間航路《ミドル・パッセージ》」を移動したのはたしかで、その数はおよそ一二〇〇万人、途中で亡くなった者は二〇〇万人に及ぶと言われる。あまりにも悲惨だが、本当の数を知ることはできないだろう。

一八二〇年代にジェイムズ・モンロー大統領が発表した「モンロー主義」は、その後一〇〇年ほどの間、ヨーロッパ諸国からはほとんど無視されていた。アメリカはこれ以上カリブ海諸国を植民地とし、操ることを認めない。善き行ないを守る国になるという宣言だ。限られた武力しか持たず、人口が少なく、政治的主張が多様で、国際関係全般に無関心な奴隷所有国による家父長的で、控えめで、まるで強制力のない宣言だった。やがてアメリカが台頭するにつれ、モンロー主義は威力を持つようになり、カリブ海域でのヨーロッパの野望を押し戻すこともあった。スペインとの戦争の結果アメリカが半ば偶然のように植民地統治にかかわるまでは、一九世紀にはモンロー主義は言及されるとしてもめったに尊重されることはなかった。

二〇世紀の戦争に関しては、カリブ海諸国は宗主国のための戦いに兵士を送り込むことでかかわった。第一次世界大戦では、英領西インド諸島がヨーロッパでの戦いに加わった。もっとも島の住民である黒人は、兵站や補給任務に追いやられることが多かった。フランス領の兵士も本国の戦いに参加した。

二〇世紀初期の戦いでは、アメリカでは主に海兵隊が参加し、ハイチやドミニカ共和国、中央アメリカの安定を強化し、国立銀行などを統制下に置き、ヨーロッパ人を遠ざける程度だった。アメリカはまた、一九一七年にはヴァージン諸島をデンマークから二五〇〇万ドルで買い受けている。現在の不動産価格を考えれば、いい買い物だった。私は、一九九〇年代半ばにセント・トーマス島とセント・クロイ島に駆逐艦で向かったことがある。アメリカ大陸西部への拡大であったルイジアナ購入、北部と莫大な天然資源への足がかりを与えてくれるアラスカ購入、プエルトリコ周辺のカリブ海への戦略的立地を与えてくれるヴァージン諸島購入、この三度の国による購入が、アメリカにとってどれほど幸運だったかを思わずにはいられなかった。

カリブ海情勢は、冷戦時代に本格的に過熱し始めた。言うまでもなくカウディヨ（スペイン語で軍事独裁者の意味）の台頭によるもので、彼らは二〇世紀後半にはラテンアメリカとカリブ海周辺のほぼすべての国を支配するようになった。当然ながら、自由主義運動に対抗して登場し、共産主義との結びつきを持つ者もいた。太陽のきらめくカリブ海に突然、「冷戦」が訪れたのだった。グラウンドゼロ（爆心地）はキューバだ。キューバ革命後、フィデル・カストロはアメリカを訪れ、友好関係が結ばれたかに見えた。ところがカストロはすぐにソ連に接近したため、冷戦の力学が働き、キューバは両陣営にとって「敵でなければ味方、味方でなければ敵」という状況になった。アメリカはカストロ体制を倒すためにあらゆる手段を尽くした。よく知られているのは一九六一年の失敗に終わったピッグス湾侵攻だ。CIAが支援したこの事件では、一〇〇〇人のキューバ人が死亡し、数千人がカストロによって投獄され、その後何十年もの間、苦い反目が続いた。

一触即発の危機が訪れ、カリブ海が世界の注目の的になったのは、一九六二年一〇月、キューバ・ミサイル危機の一三日間だ。ケネディ政権による核戦争回避については、グレアム

・アリソンとフィリップ・ゼリコウの名著『決定の本質　キューバ・ミサイル危機の分析』（漆嶋稔訳、日経BP社、二〇一六年）に詳しい。アメリカ海軍は、ソ連のミサイルがキューバに向かうのを防ぐため、海上封鎖を行なった。

最終的に、巧みな外交上の駆け引きによって危機は回避された。しかし、この約一〇日間に世界がどれほど核戦争に近づき、世界秩序がどれほど激変したかを考えると驚かずにはいられない。

二〇世紀後半に入っても、カリブ海周辺ではオーケストラによるバックミュージックのように冷戦が影響を及ぼしていた。とはいえ、本当のテーマは独立だった。島や小国の大半はヨーロッパの支配からようやく解放された。ギアナ、バルバドスは一九六六年、バハマは一九七三年、グレナダは一九七四年、ドミニカは一九七八年、セントルシア、セントビンセントおよびグレナディーン諸島は一九七九年、ベリーズは一九八一年、セントクリストファー・ネーヴィスは一九八三年、どの国も平和裏に独立を遂げた。経済的には現在も貧しい国が多いが、独自の豊かな文化や歴史を持つ。

一九八〇年代、九〇年代には、ハイチは政治的にも気候的にも動乱の中心となった。一九八〇年代にジャン＝クロード・デュヴァリエ（愛称は「ベビー・ドク」）が権力を握ると、各地で反乱が発生し、選挙が実施された。選挙で選ばれた大統領ジャン＝ベルトラン・アリスティドは一九九一年に軍事クーデターによって職を追われたものの、アメリカがクーデターの指導者に圧力をかけたために武力衝突なしに復帰する。一九九〇年代半ばには、私が指揮していたミサイル駆逐艦バリーが、武器禁輸（つまり威嚇行動）の一環としてハイチに派遣された。思い出すのは、沿岸を猛スピードで行き来してバナナを運ぶ蒸気船数隻に乗り込み、退屈しているバリーの乗組員のために船尾でバーベキューをしたことばかりだ。島の暗い沿岸をみつめながら、奴隷時代にどれほどの血が流されたかを考えた。勇敢に立ち向かい力尽きた奴隷もいた。虐殺が行なわれ、地震やハリケーンにも見舞われた。ハイチほど不運な国はないだろう。

アメリカの役割

海軍の大将としてハイチをふたたび訪れたのは約二〇年後のこと、脆弱なインフラの大半がまたしてもハリケーンに破壊されたばかりだった。私は大統領のルネ・ガルシア・プレヴァルを立派だが手入れの行き届かない官邸に訪ね、市内をめぐり、支援や物資の提供を行なおうとした。各国からの支援によって復興の兆しが見え、この国は発展に向かっているように感じられた。南方軍の司令官として過ごしたこの三年間に、私はハイチにもやっと幸運がめぐってきたと感じていた。しかし、その考えは間違いだった。

二〇一〇年、南方軍司令官としての任期を終えた直後、巨大地震がこの地を襲う。約三〇万人（数字の正確さは疑わしい）が死亡し、大統領官邸は破壊され、首都ポルトープランスは壊滅状態になった。震源地は首都に近く、甚大な被害をもたらした。その後、世界の関心はシリアやサハラ砂漠以南などの紛争地帯に移っているため、ハイチは必要な支援すら得られていない。

カリブ海における冷戦時代のもうひとつの重要な出来事はグレナダで起きた。この小さな島では、一九七九年に左派によるクーデターが起き、指導者のモーリス・ビショップが首相になった。その後対抗勢力による巻き返しがあり、ビショップは処刑された。レーガン政権はクーデターによって誕生した新政権が、グレナダ在住の一〇〇〇人ほどの合衆国民（多くの医学生が含まれていた）にとって危険だと考えた。新政権のマルクス主義的傾向も問題だった。そこでアメリカは、自国民を守るという名目でグレナダに侵攻した。一九世紀後半から二〇世紀はじめにかけてのカリブ海侵攻さながらで、一九八三年、陸軍、海兵隊、海軍特殊部隊（ＳＥＡＬｓ）の六〇〇〇人がアージェント・フュリー作戦で上陸した。グレナダの政権はすぐに倒され、総督が復帰した。皮肉なことに、戦死したアメリカ兵の記念碑は、処刑されたビショップの名前をつけた国際空港のそばにある。

数年前に失敗に終わったイラン大使館の人質救出作戦では、アメリカ軍の軍種間の連携不足が問題になったが、グレナダ侵攻作戦ではさらにそのことがあらわになった。グレナダ侵攻後、コミュニケーション、方針、兵站補給、作戦の抜本的な見直しが行なわれ、軍に対する新たな統合アプローチが導入された。グレナダ侵攻は、アメリカの歴史にはほとんど記憶されていないが、この小さく美しい島の歴史にとっては重要な出来事だ。

実のところグレナダ侵攻は、アメリカのカリブ海への関心と関与の欠如を示すものだ。私は、南方軍司令官だった三年の間に、カリブ海とラテンアメリカの本当の首都とも呼ばれるマイアミを拠点として主な島を訪問し、この地域について詳しく知るようになった。美しく活気に満ちた場所であり、海は澄んで豊かだ。驚くほどの美しさにもかかわらず、貧困、低成長、腐敗、暴力という熱帯の黙示録の四騎士によって、潜在能力を発揮できないでいる。さまざまな面で、過去に永遠に封じ込められているようにも見える。カリブ海に思いを馳せるとき、私は「パイレーツ・オブ・カリビアン」に出てくる海賊の掟「いくら待っても来ないやつは置いて行く」をよく思い出す。カリブ海では、誰もが、世界から絶望的なほど置き去りにされ、いまだに追いつくことができない。

忘れてはいけないのは、あれほど美しいというのに、カリブ海諸国はうまく機能していない国の集まりだということだ。中央アメリカは世界で最も暴力が横行する地域である。コロンビアは六〇年間、激しい反乱と戦っている。ベネズエラは原油に恵まれながらも政情は不安定で、資源の恩恵を活用することさえできない。三つのギアナ（英領ギアナ、現ガイアナ。オランダ領ギアナ、現スリナム。仏領ギアナ、現在もフランスの一部）では貧困が蔓延している。ほとんどすべての島の統治基盤が腐敗し弱体化しているため、国民は貧しい。プエルトリコは財政破綻に陥り、「アンティル諸島の真珠」と呼ばれるキューバには南半球最後の独裁者がいた。アメリカとメキシコ、この二つの豊かな国でさえ、カリブ海に面した地域（ミシシッピ州、フロリダ・パンハンドル地域、テキサス州南東部、メキシコのカリブ海沿岸）は貧しい。

なぜかと言えば、人種差別、奴隷制、海賊行為、無秩序、小規模な戦争などの歴史と地理の致命的な結びつきの結果なのだ。そのうえこの地域は、持続可能性への配慮もなく開発されている。単一栽培によって土地はやせ、ハリケーンや地震、火事などの自然災害は日常だ。ハイチなどは進歩し始めているものの、破壊的なハリケーンや地震、あるいはその両方に襲われる可能性はある。歴史的にも自然的にも、これほど持ち札に恵まれない海洋圏は存在しない。

さらにカリブ海域は、主として南アメリカ大陸のアンデス山脈から世界最大の麻薬市場である合衆国へと流れ込む、重要な麻薬輸送圏でもある。人間は麻薬を使うべきか否かという道徳的な問いについては、ひとまず棚上げしておきたい。現在ではどの社会も薬物問題に取り組んでいるし、研究者や政治家の多くは合法化を支持し始めている。しかし私が懸念するのは、端的に言えば金《かね》の問題だ。

この巨大市場での取引によって生じる現金は規制を受けない。その多くが腐敗や暴力を促し、脆弱な民主主義を損ない、さまざまな分野の成長を阻む。「麻薬戦争」という考え方は、限定的で単純化されすぎているし、役に立っていないのは明らかで、根底にある腐敗や暴力の問題を解消するための戦略が必要だ。

私たちは根本的な原因や、それを解決するために南北アメリカ大陸でなにができるかを、総合的に考えなくてはならない。原因については、アメリカ合衆国の地理的近接性に着目せずにはいられない。一八二〇年代にさかのぼるモンロー主義によって、カリブ海は抑圧されたアメリカの湖となり、潜在的可能性を発揮できなくなった。メキシコ人はよく言う。「哀れなメキシコ人よ。アメリカにはこんなに近く、神様からはこんなに遠い」。カリブ海の島の住民も同じように感じているようだ。経済の停滞から自然災害まで、あらゆる面でアメリカが非難の矛先となる傾向にある。「複雑な問題に対する答えは常に単純で、わかりやすく、間違っている」というジャーナリスト、H・L・メンケンの名言を思わずにはいられない。カリブ海の状況は複雑きわまりない。

皮肉なことに、この地域はきわめて安定してもいる。植民地時代の悲惨な歴史にもかかわらず、何世紀もの間、この地域で国同士が戦ったことはない。カリブ海はアメリカ大陸の中心にあり、世界有数の商業資源や天然資源を持つ。北には、そして最近では南にも、カリブ海諸国が重要で強い人口統計学的結びつきを持つ産業社会が存在する。ドミニカ共和国、ハイチ、キューバ、プエルトリコ、エル・サルバドルのどの国も、人口に占めるアメリカへの移民率はきわめて高い。

カリブ海は気まぐれで、ハリケーンの季節には恐ろしい嵐をもたらす。それでも本来は「熱帯のシルクロード」であり、周辺諸国の経済を結び、きらめく観光産業を支えている。植民地時代の名残はあるものの、多くの国はイギリスやフランス、オランダなどヨーロッパの先進経済国との強い結びつきを維持する。この地域の社会の発展については、多くの研究も行なわれている。

さて、アメリカができることはなんだろう。いや、その前に、私たちはなにをするつもりなのかと問わなくてはならない。

第一に、私たちはカリブ海域に対する我が国の責任を認識する必要がある。何十年もの間、成果を得ようと試みながらも失敗し続けてきたとはいえ、我が国にはこの地域にリソースを注ぎ込む道義的・現実的理由がある。ここ一、二世紀のさまざまな軍事侵攻を含む我が国の歴史的関与や、モンロー主義による責任を認めてきた我が国の姿勢を踏まえれば、道義的理由があるというのもきわめて明白だろう。

現実的にもそうだ。経済、政治、文化、安全保障における協力を通して、この地域で力を持つ国との同盟関係を確立することによって、私たちは我が国もその一部である地域を強化できる。「アメリカの裏庭」という聞き飽きた決まり文句は捨て、「アメリカ大陸とカリブ海域、両方のためのパートナーシップ」に置き換えなくてはならない。それが、中央アメリカ諸国を含むアメリカ大陸で最も貧しい地域との新たなパートナーシップのための好ましい、現実的な出発点である。アフガニスタンの開発に注ぎ込まれてきた資源のたとえ一部でもカリブ海に回していれば、目覚ましい成果をあげられたかもしれない。それでも始めるのに遅すぎるということはない。

第二に、我が国はカリブ海諸国の協調を促さなくてはならない。現実には、どの国も小さすぎて、本当の意味での政治的影響力を持つことはできない。カリブ海諸国を中心とする機関もいくつか誕生しているが、世界を動かせるほどの政治力を持ったことはない。我が国はこういった機関に対して資源や助言、訓練を提供し、活動休止状態の「カリブ海地域支援構想」を活性化しなくてはならない。この構想は、北米自由貿易協定（NAFTA）や中米自由貿易協定（CAFTA）よりも常にあと回しにされている。

第三に、我が国のカリブ海域での安全保障における協力は、そのアプローチも有効性も限られている。失敗に終わった「麻薬戦争」に焦点を当ててきたため、この地域の安全保障を向上させる広範囲にわたる取り組みができていない。カリブ海諸国軍は、法による統治、基本的な調査活動、高度な腐敗防止策、監視、情報収集、人権などを改善するための訓練や資源を必要とする。アメリカ南方軍は、このために適切な支援を行なっている。

第四に、アメリカ合衆国内の巨大な「ディアスポラ（離散民）」を活用する建設的で組織的な方法を確立しなくてはならない。たとえばキューバ系アメリカ人コミュニティは資源や豊富なビジネス経験を持つ。他の国からの移民も、アメリカ国内にさまざまな地域的特性をもたらしている。「カリブ海ディアスポラ」との連携は重要だ。

第五に、我が国の同盟国である二大経済大国、メキシコ、カナダとの協力が必要である。我が国と両国は、カリブ海諸国の発展を共通の利益とする。

第六に、アメリカは各国と協力してカリブ海戦略を考案しなくてはならない。すでに北極海については戦略を持っているのだから、カリブ海の隣人とも連携しない理由はないのではないか。

第七に、私たちは「トラック2」外交をもっと積極的に推進し、アメリカの民間部門とカリブ海周辺地域とを結びつけなくてはならない。これは教育改革、芸術関連のプログラム、スポーツ外交、医療交流によって実現できるだろう。この地域では我が国の主要言語である英語とスペイン語がもっぱら使われているため、その意味では私たちにとって有利だ。私がアメリカ南方軍司令官だったときには、この地域を結びつけるためのいくつかの斬新な計画を試みた。そのひとつはアメリカ兵（慎重に選抜されたセミプロ級選手）によって実施された野球セミナーで、メジャーリーグのチームからの資金援助も受けていた。こういった独創的なアプローチは、人と人との結びつきを強化するために役立つだろう。

カリブ海域は長年、ほとんど注目されず、資源も投入されてこなかった。「いくら待っても来ないやつは置いて行く」という海賊の掟は、人道的にも現実的にも適切ではない。カリブ海の隣人の船出を支援するために、懸命に取り組もうではないか。

第7章　北極海　可能性と危険

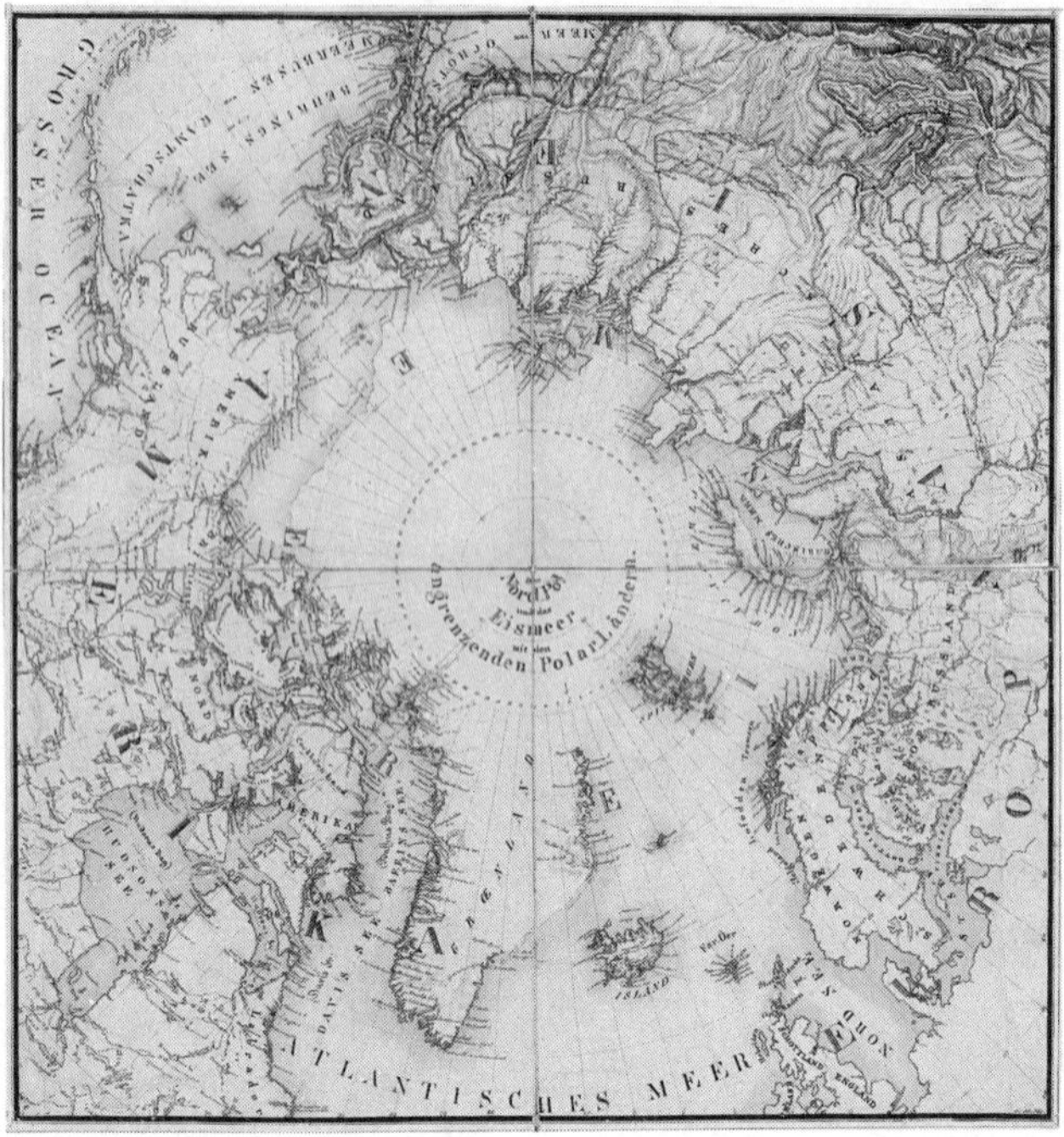

北極海は、船乗りの伝説や探検家の冒険物語にユニークな形で登場する。北極探検家ジョン・ロス卿が作製した地図（1855年）。

急速に開けているとはいえ、北極圏はいまだに世界では最も知られていない。

北極海の可能性

世界の海洋のほとんどが、程度の差こそあれ、熾烈《しれつ》な戦いの舞台となってきた。流血の惨事を免れた海洋はない。それどころか、人間が海に漕ぎ出してからの長い歳月の間にはさまざまな戦いがあり、どれほど多くの男女が海で命を落としたかは数えようもない。しかし、例外がひとつだけある。それは北極海だ。

北極海という唯一の例外を除けば、世界のどの海の底にも遠い昔に死んだ船乗りの錆《さ》びた武器が沈む。彼らの戦いは永遠に終わった。大きな戦いを経験していないのは、北極海だけだ。世界の最北にあり、人間の活動圏とは遠く離れている。昨今では、協力と平和の海域となる可能性も垣間見える。その一方で、豊富な資源は多方面からの関心を引き、否応なく緊張と危機が高まっている。

現在、北極海周辺は微妙な緊張状態にある。地球最後の汚れなき場所が破壊されることを恐れる環境保護主義者と（各自の見識に責任を持って従っているとはいえ）莫大な天然資源を求める開発業者、ロシアとＮＡＴＯ。後者は北極海域で対峙することが増え、比喩的にも文字どおりの意味でも第二の冷戦に陥りかねない。科学者と観光業者も対立している。科学者は研究発展のために海を守りたいと願い、観光業者は最後の大フロンティアで、にわか人気のエコツーリズムや教育産業を盛んにしたいと願う。

北極海は可能性と危険、謎が共存する場所である。

さらに北極海を見れば、そこは世界の想像力が集まる場所だ。スカンディナビア諸国の多くが現在も「極北（High North）」と呼ぶこの地域は、発見されるのを待つ控えめな地域とみなされてきた。北極を描いた初期の地図には、世界の一番上に耕作に適した温暖な気候の地域が描かれることが多かった。この誤解はその後も解けず、一六世紀の偉大な地図作製者の一人、ゲラルドゥス・メルカトルが一五九五年に作製した地図にも見られる。一八〇〇年代半ばになっても、ドイツのアウグスト・ペーターマンのような地理学者が、「温暖で穏やかな気候の北極」という考え方を支持していたため、探検者も同じように考えた。どの文明にも、北極地方については少なからず誤解がある。欧米の教会でのサンタクロース神話もその一例としてよく知られている。

世界で最も小さい海洋である北極海は、北氷洋とも呼ばれ、有史時代に入ってからもほとんど人間の目の届かない謎の地域だった。初期の地図はたいていこの地域を巨大な水の世界として描き、地図の端には龍や悪魔の姿を描いた。広大な海洋として描かれた地図もある。巨大な氷原の中央には温暖な陸地が隠れている。現在でさえ、私たちは北極海の海底よりも月や火星のことをよく知っていて、詳しく丁寧に描くこともできる。

意外なことに、「北極（Arctic）」という言葉さえ定義はさまざまで、北極地方や北極海を定義するのはいまだに簡単ではない。研究者をはじめ一般に受け入れられているのは、夏至のときに太陽が沈まない北緯66度33分45・9秒以北という定義だ。たとえば七月の気温の中央値が一〇℃以下の地域という定義もある。政治的には、北極地方の先住民が暮らす国と接する海洋、とも定義されている。ひとつの地域を定義する場合には、誰がどのようにその地域を支配するかについての観察者の考え方や偏見に左右される。北極圏も謎に包まれているとはいえ、例外ではない。

この点で特筆すべきは、北極圏がロシアにとってどれほど重要かである。ロシアのGDPと輸出の二〇パーセント以上が北極圏に依存している。ところでロシア人は、おそらくカナダ以外のどの国の国民よりも、北極圏諸国の一員としての認識を持っている。彼らは砕氷船としては世界最大級の原子力砕氷船アルクティカ号を進水させたばかりだ。この船は、全長五六七フィート（約一七三メートル）、排水量三万三〇〇〇トン、八万軸馬力で、一〇フィート（約三メートル）の厚さの氷を砕くことができる。奇妙なことに、北極圏は人間が定住できない地域だというのに、このところ急速に発展している。周辺諸国はこぞって極北の開拓を進め、軍事活動を強化し、資源の採掘を拡大し、人間にとっての権利を主張している。

北極海は、言うまでもないが、実際には狭い海峡でつながる太平洋と、比較的アクセスの範囲が広い大西洋の二つの海洋に接し、どちらにも大陸棚が広がっている。温暖化によって気温も水温も上昇し、海氷域は毎年減少している。海軍軍人はこのことを懸念している。地球環境に着目する著名な研究者はみな、この趨勢《すうせい》は今後も続くと考える。となれば、人類史上はじめて、天然資源の宝の山、地政学的に重要な土地、きわめて効率的な海上交通路へのアクセスが実現されるだろう。

二〇四〇年には一年中通航が可能になり、さらに一〇年後には北極を覆う氷はなくなるだろう。ヨーロッパ人がアジアに到達するために、カナダ北極諸島の間を抜けるわかりにくい航路（北西航路）を長年探し求めてきたことを考えれば、皮肉なことだ。現在では汚染や地球温暖化の問題はさておき、北極海への進出が積極的に行なわれている。その面積は約五四〇万平方マイル（約一四〇〇万平方キロメートル）、ほぼ南極大陸に匹敵する。

北極海は可能性で満ちている。世界でまだ発見されていない原油の約一五パーセント（おそらく一〇〇〇億バレル）、ガスの三〇パーセント（天然ガス約一七〇〇兆立方フィートと液化天然ガス四四〇億バレル）、さらに一兆ドル以上に相当するニッケル、プラチナ、コバルト、マンガン、金、亜鉛、パラジウム、鉛、ダイヤモンド、希少金属などがあると推定される。概数では、すでに発見されている炭化水素鉱床（原油と天然ガス）の約二五パーセントが北極地方に存在する。

北極海には人間の生命維持に必要なタンパク質源も豊富だ。アメリカの魚種資源の五〇パーセントは、アラスカ沿岸沖二〇〇海里以内の排他的経済水域からのものだ。同じことは、排他的経済水域内や公海を行き来する他の多くの国についても言える（北極圏外の国の競争も激しくなっている）。競争の舞台は、地球上のわずか二・五パーセントの広さしかない。地政学的に言えば、大陸棚についてのロシアの主張を全面的に踏まえれば、北極圏の確定埋蔵量の約八〇パーセントはロシア人のものになるだろう。

商業的、地政学的に最も重要であるのは、海氷面積の減少に伴い、伝説的な北西航路の通航実績が急激に高まっていることだ。数年前には、一〇〇万トンを超える積荷が北極海航路を経由して運ばれていたため、南の交易路を横切る従来の海路よりも何千マイルもの距離を近道できた。船荷は毎年大量に増える一方で、冒険旅行（最も少ない）、北極を横断する輸送（極北地域の港湾システムを利用）、グローバルな輸送（北極圏外の世界各地を目的地とする）の大きく三つに分かれて運ばれる。アジアとヨーロッパを結ぶ二つの主要航路は、北アメリカ大陸に沿って進む北西航路と、ユーラシア大陸、主にロシア沿岸を進む北極海航路である。どちらの航路も現段階では予測不可能であり、危険も大きいが、利用は増えている。言うまでもなく、ロシアはユーラシア航路を開拓しようとするだろう。

現在の主要通航路は、アラスカ沿岸から狭いベーリング海峡を通るもので、北極海と広大な太平洋を結ぶ唯一の通路である。通航量増加のおおざっぱな指標として、アメリカ沿岸警備隊は、ベーリング海峡の通航量は二〇〇八年から二〇一二年の間に約一二〇パーセント増えたと語る。この輸送のすべてが、通常の港、航海支援、ブイシステム、その他の運航補助システムがほとんどない公海を進まなくてはならない。たとえばアラスカ州ノーススロープ郡のバロー港は北極海に面しているが、定期的に行き来するには航空路を使うしかない。北極圏にかなりの投資を行なっているロシアでさえ、警備隊の配置は限定的だ。

北極圏には、過酷な条件、一年中溶けない氷、世界の通信センターとの距離によって従来は手に入らなかった資源を確保できるという未曾有の機会が待ち受けている。このように北極海の可能性はたしかだとはいえ、大きな危険も伴う。

私がはじめて北極圏に向かったのは、一九七〇年代後半、太平洋西部で活動する海軍駆逐艦の乗組員としてだった。私たちは日本周辺の通常の警戒任務を離れ、アラスカ西部沿岸へ向かうよう命じられた。幸い真夏だったため、快適とは言えないまでも普段のように海が荒れることはなかった。このときの航海の山場は、艦の舳が北極圏に入ったときだった。海軍用語では、乗組員全員が「青鼻（Blue Nose）」になると表現する。通常は艦首に冷たい水を入れた容器を置き、その水を被《かぶ》る儀式が行なわれるのだが、私たちの艦には「青鼻」になった経験のある乗組員はいなかったため、誰もこの儀式を行なおうとはしなかった。おかげで私は、北極海の冷たい水を浴びずに「青鼻」になることができた。

地政学的に言えば当時は冷戦のさなかで、過酷な状況下における艦上での対潜水艦戦闘準備を検証することが、私たちの任務だった。少なくとも私が知る範囲では、私たちはソ連の潜水艦に遭遇することなく検証を行なった。対潜戦闘士官としては、ソ連の潜水艦をみつけることよりも、長い曳航《えいこう》ケーブルを艦上でリールを使ってうまく操作できるかどうかの方が気がかりだった。北極海ではその後二〇年以上の間、アメリカとソ連の軍艦が頻繁に遭遇した。たいていの場合は、潜水艦同士による氷の下での遭遇だった。

こういった遭遇が多くの場合、深海でひっそりと行なわれ、報告もされなかったことは意味ありげに思える。旅の恥はかき捨てと言われるが、北極圏で起きていることの多くはその場限りだ。私たちは冷戦では銃弾から身をかわし、NATOとソ連との間の戦闘を回避した。だが北極海周辺での衝突の可能性を考えるとき、私ははじめての航海を振り返り、これからも世界の最北の地での海戦を避けられるようにと願わずにはいられない。

北極海の危険

なぜ私が懸念するかと言えば、さまざまな危険が、人類が北極海の可能性を完全に活用できるようになるまでの速度に影響を及ぼすからだ。ここでいくつかの課題を見てみよう。

第一の、最も明白な要因は気候の過酷さだ。二〇一五年に刊行されたばかりのハンプトン・サイズの *In the Kingdom of Ice: The Grand and Terrible Polar Voyage of the USS Jeannette*（氷の王国　ジャネット号の北極探検）には、一八七九年のアメリカ海軍による北極探検が詳細に描かれている。ジャネット号艦長を務める海軍士官ジョージ・ワシントン・デロングについては次のような記述がある。「北極海の孤高の壮大さ、蜃気楼と光の奇妙なトリック、幻月と血のように赤い光輪。もやの立ち込めた空気は音を変化させ、強め、ドームの下で生きているかに思わせた。彼はこういった特徴によって、ますます北極海に心を惹かれていた」。一八七九年四月にサンフランシスコから船出した隊員のほとんどが、探検の途中で亡くなった。その勇気を称える記念碑は、現在、アナポリスにある海軍兵学校墓地にひっそりと建つ。二〇一六年に刊行されたイアン・マグワイアの小説『北氷洋』（高見浩訳、二〇一八年、新潮文庫）にも、北極という最も過酷な環境において捕鯨船が立ち向かう困難や、人間の善悪がぶつかり合うさまが鮮やかに描かれている。

厳しい条件に追い打ちをかけるのが、救出や監視のための設備がないことだ。アメリカの沿岸警備隊を例にとってみても、アラスカ州最北部の都市バローに一番近い航空基地は、約一〇〇〇マイル（約一六〇〇キロメートル）も南のコディアックにある。ノームやプルドー・ベイなど北のいくつかの都市には商業空港があるとはいえ、探索や救出を行なうためのインフラはほとんどない。北極圏では指令や制御信号の基本的伝達さえ困難だ。言うまでもなく携帯電話は圏外で、無線信号の伝達も限られている。つまり、北極海で船乗りが困難に巻き込まれたなら、きわめて危険な状況に陥るということだ。

第二に、現在の北極海では、特に海の統治が混乱している。五大国（ロシア、カナダ、ノルウェー、アメリカ、グリーンランドを自治領とするデンマーク）が北極海に接しているため、国や国際機関の利害が対立しているのだ。

国際的には、「国連海洋法条約」が存在する。地球上のほぼすべての国による一〇年以上に及ぶ交渉を経て、一九八二年に採択された。一九九四年には重要な修正を経て発効、現在では海洋法に関する包括的制度として機能している。おかしなことだが、アメリカは海洋大国であるにもかかわらず、この条約を締結せず、その多くの規定はすでに「国際慣習法」化しているとみなしている。これに対して、ほとんどの国は国連海洋法条約の枠組みが現在の北極海で有効であり、機能すると考える。二〇〇八年に採択されたイルリサット宣言はこの考え方に依拠するものだ。

国連海洋法条約に加えて、「北極評議会」がある。ロシア、カナダ、アメリカ、ノルウェー、デンマーク、スウェーデン、フィンランド、アイスランドを加盟国とするハイレベルの政府間協議体で、北極圏諸国に居住する五つの先住民団体も常時参加する。北極評議会は、北極圏に暮らす人々の大半の利益を代表している。

ロンドンに本部を置く国連専門機関「国際海事機関（ＩＭＯ）」は、船舶とその規制のための機関であり、北極海での船舶運航のための国際基準（いわゆる極海コード）を策定している。国連海洋法条約や北極評議会とともに、北極海についてのあらゆる議論に加わる。

国レベルでも危険は存在する。主な関係国は国民と北極海の統治域内の両方を統治するための組織を持つが、これは船の通航と同じで、他の国にも影響が及ぶ。

第三に、地政学的競争が北極圏に危険をもたらす可能性がある。北極海に接する五つの主要国のうち四つがＮＡＴＯ加盟国（アメリカ、ノルウェー、カナダ、デンマーク）、ひとつがＮＡＴＯにとっては手ごわい「パートナー」であるロシア連邦だ。ＮＡＴＯとロシアの関係は悪化する一方であり、北極海で冷戦の過ちが再来する可能性が高まっている。

温暖化によって氷が溶け始めているために、北極海での軍同士の接触が増えている。二〇一二年には氷で覆われた面積は、一九八〇年から二〇〇〇年の二〇年間の平均を一三〇万平方マイル（約三四〇万平方キロメートル）下回った。さらに氷齢にも注目しなくてはならない。気温の影響によって、何年も溶けずに残る氷の面積は減少している。極地の氷は薄くなり、後退している。北極海の外洋が増えることの地政学的影響は大きい。

環境面では、十分理解されていないもうひとつの危険がある。地球温暖化の結果、北極圏の永久凍土層が溶け、大量のメタンガスを放出する危険が高まっているのだ。そうなれば、莫大な炭素を世界の環境に投げ込むようなもので、悲惨な結果が生じかねない。数字からも明らかだが、地球の気温が一度上昇するたび、北極の気温は主にメタンガスの影響で五度上昇する。

二酸化炭素排出による臨界点についても、世界的に懸念されている。約一〇〇〇ギガトンの二酸化炭素が放出されたときに臨界点に達すると言われるが、現在、すでに約五五〇ギガトンが放出されている。北極圏の気温が二度あがっただけでも、一七〇〇〜一八〇〇ギガトンの二酸化炭素に相当するメタンガスが放出されるだろう。そうなれば、約二〇〇カ国によって締結されたパリ協定の「炭素予算」をすぐに上回ってしまう。北極圏での政策の直接的結果ではないにせよ、温暖化の永久凍土への影響は、一部の専門家によれば、世界的被害をもたらす触媒になりかねない。

北極圏諸国の地政学的アプローチを見ることは、この地域における関係の複雑な重なりを理解するうえできわめて重要だ。いかなる紛争、あるいは競争でさえ、避けられないものはないとはいえ、現段階では本当の意味で協調や協力は実現しそうにない。これは、ロシアがヨーロッパでふたたび積極的な行動を見せているためであり、その影響は極北での国際関係にも及んでいる。とはいえ現在の状況は複雑で、「冷戦時代に逆戻りだ」とため息をついてすませられるものではない。次に、北極圏の主要国について個別に見てみよう。

ロシア連邦

広大なロシア沿岸は大部分が北極圏に面しており、極北はロシア連邦の世界観の中心軸である。北極圏の人口は約四〇〇万人と他の国をしのぎ、最高のインフラを持つ。ロシアが北極圏の可能性に期待していることは地政学的に明白であり、主要プレイヤーとしてこの地域を戦略的に利用するだろう。世界の中でも北極圏は、過酷な状況でも生き残る力を持つ粗野な個人主義者の国家というロシア人のマインドセットやセルフイメージを象徴する場所だ。ロシアは、他の北極圏諸国（特にアメリカ）とは異なる形で、北極海に強い関心を示し続けるだろう。

だからと言って、私たちが北極海で、比喩的にも文字どおりの意味でも、新たな冷戦、一種のゼロサムの「グレート・ゲーム」〔一九世紀末から二〇世紀初頭にかけてのイギリスとロシアの覇権争い〕に突入すると言うつもりはない。北極海が競争圏、あるいは紛争圏ではなく、協調圏になる可能性もある。

それでも北極海に接するロシアのインフラには、しっかり目を向ける必要がある。北極海は過去数世紀と同様、これからもロシア北方艦隊の活動の中心であり、核弾道ミサイルを搭載する潜水艦の基地としての役割も果たし続けるだろう。ロシアは北極圏に駐留する兵士の数や規模を増やし、基地を飛躍的に拡大している。過去五年間の情報収集活動から、あるいはそういった活動によるまでもなく、ロシアの北極戦略は明らかだ。*The National Security Strategy of the Russian Federation Through 2020*（ロシア連邦の二〇二〇年までの国家安全保障戦略）や、さらに具体的な *Principles of State Policy of the Russian Federartion in the Arctic Through 2020 and Beyond*（二〇二〇年まで、およびそれ以降の北極圏におけるロシア連邦の国家戦略の原則）などからもわかる。

ロシアは今後、大陸の北に沿った北極海航路の開発に重点を置くだろう。この航路によってヨーロッパとアジアの往復にかかる時間を四〇パーセント節約できるはずだ。そうすれば、炭化水素輸出のために世界市場とロシア北部を結ぶコストも低くなる。この航路を活用するためには、過酷な環境に耐えうる船舶の開発が必要だろう。今後何年もの間、ロシアにとってはかなりの負担になるはずだ。現在のところ、補給、修復、航海、危難のときの探索と救助のための設備はほとんど存在しない。新しい航路が利用可能になれば、複数の国が規制にかかわることになる。北極海航路は統治の課題をも生み出すだろう。

ロシアは今後も、北極海でのさまざまな領有権を主張し続けるだろう。主張の中には六〇年以上前から変わらないものもある。よく知られているように、ロシア連邦は二〇〇七年、海面下にあり、ロシアの沿岸から二〇〇海里を超えるロモノソフ海嶺に国旗を立てた。ロシアはノルウェー、アメリカ、カナダとの間で現在も重要な国境紛争を抱えている。アメリカとの間ではベーリング海境界画定をめぐる対立があり、ノルウェーとは、いくつかの問題は解決したものの、バレンツ海での漁業権交渉が続いている。大陸棚については、デンマーク、ノルウェー、ロシア、カナダの間で領有権をめぐる対立がある。

多くの不一致や対立はあるものの、極北にはいずれ協調がもたらされると期待できる理由がある。ロシアと相手国の間にはとげとげしく辛辣なやり取りがあるとはいえ、ロシアが北極海で実際に取っている行動のほとんどはかなり現実的だからだ。表立った紛争の可能性はきわめて低いと考えられるが、完全にゼロではない。だからこそ、北極海に接する国はこの地域を協調圏とするために、外交交渉を進めなくてはならない。

カナダ

北極圏に一二〇万平方マイル（約三一一万平方キロメートル）を超える領土、極北では世界で二番目に広大な陸地を保有するカナダは、頼りになるNATO加盟国であり、環境保護の理想においても、現実的な地政学的枠組みにおいても、北極圏の保護者としての役割を忠実に果たしている。カナダの海岸線は世界のどの国よりも長く、その六五パーセントが北極海に面している。二一世紀最初の一〇年を通して、カナダは北極圏全般、特に北極海を重視する発言や行動を繰り返してきた。

具体的には、カナダ軍は、北極海とカナダ領土への接近に対する監視活動を拡大している。新しい砕氷船、「新しくできた氷」に対応できる監視船、バフィン湾深海の救難港、陸軍のための冬季「戦闘訓練所」などへの投資が行なわれている。地図作製のためのカナダ人の業績にも注目すべきだ。カナダの元国防参謀総長ウォルター・ナティンチックは、北極海を重視していた。私が冗談半分で、カナダ極北が北極海から侵略されたなら、どうするつもりかと尋ねると、彼はこう答えた。「そうだね、私がまずなすべきは、侵略者の探索と救助だと思うよ」。彼の言葉は、北極海域の環境が、侵略を目的とする軍事作戦遂行にはほとんど助けにならないことを意味していた。

彼の言葉は、北極海に対するカナダ人の矛盾する姿勢を示すものでもある。戦略的には潜在的課題を認識し、北極圏の「彼らの」持ち分を守るために現実的政治を行なう意志がありながら、同時にこの地域に対する複数国による均衡の取れたアプローチを強く主張している。従来、北極評議会を積極的に支持すると同時に、国際会議にも積極的に参加し、極北重視を提唱してきた。NATOの活動に関しては、北極海域でのNATOのプレゼンスについて、二八カ国の中で最も消極的であり、NATOよりも北極評議会とその軍事委員会が主導するアプローチを好む。NATOの文字どおりすべての活動に参加する強力なNATOプレイヤーでありながら、北極についてはもっぱら所有者としての姿勢を示している。NATOのような重要な同盟が北極圏にあれば、カナダの世話役としての任務がおろそかになると考えているようだ。そのうえ、カナダ社会には党派を問わず、先住民寄りで、反軍事を掲げる国民が影響力を持つ。

これはノルウェーとは対照的だ。彼らはNATOの北極圏でのプレゼンス拡大を求める「前のめり」の姿勢を示す。その理由は、主にロシアとの長年の不和によるものだ。ノルウェーはロシアが昨今、きわめて積極的だと考えている。NATOの会合では、ノルウェー軍のトップがよく私にこぼしていた。NATOが北極海の彼らの領土に関心を示していないというのだ。彼らはNATOのシステムと簡単に連携できるように、指揮統制システムを調整している。そうすれば、NATOにとって最長の国境である極北でなにが起きているかを、少なくとも把握できるからだ。

カナダは現在も複数の領土問題を抱える。アメリカとは、アラスカ東部とカナダ西部に位置する国境の真北にあるボーフォート海の広範囲にわたる部分について対立がある。喫緊《きっきん》の課題ではないとはいえ、手軽な解決策はない。同様に、カナダ東部国境とグリーンランド西部国境に接するリンカーン海の境界と、ハンス島の領有権をめぐっては、デンマークとの間で対立がある。カナダはまた、EU、アメリカとともに北西航路をめぐる合意を結ぼうとしている。これは最も重要で異論も多い。一言で言えば、北西航路の多くの部分が自国の「領海」内を通るとカナダが考えるのに対して、他のほとんどの国は、そこはすべての国が自由に通航できる「国際海峡」だと考えているからだ。さまざまな権利が絡み、すぐに解決できるものではない。他の二つの対立はかなり明快で、解決に向かっている。領有権をめぐる三つの対立は、どれも極北の平和を大きく脅かすものではない。とはいえ、北極海やその周辺をめぐる多様な対立を示唆するものだ。

ヨーロッパの北極圏諸国
ノルウェー、デンマーク、スウェーデン、フィンランド、アイスランド

北ヨーロッパ諸国は古くから北極とかかわってきたが、どの国もロシアやカナダ、アメリカと同じレベルでの関与を主張できるだけの資源、地政学的影響力、人口を持たない。したがって、EU（ノルウェーを除く）、NATO（フィンランドとスウェーデン以外の加盟国はNATOと密接な関係を持つ）、北極評議会を通して、自国の掲げる目標を実現しようとするだろう。

ヨーロッパの北極圏諸国が抱える問題は微妙に異なる。現在のところ、どの問題に対しても、ヨーロッパ北極圏諸国としての地位を確立するために協調しようという兆しは見られない。

アイスランドにとって、北極圏は冷戦の多くの時期を通して危険地帯だった。この小さな島は、アメリカの空と海の防空地帯をソ連が核攻撃する照準線に当たっていた。アイスランドは、北大西洋において戦略的に重要なGIUKギャップ（グリーンランド・アイスランド・イギリスを含めた三角地帯）における「不沈空母」ともみなされていた。これは、アメリカに対する発射位置を確保するため、ソ連の弾頭ミサイル搭載潜水艦が通過する航路だった。このように、アイスランドは当時から戦場のような地政学的立場に立つ。決して心地よいも

のではないだろう。
　そのために彼らは、アメリカ／NATOとロシア連邦との関係悪化を非難の目で見る。アイスランドの外交官は、極北が対立圏ではなく協調圏となることを望む。北極圏に実際には領土を持たないアイスランド人は、交易ルート開発の恩恵を得て、世界の最北を横断する「冷たいシルクロード」の主要港となることを期待する。アイスランドで開かれる年次会議「北極圏会議」は、ダボス世界経済フォーラムの北極海版として、この地域の平和的対話のための積極的アプローチの基盤となっている。アイスランド人は排他的経済水域内の原油やガス田に強い関心を持ち、北大西洋や北極海の「近くの外国」での探索や救助の責任を感じている。北大西洋理事会での中核的議論に今後も深くかかわり、五大国（ロシア、カナダ、アメリカ、デンマーク、ノルウェー）と対等の地位を得ようとするだろう。

　デンマークは、長年グリーンランドとフェロー諸島を領有してきたため、北極圏諸国のひとつと考えることができる。グリーンランドを支配し始めたのは一七二一年で、デンマークによる支配が二一世紀にどのように進展するかについては政治的議論が進行中だ。グリーンランドの住民は自治の拡大を求め、独立を主張する声も強い。グリーンランドは広大で、沿岸にはデンマークがNATOやアメリカにアクセスを認めた軍事施設が点在する。島の北西端にはアメリカのチューレ空軍基地もある。海の下でガスや原油が発見されるにつれ、グリーンランドの未来は不透明さを増している。所得の増加もあって、住民は独立を真剣に考えるようになっている。デンマークは北極点を含む北極海底に対する広範囲に及ぶ領有権を主張するため、詳細な海底地図の作成を進めている。

全般的に見れば、北極海に関しては、デンマークは目に見える積極的行動を取るだろう。グリーンランドを手放さず、統治権を維持しながら、住民に対してはさらに高度な自治権を与えるだろう。これには、北極圏での軍事的関与、特にグリーンランド周辺での新たな軍事施設による関与が必要だろう。デンマーク政府は、極北がもたらす利益をあきらめようとはしないはずだ。

ノルウェーは広大な領土を持つ豊かな国だが、人口はわずか五〇〇万人にすぎず、北極圏に重要な影響力を持つには足りない。ノルウェー人はNATO加盟国や北極圏諸国のどの国よりも、隣国ロシアに用心を怠らない。ロシアとの間では領有権をめぐる争いがあり、一部は解決したものの、解決の見込みがないものもある。ノルウェーのスヴァールバル諸島はバレンツ海にあり、この地域に野心を抱くロシアにとってはのどに刺さったトゲのようなものだ。ノルウェー人は炭化水素資源だけではなく、漁業権についても懸念している。今後、ノルウェー南部沿岸の原油や天然ガスが枯渇するため、極北地域は大きな意味を持つ。

ノルウェーに対しては、今後も潜在的「資源戦争」、あるいは少なくとも北極海での軍事紛争に強い関心を持つ国であり続けることが期待される。そのためにノルウェーは、極北でのNATOの積極的活動を促し、北半球でなにが起きているかをNATOが常に認識し情報を得るよう求めている。二〇〇九年から一三年までNATO欧州連合軍最高司令官を務めた私は、ノルウェーの司令官と頻繁に協議し、NATOの利益や関与に理解と同意を求めようと試みた。

スウェーデンとフィンランドは、領土の一部が北極圏にあるために北極評議会の一員となっているが、どちらも北極海に直接面しているわけではない。それにもかかわらず、NATO非加盟国である両国は、ロシア連邦が北極海の両国に近い海域で作戦行動を拡大している現状を懸念し警戒している。もちろんどちらも、ロシアとの紛争を望んではいないし、冷戦時代には基本的に中立だった。過去一〇年にはアフガニスタンに軍を派遣するなど、NATOと密接な関係を保ちつつ行動している。スウェーデンの戦闘機グリペンは、NATO加盟国とともにリビア作戦に参加し、活躍した。北極圏やウクライナでのロシアの行動に不安を抱く両国は、今後NATOとさらに密接な関係を結ぶだろう。加盟を検討する可能性もあるが、ロシアの行動が大きく変化しない限り、実現しそうにない。北極圏に関しては、両国は北極圏諸国としての特権を静かに主張するだろう。しかし、どちらも北極海に接していないため、行動の選択肢が限定されることを十分認識している。

アメリカ

ロシアが現在もアラスカを領有していたなら、ロシアとアメリカの地政学的地位がどれほど違ったものになっていたかは注目に値する。一八六七年、アメリカはロシアからアラスカを購入した。購入に尽力した国務長官ウィリアム・スワードは「スワードの愚行」と嘲《あざけ》られ、アラスカは「スワードの冷蔵庫」と呼ばれた。しかし、アラスカ購入は、アメリカにとってルイジアナ購入に次ぐ好取引だった。

アメリカは北極圏をほとんど重視したことはない。広大な大陸の支配を戦略的に最重要視し、交易の拡大や地政学的責任から、世界への通路としての太平洋や大西洋に主に目を向けてきた。二〇〇九年まで、北極圏や北極海に関して公にされたアメリカの政策は存在しなかった。はじめて文書になったのは、ブッシュ政権末期の二〇〇九年はじめである。「北極地域政策指令」は国家安全保障大統領令および国土安全保障大統領令として出された。実際にはこの文書はかなり短く、アメリカ政府に極北への資源投入を促すものではなかった。

冷戦時代のほとんどの時期には、北極海ではアメリカとソ連の潜水艦が追いつ追われつ、忙しく行き来していた。これを絶妙に描写したのがトム・クランシーの小説『レッド・オクトーバーを追え』（井坂清訳、文春文庫、一九八五年）だ。極北は、コロラドに本拠地を置く北アメリカ航空宇宙防衛司令部が想定する空戦場でもあった。アメリカはカナダと協力し、早期警戒航空防衛レーダーシステムをカナダとアメリカ沿岸に配備した。これらは現在も維持され、ロシアの戦略爆撃機や偵察機による長距離襲撃に対しても、警戒を怠ってはいない。

冷戦後、北極圏ではじめて友好ムードが広がった。しかし、ロシアとアメリカ（とNATO）との関係は、特にウクライナ侵略とクリミア併合後に急激に悪化したため、両陣営は航空防衛においてふたたび激しい攻防を繰り広げた。中国の大陸間戦略ミサイルも懸念すべき脅威であり、最近では金正恩率いるきわめて不安定な北朝鮮が、小規模核兵器と組み合わせることができる長距離弾道ミサイル開発に成功した。二〇一六年はじめには四度目の核実験が実施された。北朝鮮のミサイルがアジアから北極海を超えてアメリカ合衆国本土に到達できることを考えれば、北極経由のミサイル発射は、アジアからアメリカ合衆国そのものを狙う新たな戦略的局面を切り開くものだ。こういった状況によって、アメリカは数年前よりも北極海を戦略的に重視しなくてはならなくなっている。

アメリカの長期戦略を考えるうえでおそらくそれ以上に重要なのは、北極海やその周辺、海底に莫大な天然資源が存在することだ。北極圏には約三〇〇億バレルの原油があり、二二〇兆立方フィートの天然ガスがある。これらはアメリカ政府による控えめな推計であり、ほんの一部を示すにすぎないだろう。そのほかにも木材、真水、石炭、銅、金、銀、亜鉛、希少金属などが豊富に存在する。

幸いなことにさまざまな政府機関が北極圏の戦略的重要性を踏まえ、この地域に対する一貫した戦略的計画立案を進めるために時間と資源を費やし始めている。国防総省は二〇〇九年後半に海軍による適切なロードマップを作成し、その後も改定を続けている。戦略的計画立案のための予算項目、作戦と訓練、投資（武器、探知機、設備など）、戦略的通信、環境評価などを含むものだ。二〇一三年には国土安全保障省が、沿岸警備隊による類似の戦略ビジョン「沿岸警備隊北極戦略」を発表した。国務省は元沿岸警備隊司令官ロバート・パップを「北極圏の皇帝」に任命し、アメリカ代表として北極評議会に参加させた（二〇一七年に退任）。二〇一五年夏の終わりには、オバマ元大統領が大統領としてははじめて北極を訪問した。さまざまな省庁間の取り組みが始まっているとはいえ、国としての一貫した集中的な取り組みが欠けているのは残念だ。

オバマ政権の取り組みの多くは、北極評議会を通してのものである。二五年前に設立された評議会の加盟国は、ロシア、カナダ、アメリカ、デンマーク、ノルウェー、アイスランド、フィンランド、スウェーデンの八カ国で、フランス、ドイツ、オランダ、ポーランド、スペイン、イギリス、中国、イタリア、インド、日本、韓国、シンガポールの非北極圏諸国一二カ国は常任オブザーバーとして参加している。これらの国の多くはもちろん「北極圏諸国」の一員になろうとしているわけではない。それでもオブザーバーとしての地位は、国際的な航行活動や他の戦略的に重要な積み出し地点でのプレゼンスと結びつく。今後、さらに多くの国がオブザーバーの地位を求め、手に入れることになるだろう。アメリカにとっては、北極評議会は、他の北極圏諸国や非北極圏諸国の行動についての関心や疑問を呼び起こすための恰好の国際フォーラムであり、加盟国軍相互の対話の場でもある。

北極評議会の加盟国が保有する活動中の砕氷船の数を見てみると、アメリカの保有数の少なさが目立つ。

ロシア　三〇隻あまり。ロシア艦隊が誇る新しいアルクティカ号など七隻は原子力砕氷船。

フィンランド　七隻
スウェーデン　七隻
デンマーク　四隻
カナダ　六隻
アメリカ　三隻
ノルウェー　一隻
中国　三隻（加盟国ではないが、このほかにも建造中）

北極が氷に「隠れていた」時代は終わりに近づいているようだ。極北では人間の活動が盛んになり、氷床は急速に溶け始めている。ここは、莫大な炭化水素資源が存在し、各国のもくろみが対立する海のフロンティアとなるだろう。

北極海に目を向ければ、アメリカが直面する幅広い課題が存在する。第一は、ロシアとの地政学的対立の深まりだ。もっぱらシリアやウクライナでの出来事を契機として生じているが、いずれ極北にも及ぶだろう。ロシアは砕氷船を集めた数多くの強力な小艦隊を持つ（小艦隊やともに活動する砕氷船部隊はロシア特有のものだ）。北極圏に軍事基地を建設する計画も示されている。

第二は、北極の氷が溶けることによる環境や生態系への悪影響で、繊細な生態系システム全体に及ぶ。

第三は、原油やガスを求める商業活動の活発化であり、氷の溶解と関連している。主な北極圏諸国が炭化水素採掘を試みるにつれ、競争や紛争は激しくなるだろう。

第四は、アメリカ社会に極北に積極的に関与しようという意欲がないことだ。前に指摘したように、我が国が保有する砕氷船のうち、機能しているのは一隻だけで、あとの二隻は現在使われていない。ロシアの数と比べればその差は一目瞭然だ。ロシアやカナダ、ノルウェー、アイスランド、デンマーク（グリーンランドの代理として）のような「北極圏諸国としてのアイデンティティ」が、我が国には欠けている。

アメリカはなにをするべきか

北極評議会のリーダーであり続ける

アメリカは北極評議会を主導すべきだ。北極海と接するすべての国（前述の六カ国とフィンランドとスウェーデン）は、極北の問題を議論するために頻繁に会合を開いている。議題として取り上げられるのは、軍の活動についての情報交換、環境保護、天然資源開発基準の決定、救助作戦の演習、気象についての研究や学術的協力など、北極圏でのさまざまな活動である。我が国は形だけの参加ではなく、政府高官を協議に送り込み、評議会によって定められた活動に相応の資金を拠出し、評議会内での連携を確立することによって政策を主導する必要がある。

砕氷船を増設する

アメリカが北極海での活動に真剣に取り組むつもりなら、軍艦も商船も流氷をかき分けて進む能力を持たなくてはならない。我が国の潜水艦の多くは頑丈で、氷を砕いて進むことができるが、航行距離を短縮し、原油やガスの開発・生産のための海洋構造物を動かし、科学技術外交から信頼できる観光産業に至るすべてを支援するつもりなら、砕氷船がもっと必要だ。これは北極圏での信頼を得るための方法でもある。現在のところ、ロシア、カナダ、フィンランド、スウェーデンの保有数は我が国をしのぎ、デンマークと中国は砕氷船を増設中だ。我が国の弱腰の対応は強化されなくてはならない。

高性能な砕氷船には八億〜一〇億ドルの費用がかかる。購入が進まない理由は、同じように費用のかかる海軍のアーレイ・バーク級ミサイル駆逐艦や高性能な戦闘機、陸軍の指揮統制システムなどが優先されるからだ。しかし現在の能力が限定されている以上、砕氷船の必要性や有効性は明白であるように思える。

NATO内で北極圏に関してリーダーシップを発揮する

極北でのNATOの役割に関する考え方は、一様ではない。カナダが放任主義的姿勢を取るのに対して、ノルウェーは、自国とNATOの探知システムを統合し、NATOが極北に積極的かつ徹底的にかかわることを望んでいる。

ノルウェー代表は、炭化水素をめぐるロシアの領土侵犯と紛争を恐れており、NATOが極北に対して無防備だと訴える。カナダ代表は椅子に深くもたれ、NATOの関与を望まないと言う。するとノルウェー代表は前のめりになり、極北にもっと積極的にかかわるようにと求める。アメリカの立場は両者の中間にある場合が多い。我が国は、演習、探知、上空通過、訓練などを通して、もっと直接的に、現実的に北極海にかかわるようNATOを動かすべきだ。

ロシアとの対話を推進する

現実には、ロシアはどの国よりも北極圏に利害関係を持つ。ロシアとの対話によって、我が国は北極圏を協調圏にすることができる。競争圏にしてはならないし、紛争の場にしてはならないのは言うまでもない。他の分野で意見が合わないとしても、極北の今後については対話を維持すべきだ。ロシアは北極圏のための作戦センターを設立しようとしている。我が国はカナダをはじめNATO諸国と足並みを揃え、どのような方法で協力的にかかわるかを模索しなくてはならない。

ロシアとの対話では、商業や航海をめぐる問題が中心になるだろう。北極の海氷は二〇三〇年までにかなり溶けてしまい、北極海は一年の大半を通して「青い海」になると予測する研究者もいる。船舶の航行、原油とガス、観光、科学、そのほか商業的利害の問題などが当面の課題だろう。「北極の皇帝」は民間部門との対話に時間をかけ、問題を深く理解し、公共部門の取り組みとの連携の糸口を見出すべきだ。その成果はロシアとの対話で活かせるだろう。

省庁間アプローチを取る

極北での我が国の利害には、国防総省、国土安全保障省、国務省、沿岸警備隊、内務省など政府部門のほか、環境保護庁（EPA）、海洋大気庁（NOAA）などの機関もかかわる。アメリカ政府全体の問題だという認識が重要だろう。この姿勢はもちろん沿岸警備隊員のDNAにも組み込まれている。四つ星の大将を長官とする沿岸警備隊は、国土安全保障省の税関・国境取締局や、麻薬取締局（DEA）、漁業関係団体などとの連携に慣れているため、省庁間アプローチもお手のものだ。

北極圏政策については、たとえて言えば、潜水艦艦長のアプローチが参考になる。アメリカ海軍の潜水艦長は氷を砕きながら、北極海を進む。北の海を哨戒するときにはいつもそうだ。我が国の北極圏政策もまた、潜水艦と同じように注意深い潜航、繊細な計画、断固たる意志が必要である。

北極海の航行は他のどの海域の航行とも異なる。危険が多く、独自の難題もある。北極圏を航行するときには、どの艦長も時間をかけて海の状態を調べ、氷や氷がもたらす危険について学び、強烈な寒さ、砕氷、夏の明るい光と冬の夜の暗闇について、助言を求める。北極圏を航行した海軍の軍人はみな、「青鼻」と認められる。しかし限られた数の「青鼻」の中でも、潜水艦で氷を打ち砕きながら進み、北極の海面に浮上するという困難な作戦を実施したことのある者はきわめて少ない。

この偉業を成し遂げたことのある潜水艦は、揺れる竜骨氷（圧迫によって押し下げられた氷脈の下の水中の部分）による大きな危険を認識している。こういった危険の回避は、浮上する地点の氷の正確な厚さを知るのと同じように重要だ。

作戦行動の全体は、艦長によって入念に統制されなくてはならない。二人の乗組員は、詳細なチェックリストを使って標準操作手順を確認する。障害物のない場所を探すために、音波の反射によって距離を測定する探知装置（ソナー）が使われ、高度な技術を要する操作によって潜水艦は氷のすぐ下を進む。冷戦時代の大半を通して、海軍のほとんどの潜水艦には硬いセイル（上部の搭状構造物）が設置されていた。しかしいくら硬いセイルがあるとしても、氷を割って浮上する前の薄い氷の真下にいる間は、艦はすべてのマストとアンテナ類を下げておかなくてはならない。薄い氷を探すのは「薄氷を踏む」ようなもので、間違った一歩が命取りになりかねない。

氷の一番薄い一区画を探し出し、その下に艦を進めると、バラストタンクに空気が吹き込まれ、予備浮力が生じる。氷を砕いて進むために必要な上向きの推進力が作り出される。水中でのほとんどの作戦行動と同じく、これは艦の中でほとんど音もなく行なわれる。とはいえ艦が潜航している間は、主な操作が行なわれる司令室やソナー制御室では艦体が氷を砕く音が聞こえる。氷層の最後の氷が砕かれるまで、低い破砕音は続く。

艦が氷の壁を抜けると、乗組員は艦橋をのぼってセイルの扉を注意深く開き、艦体の状態を確認する。特別な防寒服を着た乗組員は、氷の上に出た艦体の一部を確認しながら艦をつなぎとめる。最終的には一〇〇人ほどの乗組員全員が氷の上を歩き、スナップ写真を撮り、ホッキョクグマにも出くわさずにいられれば大成功だ。クマは艦のすぐそばをブラブラ歩いている。

艦長は、世界中のさまざまな場所へ向かうことができる。しかし、北極海の澄んだ冷たい水の中を進み、古代の氷の下に潜り、世界の最北で空をめがけて氷を砕いて浮かび上がれるのは、潜水艦だけだ。

極北の軍事化は現実に迫る危険だ。私たちは新たな（そしてもっと冷たい）冷戦に逆戻りするわけにはいかない。北極圏が、協調圏となるか、競争圏となるか、紛争圏となるか。選択肢は三つある。協調は最善の選択だが、実際には競争圏になる可能性が高く、現実に紛争圏になる可能性はあるものの、高くはない。

現在のところ、ロシア対アメリカおよびNATOとの冷戦が再来する可能性は低く、北極圏では今後競争が深まるに違いない。ロシアは軍事的プレゼンスを積極的に確立しようとするだろう。一面ではこれは至極当然だ。ロシア大陸の北岸を守っていた氷の「壁」が溶ければ、過去の数多くの苦い経験ゆえにロシアは国境に関心を持つはずで、今後、軍事行動が活発化するだろう。アメリカとNATO加盟国がこれを見過ごすことはない。この悪循環を断ち切るには、前述したように、多面的アプローチが必要だろう。北極評議会の主導のもと、沿岸警備隊が所属する国土安全保障省は国防総省や国務省と協力し、民間とも協力しなくてはならない。どれかひとつが欠けてもいけない。

官民協力の好例は、極北での緊急事態対応だろう。問題は、北極圏で、特に北極海での持続可能なインフラ開発に関して、アメリカが国際協力、省庁間の協力、官民の協力においてリーダーシップを発揮できるかどうかだ。我が国が果たすべき責任を踏まえ、極北での災害に対応し、捜索や救援活動、環境破壊の緩和、科学外交などに全面的に参加する用意があるだろうか。

一年中氷が覆っていた過去とは異なり、現在では夏になるとベーリング海峡からバレンツ海まで航行できる。豊かな資源へのアクセスが容易になったため、人間の幅広い活動や関連した社会の反応が、北極圏諸国だけではなく、世界中で呼びさまされている。これは北極海でのエネルギー探査、開発、生産という激しい議論を巻き起こすテーマに直接に結びつく。

地球の北の頂点を横断することによって、ヨーロッパとアジアの距離はパナマ運河やスエズ運河を通るよりも三分の一短くなる。この新しい交易路や新しい交易パターンはなにを意味するのか。歴史的には国家間の勢力均衡を崩しているのだろうか。今後、私たちは北極海航路、北西航路、極点航路をどのように利用するのか。

漁業関係者は空腹の世界を満腹にさせるため、北極海の公海域に飛び込もうとしている。そこでは海洋生物資源に対して各国の管轄権は及ばない。各国は、北極海の生態系を持続させるため、商業利用を抑制し、ともに責任を果たせるだろうか。この点では希望がある。アメリカやEUを含む九ヵ国は、二〇一七年一二月、北極海の公海での商業漁業を当面一六年間禁止することで合意した。この猶予期間は、国際的な科学界に対して、北極海での漁業について理解し、魚種資源をどのように持続的に利用するかを検討する時間を与えるはずだ。気象条件についてのさまざまな議論をまとめれば、北極圏の大気温度は他の地域の二倍の速度で上昇している。気候変動など地球規模の問題に対処するにはすべての国の協力が欠かせない。そういった取り組みはまだ始まったばかりだという辛辣な皮肉を、私たちは退けることができるだろうか。

私たちは北極圏でなすべきことについて、どのような結論を出すのだろうか。北極圏だけではなく世界的な協調、統合と希望を北極海にもたらすために、持続可能なインフラを考案し、築くことができるだろうか。

そのためには、経済的繁栄、環境保護、社会的平等、社会福祉のすべてが必要であることを認識しなくてはならない。私たちには現在の世代だけではなく、未来の世代のために行動する責任がある。そのうえ北極海でも他の地域同様、ともに困難を乗り越え、国益と共通の利益とのバランスを取らなくてはならない。

北極圏に暮らす人々が中心となり、非北極圏諸国が効果的な取り組みを行なう場合、アメリカや他の北極圏諸国にとっての課題は、北極海へのアクセスが広がることに対するチャンスとリスクの両方に対応することである。

一世紀以上前の一八七九年、アメリカは「北極熱」に沸いていた。北極の中心には温暖な地域があると考えられていたせいもあるが、これはのちに誤りであることが証明された。ゴールドラッシュならぬ「ランドラッシュ」は決して実を結ばなかった。アメリカ海軍の北極探検は失敗する運命にあったジャネット号によって始まった。この船は、「世界の大国になるという野望に燃える若い共和国の野心」を背負って北極へと漕ぎ出した。氷に閉じ込められ、押し潰され、乗組員は冬が近づく北極に取り残された。ハンプトン・サイズの力作 *In the Kingdom of Ice*（氷の王国にて）によれば、勇敢な海軍軍人のほとんどが、アメリカ国旗を極北に立てようと試みて命を落とした。北極圏という地政学的に重要な地域において、我が国はそれ以後ほとんど傍観者であり続けた。しかし「北極の皇帝」（私は「氷の王」と呼びたい）の任命、極北への関心の高まりによって、私たちはふたたび、厄介だが重要な地球の一部分であるこの地への関与を主張しなくてはならない。

大まかに言えば、指導者は関心を払わず、政府機関同士の協力も不十分で、砕氷船などの特殊装置や適切なインフラが備わっていないにもかかわらず、一〇年前に比べれば、アメリカは北極海で重要な役割を果たす用意がある。問題は、無制限に資源を投じることができない昨今、必要な投資を行なうための長期的ビジョンを持てるかどうかだ。政府機関は、北極海の自国にとっての今後の位置づけを理解し、計画を策定するために職員の研修に投資するだろうか。国防総省や国土安全保障省は過去数年間に作成したロードマップに従うのだろうか。大統領は記念写真撮影のための北極訪問ではなく、先住民を尊重してその名を山に冠し、極北の可能性と危険に真剣に向き合うのだろうか。

アメリカのために北極圏の未来をたしかなものにする必要があると、ウィリアム・スワードは考えていた。彼は存命中には、「従順に世論のあとを追うのではなく、ときにはその先を進む精神を持つ者」と称えられていたという。スワードの精神を道しるべとして、私たちが北極へと漕ぎ出せることを願いたい。

第8章　無法者の海　犯罪現場としての海洋

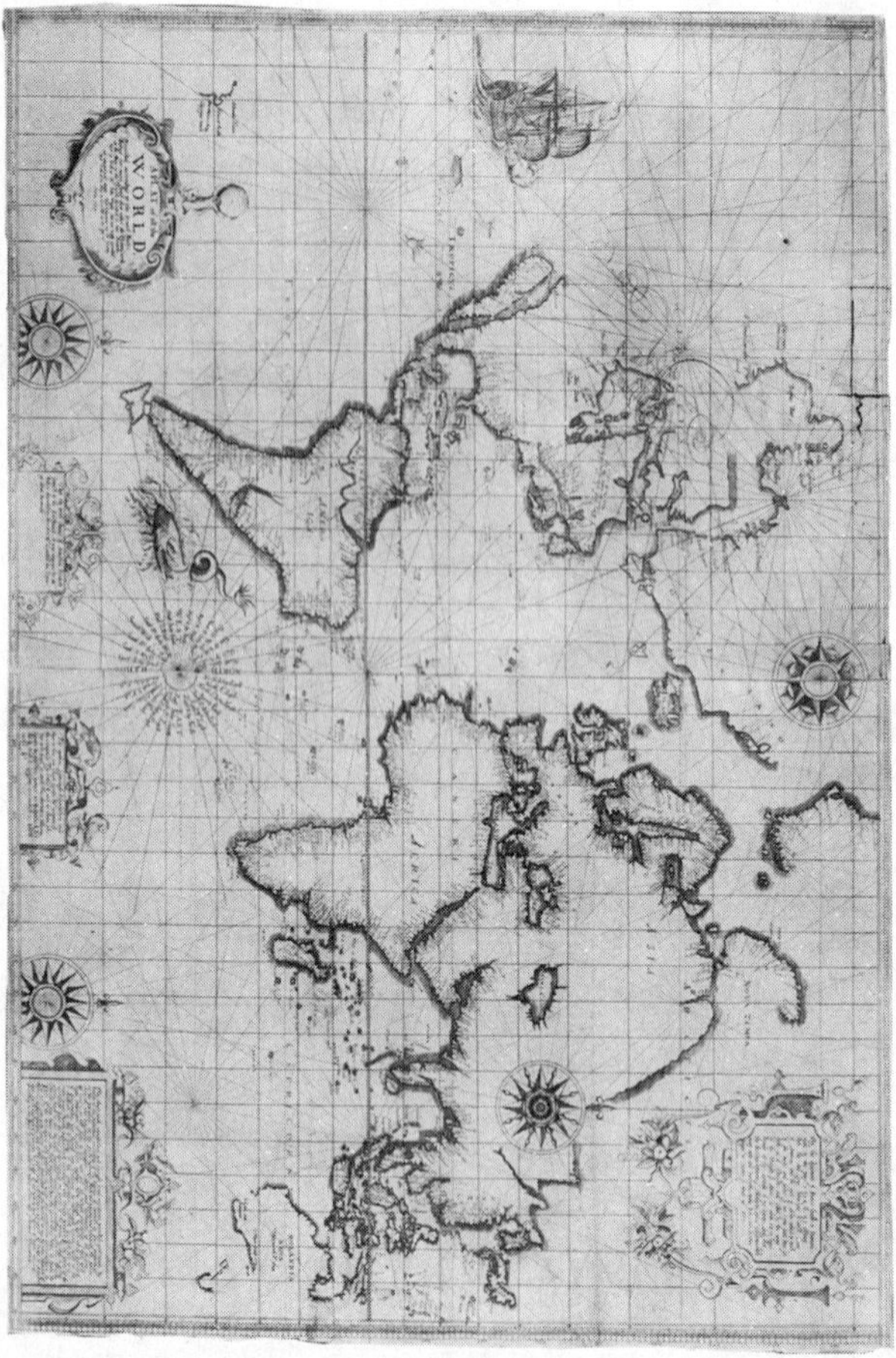

アメリカ大陸、ヨーロッパ、アジアのどの地域でも、海賊は大きな問題だった。エメリー・モリンウーとエドワード・ライトが作製した地図（1599年）。

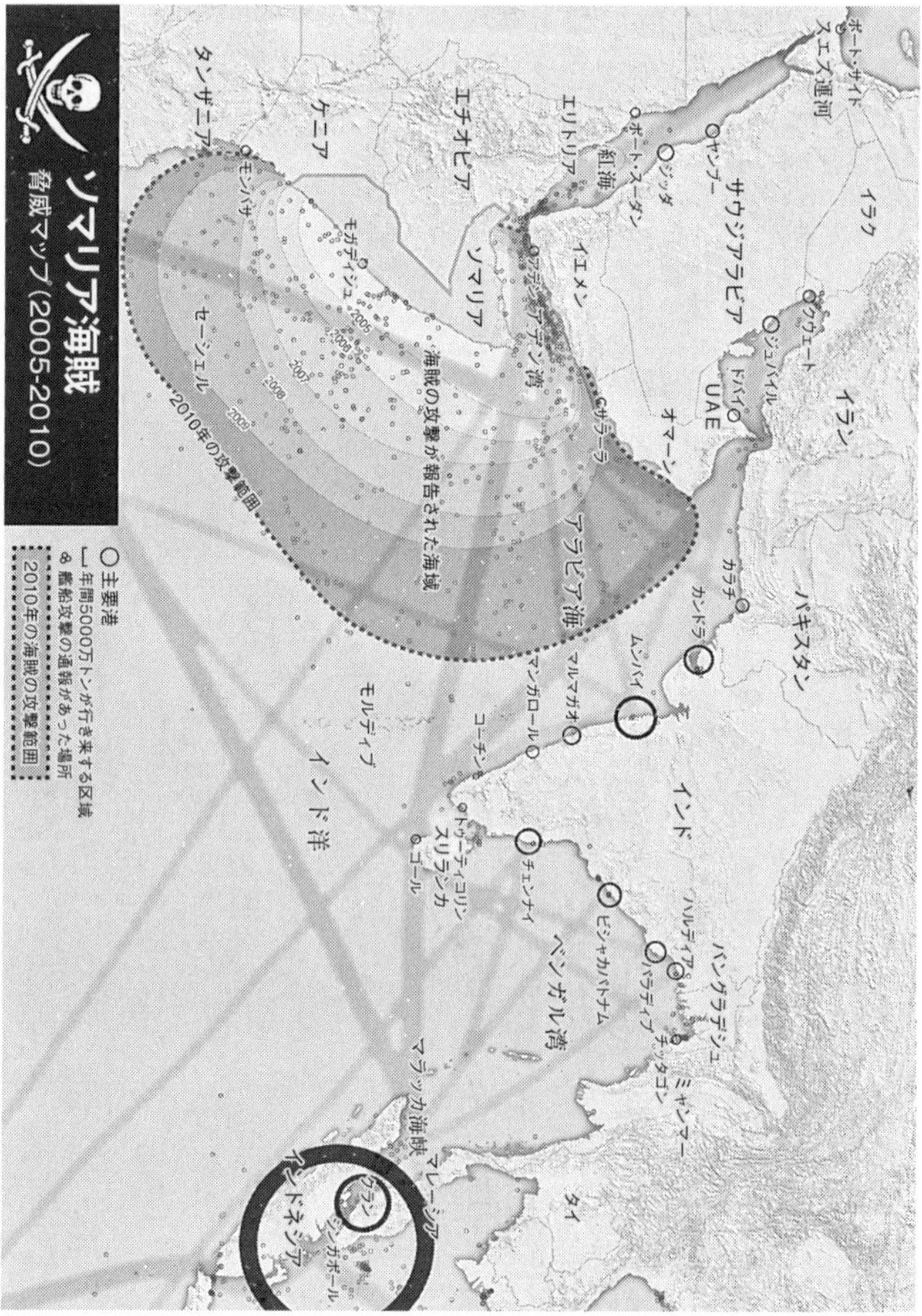

ソマリア沖での脅威は減少したとはいえ、海賊活動は相変わらず世界を悩ませている。

世界最大の犯罪現場

前章までで世界の主な海洋を個別に見てきたが、全体としての検討も必要だろう。この本の冒頭で述べたように、イギリスの王立海軍は、世界各地に力を及ぼした最初の、本当の意味での世界規模の軍隊であり、「海はひとつ」との名言を残している。どんなに広い海もどんなに狭い海も、結局はつながったひとつの広大な海の一部なのだ。

海では実際に往来も盛んだ。ある特定の日にどれだけの船が海上を航行しているかを正確に測ることはできないが、概数なら計算できる。国際海運についての「バイブル」と呼ばれるイギリスの調査会社クラークソンズ・リサーチほか複数の情報源によれば、世界の海で活動中の大型商船の数は、穀物船、貨物船、タンカー、コンテナ船、ケミカル船、トラックなどの車両が直接出入りして乗客や荷物の積み下ろしを行なうRORO《ローロー》船、LNG（液化天然ガス）船などを合わせると、五万から六万隻と言われる。海軍の軍艦長だったときには、何度もこういった船と遭遇した。各国の軍艦（沿岸警備の小型船を含む五〇〇〇隻ほど）との遭遇には高度な技量が必要だ。海軍での四〇年以上の経験から実感していたのは、海が次第に混雑していることだった。統計によれば、三〇年ほど前と比べると、世界の海を往復する船の数は四倍から六倍に増えているという。衛星データに基づいて海の交通量を赤、オレンジ、黄色で示した地図を見れば、戦略的に重要な航路や、渋滞を引き起こしている箇所は明らかだ。南シナ海や地中海を通る赤い帯、アフリカ南端の長い帯、アラビア湾やマラッカ海峡の出入りを示す赤い矢印。パナマ運河周辺に集中する船の位置を示す点、アフリカ南端の長い帯、スエズ運河やパナマ運河周辺に集中する船の位置を示す点。世界では今この瞬間も、数多くのさまざまな船が忙しく行き交う。

幸いなことに、人間が海へと漕ぎ出してから三〇〇〇年以上の間に、私たちは多くを学んできた。驚くほど技術を進歩させ、すべての海を正確に地図に記せるようになり、海底に潜り、海に棲《す》む魚や鳥、哺乳類を追い、海を往復する無数の船を監視し針路を示し、水温、酸度やアルカリ度、塩度など世界の海のすべてをかなり正確に測定できるようになっている。だが海についてさまざまな方法で驚くほどの知識を得る一方で、海にはまだ解明されていない部分も多い。特に海が一貫したシステムとしてどのように機能しているかはよくわかっていない。海についての途方もない知識を持ちながら、海についての知恵はほとんど持ち合わせていないのだ。

広大な海で現在起きている問題は、このことを明白に示すものだ。海洋は「世界における最大の犯罪現場」と呼ばれ、「無法者の海」という言葉もある。残念ながら、これらの言葉はいろんな意味で正しいと言わざるを得ない。そして最悪なことに、犯罪と環境破壊という二つの潜在的にきわめて悪質な領域において、海で現実になにが起きているのかを私たちは曖昧にしか知らない。

海洋に関連した犯罪については多くの情報源があるが、海賊に焦点を当てたものは少ない。人間が海に漕ぎ出した当初から、海賊行為は行なわれていた。麻薬の密輸は、ヘロイン、コカイン、メタンフェタミンなどの規制薬物が海路を含む地球規模の運搬網を行き来する巨大ビジネスだ。有害物質の不法投棄についてはあとで取り上げるが、これは当然ながら環境に直接悪影響を及ぼす。武器密輸では、高性能弾道ミサイルから小型でも威力のある拳銃まであらゆる武器が対象となる。違法漁業は、急速に世界の魚種資源を破壊している。密輸には、課税対象外のタバコの不法輸送、大量の紙幣(偽札を含む)の輸送なども含まれる。

以下では、海洋での犯罪行為の事例として海賊行為を取り上げ、各国の治安部隊、海運業、保険業、国際機関の取り組みを検証する。海賊行為の取り締まりから学べる教訓は、海での他の犯罪行為にも当てはまる。漁業についても詳しく触れておきたい。違法行為が蔓延しているにもかかわらず、国際社会は効果的な対策を立てられていない。

海洋が抱えるもうひとつの深刻な課題は、言うまでもなく環境問題だ。海はさまざまな原因によって広範囲に被害を受けている。地球温暖化は北極の氷を溶かし、海面の上昇をもたらしている。多くの海域で見られる酸性化は、世界の海洋食物連鎖を多様なレベルで悪化させている。海洋の温暖化は回遊パターンを変化させ、脆弱な生態系を損なうものだ。繊細なサンゴ礁は建設によって悪影響を受けている。陸地や川から海洋への意図的な、あるいは偶発的な直接的投棄による汚染も生じている。炭化水素（石油系・ガス状の両方）の回収は、海洋生物や沿岸の生態系に意図的に、あるいは偶然に影響を及ぼす。UVなどの放射レベルの上昇も問題だ。鉱物回収は、コバルトや銅、ニッケル、マグネシウム、レアアースなどを深海底から掘り起こそうとすることで、やがて環境を悪化させるだろう。沿岸地域に居住し、海の近くに巨大な都市を築く人間の行動さえも環境を損なう。これらの行為が合わされば、世界の海洋環境に対する悪影響は人類が種として直面する最大の脅威になるだろう。

世界の海洋への影響に関しては、国境だけではなく、さまざまな海や海洋に設定された人為的境界をも完全に飛び越える「海賊行為」、「漁業」、「環境」という三大問題がある。これらは相互に関連し、どれも看過できない。

海賊

二〇〇九年にNATO欧州連合軍最高司令官に任命されたときには、正直に言えば、海賊行為は最大の懸念事項ではなかった。アフガニスタン、バルカン半島、シリア、ロシア、リビアこそが、私のエネルギーと注意の大半を奪う領域に見えた。しかし、ソマリア沖を中心とする東アフリカでの海賊行為の規模に対する理解が深まるにつれ、海軍提督が昔から行なってきたことを私もせざるを得ないことが明らかになった。それは海賊の追跡だった。

海賊が、三〇〇〇年以上前から海洋という世界にはつきものだったのはたしかだ。古代ギリシャ時代には、地中海、インド洋、西太平洋などで「海の民」が活動していた。ガイウス・ユリウス・カエサルは一時期キリキアの海賊に捕らわれていた。ヴァイキングの文化の多くは、海で、あるいは海から始まった海賊規範を基盤としていた。一七～一八世紀の「海賊の黄金時代」にはカリブ海で、一八～一九世紀にはバルバリア海賊が北アフリカで、そしてマラッカ海峡や南シナ海では継続的に海賊が活動するなど、海賊の文化は何世紀にもわたってさまざまな場所に定着していった。

第二次世界大戦後は海賊行為は少なくなったが、二〇世紀後半になると世界各地でふたたび盛んになり、現在に至っている。インド洋、アフリカ北東岸沖の北アラビア海、アフリカ中西部沿岸のギニア湾、太平洋とインド洋の間のマラッカ海峡では、現在特に活動が活発だ。それほどではないものの、南シナ海やカリブ海沿岸でも見られる。個人のヨットを攻撃する小規模なものから、巨大な国際タンカーを奪い、船や乗組員の身代金を要求する大がかりなものまで、さまざまな海賊行為が世界の輸送網に及ぼす損害は一五〇億ドルから二〇〇億ドルにのぼると言われる。これには高くなる一方の保険料、身代金、裁判費用、船に配備される警備員、危険地域を迂回するコスト、見張りの増員、海賊攻撃を防ぐための技術や設備（螺旋状の鉄条網などによる防衛壁、船舶側面の水消火装置など）、世界的な対海賊活動を監督するための軍艦や乗組員の派遣費用などが含まれる。

NATO欧州連合軍最高司令官に任命されたとき、私は作戦を指揮する者がかなりの時間を注ぎ込んでよりによって海賊について学ばなくてはならない現実を、実におもしろみのある皮肉のようにも感じた。連合軍には初代のドワイト・アイゼンハワー以後、一五人の大将がその地位に就いてきており、一六代最高司令官に提督を選んだのは失敗だとの声も少なくなかった。連合軍の関心は常に地上戦とハイテク航空戦術にあり、海にはほとんど向けられてこなかった。実際のところ私自身も、それまでの海軍での任務では海賊行為にそれほど注目したことはなかった。しかしついに海賊を追いかけるチャンスがやってきたのだと私は思った。海軍士官にとっては、海賊の取り締まりは身近で重要な任務だ。

NATOがソマリア沖での海賊行為に注目するようになった理由はただひとつ、「金《かね》」だった。ヨーロッパ企業に、そして東アフリカや北アラビア海を通過する製品のコストに大きな影響を与え始めていたのである。そのうえ地元のテロリスト集団、アル・シャバブはソマリアの海賊に「課税」し、ソマリアだけではなく近隣諸国でも過激な暴力行為を行なうための資金源とするようになっていた。アル・シャバブとアルカイダとの結びつきも垣間見えた。現在では、アル・シャバブは「イスラム国」に忠誠を誓っている。したがってこういった国際テロ活動とのつながりに関心が向けられるのは当然だった。

ソマリアの海賊行為はさまざまな要因に根差している。第一に、北東アフリカでは何十年もの間内乱が続き、対立や略奪行為が絶えないため、合法的に生計を立てるのはむずかしい。きわめて危険だとしても、仕事のない若者は儲け話に簡単に飛びつくだろう。第二に、海賊になった者の多くにとって、かつての収入源は漁業だった。地元の海での乱獲や生態学的損傷によって、二〇世紀後半には漁業で生計を立てることがむずかしくなった。ソマリアの人々が大規模な海運会社に不満を持つのも当然だ。ジェイ・バハダの *The Pirates of Somalia*（ソマリアの海賊）にはこういった事情が詳しく描かれている。第三に、この地域の海は海賊行為に適している。海賊行為が急増するまでは、通常の航行ルートはソマリア沿岸にかなり近く、どっさり荷物を積んだ商船がスエズ運河を行き来していた。この界隈《かいわい》は波が穏やかであるため、小船でかなり大型の商船を攻撃できる。第四に、海運会社は海賊の頻繁な攻撃を数十年あまり経験していなかったため、かなり油断していた。

二〇〇九年には事態はさらに悪化し、国際社会の介入が必要になった。私がNATO軍司令官に就任した頃には攻撃数は飛躍的に増え、二〇〇九年から翌年にかけては三〇〇件を超えた。約二〇隻の大型船が占拠され、乗組員一〇〇〇人以上が人質となった。致命的な暴力行為は比較的少なかったものの、保険料率はあがり、罪もない乗組員が、ソマリア沿岸の入り江に錨を下ろした廃船の狭い一室に閉じ込められ、うだるような暑さに耐えなくてはならなかった。地元のテロリストに流れる資金も増えていた。手を打つ必要があるのは明らかだった。

NATO加盟の二八カ国、EU、アメリカによって集められた湾岸諸国海軍のゆるやかな連合体の軍艦（主にフリゲート艦、駆逐艦、軽巡洋艦）で構成される統合海上部隊がソマリア沿岸に結集した。そのほかにも、さまざまな国が集まって協力することになった。海賊に対する嫌悪感というのはどの国にも共通するからだ。通常NATOと協力することのないロシアや中国、インド、パキスタンのほか、意外なことにイランまでもが船舶を派遣することになった。実のところ、国際社会が協力を選べばなにを成し遂げられるかを示す好例となったのである。

私は協力の外交面を担い、さまざまな首都の訪問に多くの時間を費やした。グローバル・コモンズが海賊の取り締まりを必要としていて、活動への参加がどの国にとっても利益になるのであれば、調整は比較的簡単な仕事だった。海上戦術の共有、各国の軍同士が海で連絡を取り合うための通信設備の交換などのすべてに見返りがあったため、ＮＡＴＯとロシアは実際に協力するようになった。他の領域でロシアと協力する場合には、こんな風にはいかない。

東アフリカでの海賊取り締まりは、一定の成果を収めた。二〇一三年に私がＮＡＴＯ軍司令官の任期を終えたときには、海賊の攻撃は大幅に減少し、その後も維持されている。成功はいくつかの重要な要因が結びついた結果だ。

なんと言っても、軍艦のプレゼンスが大きかった。ヘリコプターを一、二機乗せたフリゲート艦や駆逐艦は広範囲にわたる領域を監視できる。武装した海賊に遭遇すれば即座に対処し、海賊の船を沈め、海賊を逮捕し、一時的に海上で監禁する能力もある。軍艦は国際社会を代表する存在でもある。ＮＡＴＯ軍司令官としての四年間には、通常、ＮＡＴＯとＥＵの艦艇が三隻から五隻ずつ、任務に就いていた。海賊取り締まりに非公式に参加する国の艦艇も三隻から五隻あったことを考えれば、これはかなりの力になった。だが、それでも後手に回ることは少なくなかった。その理由は主に広さにある。アフリカ北東部沿岸沖の対象区域の広さはヨーロッパに匹敵する。なぜ海賊を全員捕らえられないのかと聞かれれば、たとえ一五隻の軍艦があったとしても、一五台のパトカーで西ヨーロッパ全域をパトロールするに等しいのだと、私は答えるだろう。

　軍艦を補完する役割を担ったのが、長距離海洋哨戒機だった。広範囲に及ぶ領域を活動対象とし、四基のエンジンを備え、滞空時間は八時間から一二時間、重くて機体幅の広い哨戒機は、オマーンの基地やインド洋の島々、アフリカの角《つの》から出動していた。冷戦時代には対潜警戒を行なっていたこれらの哨戒機には、海面すれすれまで急降下し、海面を探査するために高空からレーダーを用い、海賊探索に従事するヘリコプターや艦艇を指揮統制する能力がある。アメリカはＰ－３（オライオン）、イギリスは類似の機能を持つニムロッド、その他のいくつかの同盟国も類似の哨戒機を配備していた。さらに空からの作戦を総合的に指揮するため、ＮＡＴＯはＥ－３早期警戒管制機（ＡＷＡＣＳ）を配備していた。これは広域レーダー、通信、熟練した乗組員を備えた空飛ぶ指揮管制室だった。ＮＡＴＯ軍司令官として私はこれらを直接指揮し、対海賊作戦にも活用した。

　私たちは護送船団方式という昔ながらの戦術を用いることにした。五万隻のタンカーや商船は、一年を通して単独でこの海域を航行していたが、私たちは彼らに安全のため一団となって行動することを求めた。一団ごとに護衛船をつけることは不可能だったものの、海賊に襲われないように軍艦をかなり近くに配置し、船団を見守ることはできた。上陸して海賊の拠点を攻撃するべきか否かについても議論した。ほとんどの拠点については、どこにあるかわかっていた。しかし攻撃すればこちらも損害を受ける可能性がある。海賊の船や設備は、一見すると合法的な商業活動に使われる小型モーターボートやダウ船と変わらないため、海賊を海岸で特定するのは困難だった。こういった理由から合意には達することができず、仮に合意できたとしても、陸での作戦を調整できる政府は存在しなかった。私たちの作戦行動の大半は公海で行なわれた。国際法によれば、公海ではどの国も海賊に対する管轄権を行使できた。

この作戦で最も厄介だったのは、実際には私たちが海賊を捕らえたあとのことであり、取り締まりが進むにつれ問題になった。捕まった者の多くは若者で、人種で言えばソマリ族、ほとんどがカートと呼ばれる麻酔性植物の中毒だった。この地域では昔からカートの葉をかむ習慣がある。彼らは特定の政府が発行する身分証明書を持たず、訴追するために引き渡す先がなかった。包囲されるや、彼らは攻城ばしごや銃を水中に投げ捨てる。そのため小さな船に私たちが乗り込んだときには、船に残っているのは「罪もない漁師たち」であり、海賊行為がビデオカメラに収められてでもいない限り、多くの場合彼らの行為に対する証拠はほとんどない。地元の政府のいくつか、特にケニアは、彼らを裁判にかけ、刑を科すことに積極的だった。私たちが大昔からの処刑法に頼ったり、桁端《ヤーダム》につるしたりしなかったのは、海賊にとっては幸運だったと思う。連携国の中には実際にそうしようと考えていた国もあったかもしれないが、私が対海賊活動にかかわっていた時期には、欧米の一般的な裁判手続きが用いられていた。

海と空での軍による対応のほか、海運産業自身も海賊に対する対策を講じていた。当初、この取り組みの中心は経路の設定と護送船団方式だった。原則的には船長が海上で互いに密接に協力するとともに、私たちが主導する護送船団に加わる。やがて彼らは、海域を出入りする際には、私たちがアラビア湾などに設置していた作戦センターとラジオ無線を通して連携できるようになった。商船は次第に海賊活動についての情報を積極的に共有するようになり、海賊を撃退するためのアイデアも交換するようになった。たとえば商船の規模や速度の活用、船の両サイドへの有刺鉄線などの設置、消防ホースから全開で水をかけるなど海賊に乗り込まれたときの対応策、爆音や衝撃を与えるなど致命的でない手段、海賊が抵抗しようとしたときにはデッキに要員を配置し、はしごを海に投げ捨てるなどの手段が含まれる。

こういった対応を取る場合の問題は、訓練も指導も受けていない商船の乗組員が行動しなくてはならないことだ。最近では乗組員は少人数での勤務、おいしい食事、快適さに慣れているため、海賊と戦うなど考えもしない。そこで船主の多くは、船内のシタデル（籠城設備）への避難やそこからの無線による救援要請のための計画を立てた。ちなみに映画「キャプテン・フィリップス」には、「マースク・アラバマ号」乗っ取り事件でソマリア海賊の人質となった船長の救出までが詳細に描かれている。

情勢が大きく変化し、アフリカ東部沿岸海域での海賊行為が急激に減少した理由は、海運会社が武装警備員チームを乗船させるようになったことだ。これは、大昔から続いてきた海賊との戦いに対する新機軸となった。海運会社は当初、法的責任を考慮し、このアプローチを敬遠した。雇われた警備員が罪もない漁師や乗組員を殺してしまう可能性を懸念したのだ。ところでこれは実際に起きた出来事なのだが、重大なミスを犯したのは民間の警備員ではなかった。二〇一二年、イタリアの国旗を掲げた船の上で、イタリア海軍の武装警備員がインド漁船を海賊船と間違えて発砲し、二人のインド人漁師を死亡させた。インドのケーララ州沿岸から二〇マイル（約三七キロメートル）沖での出来事だ。そこは公海だが、インドの排他的経済水域（二〇〇海里以内）だった。この事件は現在も係争中で、インドの裁判所によって重刑が科される可能性がある。

こういった事件の再発が懸念されながらも、海運会社はようやく防衛策として民間警備会社に頼るようになった。二人から六人程度の武装した、少なくとも武器の使用については十分な訓練を受けた警備員が船に乗り込む。この場合に問題になるのは、警備チームに対する武器や弾薬の提供、拠点の準備、訓練や認定の仕方、関与の取り決めなどだ。彼らは主にどの国の司法権も及ばない公海で活動するため、国際法の適用も複雑になる。警備会社が訓練し、有資格者であることを保証するとしても、「マッド・マックス」級の人材が必要だ。彼らがならず者の戦士ではないとしても、警官が武装したボディガードや警備員を敬遠するのと同じように、その存在は各国の海軍軍人を警戒させる。それでも成果には目を見張るものがある。民間警備会社の武装警備員が乗船した船は、これまでのところシージャックされたことがない。これは、大型タンカーの乾舷の高さの恩恵を得ていることや、海賊がほとんど武装せず、訓練も受けておらず、乗船後の行動がきわめて杜撰《ずさん》なことにもよる。だからこそ、海賊は狙った船から銃撃を受けると、たいてい撤退するのだろう。

最後に、各国の軍事行動や海運会社の優れた取り組みに加え、陸でも国際社会による協力が行なわれている。率直に言って、海賊の問題は海だけでは解決できない。若者に危険で無謀な生活を選ばせる陸の状況にも取り組む必要があるだろう。地元の沿岸警備隊や警官、実効力のある法制度などによる抑止策も不可欠だ。ソマリアの暫定政府は主にEUの支援を受けている。順調とは言えないにせよ、結果はある程度期待できるものだ。ソマリア、ソマリランド、プントランド、アフリカの角の東に位置するこれら三つの「国家（national entity）」は、沿岸付近での海賊行為を取り締まり、海賊を捕らえ、裁判にかけ、投獄できるようになっている。

その結果、ソマリア沿岸では海賊行為が飛躍的に減少している。とはいえ、テロや麻薬、奴隷、密輸など国を超えた脅威に各国が力を合わせて取り組む場合によくあるように、国際社会がひとつの地域での問題を解決できたとしても、すぐに別の地域で問題が浮上することが多い。海賊に関しては、アフリカの反対側、ギニア湾での活動が盛んになっている。

地中海での任務から離れ、短期間ギニア湾を航行したことがある。広大な海には、よく知られているニジェール川とヴォルタ川など西アフリカを流れる川が注ぎ、沿岸には三角州が多い。三〇年前の当時は現在とは大違いで、活気のない場所だった。大規模な原油田とガス田の発見によって、陸でも沿岸でも生産が行なわれるようになり、様変わりした。昔から違法な活動が盛んで、イスラム過激派「ボコ・ハラム（「西洋式は許さない」という意味）」も台頭している。資源開発とイスラム過激派という二つの要因によって海賊行為はふたたび増加している。「バンドの再結成」を目にした欧米諸国は、アフリカ東海岸で数年前に行なったような取り締まりを、西海岸でも行なうべきだと主張する。幸い、現在では沿岸警備隊や警察、地上軍の能力も向上した。賄賂や外からの圧力にきわめて弱いものの、裁判所などの司法制度も一応は存在する。次の本格的な海賊制圧活動は、ギニア湾で実施される可能性が高いだろう。この地は、ジョゼフ・コンラッドの『闇の奥』（黒原敏行訳、光文社古典新訳文庫、二〇〇九年）が描いた時代、秩序の回復を必要とする危険で混沌《こんとん》とした時代に逆戻りしているかに見える。結局のところ、海での違法行為の問題が海だけで解決されることはない。陸の安定、正当な取り締まり、公平な裁判、法に基づく投獄、融合的な諜報活動、そしてなによりも若者がジャック・スパロウにならないための教育と雇用という「長期戦」が必要だろう。

世界的に見れば、過去数年の海賊発生件数は横ばいだ。ただし、特にアフリカの東海岸と西海岸に関しては、報告されていない場合も多い。総合的な情報については、アジア海賊対策地域協力協定（ReCAAP）に頼らざるを得ない。この協定は、アフリカの角沖での海賊行為に対抗するための関係国のゆるやかな結びつきであり、世界の趨勢にも目を配っている。海賊はアフリカの西海岸にも忍び寄っているため、今後この枠組みを通して情報を得ることもあるだろう。海での他の犯罪同様、大切なことは協力的な取り組みだ。海賊討伐はまさに団体競技なのだから。

漁業

海洋での法的支配を揺るがすもうひとつの課題は漁業に関連している。世界の海洋が、地球の表面積の七〇パーセントを覆い、深さ七マイル（約一一キロメートル）にも及ぶことを考えれば、大量の魚が獲れるのも当然だ。領海や国際協定についての知識はさておき、漁業はきわめてグローバルな活動であり、その価値は二二五〇億ドルを優に超える。中国は世界最大の魚の輸出国であり、ヨーロッパ、アメリカ、日本も漁業を積極的に推進する。魚を大量に消費しているのが主に先進国で、全生産高の四分の三を輸入していることには留意しておくべきだ。

魚種資源は乱獲によって大きく減少している。その多くは、排他的経済水域、国際協定や条約、慣習的に漁場とされてきた海域の侵害による。最近のある研究は世界の漁業崩壊に警告を発し、世界中の魚種の六〇パーセント以上が「再構築」を必要とすると指摘した。統計によれば、一九五〇年代から一九九〇年代はじめには、「天然」魚（「養殖」魚の反対語）

の捕獲量が急激に上昇したが、その後は上昇は見られない。

漁師ではない船乗りの立場からすれば、世界には漁船に出くわさずに航行することがほぼ不可能な海域がある。私の経験では、その最たる場所が東アジアだ。中国、ベトナム、フィリピンの数多くの漁船が南シナ海沿岸をひっきりなしに行き交う。一九八〇年代には、フィリピン諸島に近づくと、風向きによって、かなり離れた場所からもガソリンやウッドスモーク、魚の臭いなどが漂い、漁船の存在を感じた。こういった漁船は小さくて薄暗いライトだけで運航していることが多く、九〇〇〇トン級の巨大な駆逐艦や巡洋艦が高速で通過すると、かなり危険だった。漁船はほとんどが木で作られているため、私たちの探知レーダーにはっきり映らない。私たちは、艦首楼に見張りを増員配置し、霧のかかった海に浮かぶ漁船をみつけようとした。

漁業は一大産業であり、その世界貿易を規制するための真摯な取り組みも行なわれている。「国連海洋法条約」は基本的には世界各国で批准されているため、批准国は二〇〇海里までの排他的経済水域において責任を積極的に担い、漁業資源を管理する権利を行使する。排他的経済水域を超えた海域での漁業については、国際協定によって規制される。協定の数は合計すると七〇を超えるそうだ。対象は主に魚だが、カメやアザラシ、ホッキョクグマ、イルカなどを対象としたものもある。ほとんどの協定には事務局が設置されているものの、小規模な運営機関にすぎず、協定を強制する実質的手段を持たない。そのために「無法者の海」という問題が生じる。前向きな取り組みにもかかわらず、魚種資源の約九〇パーセントが、

「利用可能資源のほぼすべてを漁獲した状態、乱獲状態、資源減少状態、資源回復状態」のいずれかだというのが識者の意見だ。※最盛期に比べると漁獲量が五〇パーセント低下したマグロのように、多くの魚種の漁獲量は急速に減少している。「海は（陸にある）森林の二倍の速度で消えている」という一節には、なんとも背筋が寒くなる。

漁業に関しては、魚種資源の減少原因となっているいくつかの問題について、早急に検討しなくてはならない。その第一は、私たちが正確な測定基準を提供できていないことだ。現在では総生物量の追跡も可能だが、「無法者の海」で起きていることについては十分に報告されているわけではないため、捕獲される魚の生殖能力の規模やレベルを正確に測定できない。長年にわたる魚類個体数「（データの）人為的な切り捨て」によって生産性が損なわれていると、ウィリアム・ムーマー教授は指摘する。†さらに言えば、網は大きな魚を捕らえるため、同じ魚種の中で大きな魚だけが取り除かれることになり、長い年月の間に悪影響が及ぶのは明らかだ。

魚種資源の減少をもたらす最も明白な原因は、乱獲である。これは貧しい漁師の欲や経済的必要性とともに、長期的影響に対する大企業の関心の欠如によって生じる。海を行き来しながら、私は軽量級（と言っても、かなり大きい）延縄《はえなわ》漁船や大網漁漁船などの大型漁船に出くわすことがよくあった。特にロシアや中国に多かったが、近くには大規模な水産加工場があり、獲物をすぐに加工し、検査官の目をくらますことができた。乱獲を促進しているのは、底引き網漁のような、魚だけではなく海底にも影響を及ぼす破壊的な習慣である。

政府が国内への政治的影響を考慮して、近海での漁業の取り締まりに及び腰になりがちなことも影響している。沿岸警備隊や乱獲を裁く司法制度の整備にも費用や手間がかかる。その結果、違法、無報告、無規制（ＩＵＵ）漁業が横行する。ＩＵＵ漁業による漁獲は、総漁獲高の三分の一、数十億ドルにのぼると言われる。なぜ、このような事態が起きてしまうのか。アメリカの海軍大将ハイマン・リッコーヴァーは、古くからの伝統だった潜水艦に魚の名前をつけるという慣行を中止したときにその理由を問われ、「魚は投票しないからね」と答えた。魚に選挙権が認められるまでは、残念ながら乱獲船に政治的圧力をかけるのはむずかしそうだ。

乱獲をもたらすもうひとつの問題は、助成金の申請である。これには政府の統制が及ぶ。政治家は地元経済を発展させようとするため、政府の資金によって、前述したような問題に直接的に加担してしまう場合がある。特に助成金は、漁船の過剰建造をもたらしている。識者によれば、毎年約二〇〇億ドルが漁業に流れ、漁業が経済的に成り立たないほど魚種資源が消耗したあとでさえ、漁業の継続を奨励し続けることになる。

※ William Moomaw and Sara Blankenship, "Charting a New Course for the Oceans," *CIERP Discussion Paper 10*, Center for International Environment and Resource Policy, Fletcher School, Tufts University, April 2014, 14.

† fletcher.tufts.edu/~/media/Fletcher/Microsites/CIERP/Publications/2014/Fisheries_14_Doc.pdf.

衝撃的な話だが、水揚げされる魚四匹に一匹（世界の漁獲高の二五パーセント）は、漁獲対象の種とは別の種を意図せず捕獲してしまう「混獲」に分類される。漁船が巨大な産業用の底引き網、特に海底を引きずる網を使う場合には、巻き添え被害は著しい。国際社会もこの問題にはまったくお手上げだ。私は、エビ漁船が大きな網で、数えきれないほどのウミガメや魚、海洋哺乳類までもさらっていく様子を、メキシコ湾で目にしたことがある。この種の「混獲」の環境破壊力を理解すれば、艦橋から傍観してはいられない。さらに最近では、繊細なサンゴ礁にまで危険を及ぼす爆薬やシアン化物など、きわめて破壊的な漁法を用いる傾向が強まっている。海は、日常的に残虐な行為が行なわれ、巻き添え被害を起こし、法の支配が無視される、一種の戦場とも考えられるかもしれない。

もちろん「便宜置籍船」の問題も無視できない。これは、規制の緩い国の「国旗」を掲げるか、船籍を登録する古くからの慣行だ。オフショア銀行取引口座のようなもので、これによって漁業の世界、さらにもっと広い意味では商業漁業における責任を免れることができる。海運会社は漁業や汚染などでの低い規制を求めるほか、できるだけ低コストで船を動かそうとする。便宜置籍船は、現在では一〇〇〇～二〇〇〇隻にのぼる。その多くはベリーズ（中央アメリカの旧英領ホンジュラス）、ホンジュラス、パナマ（便宜置籍船で有名）などカリブ海周辺の小国の国旗を掲げる。これらの国は登録料から利益を得る。便宜置籍船を認める国には本気で違反者を罰する動機がなく、高度な司法制度もない場合が多い。違反者に有効な刑罰を科すことがむずかしいため、海軍や取り締まりに当たる沿岸警備隊の苦労は絶えない。世界の海運を見れば、漁船、タンカー、貨物船、客船などあらゆる船舶の約五五パーセントは便宜置籍船であり、四〇パーセントはパナマ、リベリア、マーシャル諸島共和国船籍を持つ。現役時代にこれら三カ国の船に出くわしたときには、テロリストではないか、麻薬や現金を運んでいないかと疑い、公海での違法な行動の有無を部下に確認させようとしても、交渉がきわめて厄介になるのはよくわかっていた。

このように、海洋の生産性が徐々に低下しているのは明らかであり、世界の漁業の今後が懸念される。民間企業や国家、国際機関によるさらなる規制や科学的取り組みがなければ、海は混乱し、タンパク質源の入手もむずかしくなりかねない。結局のところ現在の世界では、一〇億人以上がタンパク質の摂取を魚に頼り、ほぼ同数の人々が海洋にかかわる仕事をしている。推計によれば、一九七〇年代以降、魚種資源は五〇パーセント減少しているという。

最後に、漁業をめぐる地政学的緊張が世界的に高まりつつあることを、認識しておかなくてはならない。たとえば何千隻もの船を連ねる中国の漁船団は、違法操業を繰り返している。インドネシアだけでも、捕らえられ爆破された中国漁船は十数隻にのぼる。オーストラリアも、韓国同様、多くの船を捕らえている。東アジアや西太平洋の緊張は高まるばかりであり、世界の海洋の中でもすでにきわめて不安定な地域となっている。

環境

海賊行為や違法漁業は、残念ながら、海での違法行為の大きな部分を占めている。しかし、公海での犯罪行為の最大のものは、日常的に、意図的に、環境に損害を与える行為であり、本来防げるものだ。海洋破壊を通して、私たちは未来の世代が当然持つはずの権利を奪われているのを目にしている。力を合わせ、人類の未来のために海の恵みを守らない限り、この権利は私たち自身からも奪われてしまうだろう。これは三〇年前に「国連海洋法条約」の交渉が行なわれたときの主な前提だった。だが残念なことに、この条約は私たちの目の前で広がる海の被害に対して十分な成果をあげられていない。

一九八一年秋にマサチューセッツ州メドフォードにあるタフツ大学フレッチャー・スクールで学び始めたとき、私は駆逐艦と航空母艦での五年間の海上任務を終えたところだった。卒業後、海軍兵学校ではどの授業でも環境問題について学んだことも考えたこともなかった。海に投げ捨てるのを気にも留めずに見ていた。沿岸が見える沖合いで検査も済んでいないゴミを海艦艇に乗るようになってからは、乗組員が艦底から黒油の混じった汚水を汲み上げ、海に投げ込み、プラスチックや有害物質、医療廃棄物、低濃度の放射性物質など安全とは到底言えないモノで海を満たしたこともある。言うまでもないが、当時の私は国際法を犯しているなどとは考えもしなかった。こういった行為は「通常の業務」だった。たとえ疑問を持ったとしても、海は広大で自浄力を持つはずだし、「ずっと前からやってきたこと」をやっているだけだとしか考えなかっただろう。

一九八〇年代に入ってフレッチャー・スクールで学び始めると、科学や政策、海の物理的現実を知るようになった。海軍の軍人としてはまったく未経験の学びだった。大切に思うなにかを本当に理解したいと考えるなら、悪意がなくても傷つけてしまっているなら、そこから一歩離れてみることも必要だ。私にとって、船乗りとしての暮らしはなによりも大切だった。今もそうだが、当時も「海を愛し、海に殉じる」者としての自覚を持っていた。その一方で、国連海洋法条約をテーマに国際法で博士号を取得するためには、二年間の集中的な学びと長い論文の作成が必要だった。

気候変動は現実そのものであり、海洋にますます影響を及ぼすようになっている。最も明白な影響は地球温暖化による海水温度の上昇だ。人間が生み出す余分な熱の九〇パーセント以上が、最終的には海に影響を及ぼすのだから、海面や海中の温度が上昇するのも当然だ。海深約一万フィート（約三キロメートル）付近でも温度上昇は観測されている。海水温が一・五度も上昇している場所もある。たいしたことには思えないかもしれないが、海の生物には徐々に、容赦なく影響が及び、すでに多くの種の回遊パターンが脅かされている。この動きは北極と南極にも広がり、特に漁業に連鎖的影響が及んでいる。

海水温の上昇は、海流にも影響を及ぼす。塩分濃度、風、海流、さらには深海の栄養分を表層に上昇させることで、各地の好漁場を持続させてきた湧《ゆう》昇《しょう》流《りゅう》は、相互に複雑に影響し合う。海水面と深海との温度差が大きければ湧昇は減少し、海洋生物に悪影響が及ぶ。そのうえ塩分濃度が氷の融解帯付近（北極圏や南極圏）で減少するために酸性度が高まり、オゾンが枯渇してしまう。環境破壊が一層促されることになる。

このように海水温の上昇が当然ながら懸念されるが、長期的に人間の生活に最も影響を及ぼす可能性があるのは、海水面の上昇だ。海水面が上昇すれば、極地の氷冠が溶け、海洋の水量が増加する。数字は急を告げるものであり、上昇率は加速している。識者によれば、海水面は過去の二倍の速度で上昇しているという。これは主に、地球温暖化が極地の氷河や流氷を溶かしているためだ。この潜在的影響は明らかだ。沿岸の生態系はきわめて繊細であり、海水の浸透、豪雨による雨水の管理、沿岸で生息する種に対する栄養分の供給など環境に重要な影響が及ぶ。沿岸の漁業水域では多大な混乱が生じ、地球温暖化の周期にも影響を及ぼしかねない。海水面の上昇によって、現在は耕作や居住が可能な土地の多くが奪われ、海に覆われる可能性があるだろう。沿岸の居住区域は消滅し、小さな島は沈み、港はなくなる。現在地球の沿岸部に暮らしている約三〇億人は、こういった変化への困難な適応を迫られることになる。


海洋に影響を及ぼす他の重要な問題は、石油汚染と資源開発である。両者は特に液化炭化水素と密接に関連し、過去数十年の認知度の高まり、規制や取り締まりの強化にもかかわらず、海洋に有害な影響を及ぼしている。

石油流出は最も大規模で明白だ。海上掘削装置や陸の配管システム、あるいは海上で活動するタンカーが流出元になる。目で見てすぐにわかるのは海上掘削装置だろう。海底から資源を掘り出すのは非常に複雑で困難な作業だ。艦に乗っていた頃、さまざまな国の沿岸に近づくたび、大型の醜い石油掘削装置が増えているのを残念に思ったものだ。原油流出事故の現場を何度か通ったこともある。油まみれになった海鳥が海面でもがく姿、大量の死んだ魚が水面に光る痛ましい様子はよく知られている。おぞましい光景を目にしながら艦を進めたときのことは忘れられない。私が実際に経験したのは、一九九一年はじめの第一次湾岸戦争の頃だ。サダム・フセインの軍隊が、陸の石油掘削・搬出装置の立ち上がり管をアラビア湾に向けて意図的に開いたため、四億ガロン以上の原油がアラビア湾北部に流れ込み、およそ四〇〇〇平方マイル（約一万四〇〇〇平方キロメートル）を覆った。フセイン軍は、占領されたクウェートの解放を求めて集結した多国籍軍の力を削ごうとした。多国籍軍の活動にはほとんど影響はなかったものの、被害は現在も湾岸地域を苦しめている。

二〇一〇年にBP社（ブリティッシュ・ペトロリアム）の石油掘削施設「ディープウォーター・ホライズン」からメキシコ湾に大量の原油が流出した事故は、海洋掘削による広域被害を象徴する最も有名な事例である。短期的影響はよく知られているとおりだ。一一人の作業員（主に船員）が亡くなり、二億ガロンを上回る原油が流出した。石油掘削施設の爆発後、メキシコ湾に流れ込んだ原油は一日当たり二〇〇万ガロンを超えた。エンジニアが三カ月近く流出を止めようと奮闘し、戦術核兵器の利用などさまざまな解決策が検討された。沿岸約六〇〇マイル（約九七〇キロメートル）が原油で汚染され、何百万人もの住民の暮らしが損なわれるか失われた。巨額の賠償金や補償金が支払われ、罰金も徴収された。膨大な数の鳥や魚が一度に被害を被ったため、影響は今後何世代にも及ぶだろう。嘆かわしいことに、長期的コストは計り知れない。さまざまな生物の循環系に異変が生じているとの報告もある。

過去数十年の海への原油流出に関しては、最大の原因はタンカーだ。現役時代には、何度も大型タンカーに遭遇した。その大多数はプロの手によって、適切に運航されていたように見える。船同士で友好的に合図を交換し、遭難救助や医療支援を行なうこともあった。こういった巨大タンカーは、アメリカの大型空母の三倍の規模だというのに、乗組員の数は空母の数千人に対して、十数人。問題が起きれば、事態は急激に悪化し、原油を海に流出させるという最悪の事態に至る。アメリカ人なら、エクソンバルディーズ号によるアラスカのプリンス・ウィリアム湾への原油流出事故を覚えているだろう。この事故では沖合いの施設ではなく船の重大な操作ミスから、沿岸一四〇〇マイル（約二二五〇キロメートル）にわたって原油が流出し、五〇万羽の海鳥など、数えきれないほどの海の生物が死んだと言われている。とはいえ、この流出事故は、流出量で言えば、史上三〇位にも入らない。BP社の事故での二億ガロンに比べれば、海への流出量はわずか一一〇〇万ガロンだった。

沖合いの石油掘削装置やタンカーによる大事故はたしかに衝撃的で、何十年後までも記憶に残る。その反面、日常的に世界の海に流れ込む一定量の原油の存在を実に小さく見せてしまうことにもなる。夜間の不法投棄、海に投棄されるゴミへの偶発的混入のほか、主に川などの淡水から海への流入もある。廃棄物や石油を主成分とする殺虫剤などが、川にも混入している。専門家によれば、毎年五億ガロン以上の石油が目立たない形で投棄されているためだ。BP社のディープウォーター・ホライズンやエクソンバルディーズ号のような大事故は特定の海域に圧倒的な被害を及ぼし、当然ながらメディアの注目を浴びる。しかし、ほとんど報道されないとはいえ、長年、一定量の原油を海に投棄することは、実際にはそれ以上の脅威になる。海への大量の、静かな原油投棄による長期的で潜在的な影響に対しては、これまで以上に研究が必要だ。

石油汚染については、その影響が目にはっきりと見えるため、焦点を当てやすい。その一方で、化学物質による環境汚染も強く懸念されている。幅広い産業活動によって危険な化学物質が排出され、最終的には海に投棄されている。汚染シルト、すなわち排泥《はいでい》が海に流れ込むのはその一例だろう。シルトは、水の流れによって運ばれ、河口にたどり着くまでの間に、沿岸の産業活動や住民の生活による汚染物質を含むようになる。農業で使われる非有機肥料も、この種の汚染源だ。自動車の排気ガスや液体排出物も、最終的には海にたどり着く場合が多い。水銀などの毒性物質も海に流れ、メカジキやマグロなど大型魚類の体内組織に蓄積される。規制が緩い多くの国では、工場の産業廃棄物、し尿、そのほかの液体物質が川や海に直接投棄されている。

長年の艦隊勤務の間に目にすることが多かったプラスチックやゴミの海への投棄も懸念される。この問題に関しては、アメリカ海軍にも責任がある。艦から投げ捨てられたプラスチックの混じったゴミのことは、今も私の記憶に残っている。一九七〇年代には、駆逐艦の艦尾に立ち、私たちがぞんざいに放り投げたゴミに数えきれないほどのカモメが群がるのを眺めたものだ。現在ではプラスチック汚染が引き起こす損害についての理解が深まり、どの国の海軍も商船も、少なくともその行動を正すようになっている。引き合いに出すのは著者のイアン・フレミングに申し訳ないが、『007／ダイヤモンドは永遠に』になぞらえれば、海に関しては、「プラスチックは永遠に」なのだ。

細かく砕かれたとしても、プラスチックの基本組成は残る。結果、鳥やカメがゴミを食べるとプラスチックが体内に取り込まれる。プラスチックの多くは生物分解性であるため、消化器官からも発見されるようになっている。プラスチックは、海だけではなく、海洋生物の海に悪影響を与えないと反論する声もある。しかし、医療廃棄物（針や管、ステントなど）や汚水（沿岸で）、化学物質、薬品など生物分解性を持たないきわめて毒性の高い物質を海に投棄し続ける船もある。

将来に目を向ければ、明るいニュースもあれば暗いニュースもある。海洋に悪影響を及ぼす多様な活動は増える一方だ。タンパク質源としての魚類資源や炭化水素への需要は今後さらに高まるだろう。現在の世界人口は約七〇億人、次の世紀が訪れる頃には少なくとも一〇〇億人に達すると考えられる。となれば、人口増加はゴミやプラスチック、医療廃棄物、汚水の投棄による汚染をさらに悪化させるだろう。海は汚され、海岸線付近、特に繊細で貴重なサンゴ礁に悪影響が及ぶはずだ。海洋では新しい活動も行なわれるだろう。掘り起こされるのを待つ畑のジャガイモのように、深海底の銅やコバルト、マンガン、ニッケル、レアアースなどの採掘が増加すると考えられる。それでも幸いなことに、私たちには行動し、海を守るための手段を講じる時間がまだ残されている。既存の協定の遵守を強化し、新たな国際的枠組みの交渉を行ない、責任ある海洋活用について世界的に検討すべきである。違法な活動が横行する海を、完全に管理することはできないだろう。しかし、リスクを減らすために先手を打つことはできる。

私たちのなすべきこと

無法者の海に対して私たちはなにをなすべきなのか。海を渡る者のほとんどが、私がそうだったように、その生活やキャリアの大半を国益のために捧げているとすれば、国の枠を超えたこの大きな問題に対しては、どのようにアプローチすればいいのだろう。二一世紀をさらに漕ぎ進もうとしている今、海を心から愛する者にとって、これは対処すべき最も重要な問いかけである。

どのようなアプローチを取るにせよ、中心になるのは、国際協力のさらなる推進である。国、政府機関、民間団体の高度な統合を通してのみ、広大な海固有の課題を解決できる可能性が生まれる。残念ながら、現在のところ、そういった取り組みの成果が出ているとは言いがたい。たしかに一九八〇年代に締結された「国連海洋法条約」はおおむね成功している。一九八〇年代はじめには、この条約に対する強い熱意が見られ、海洋管理のための真に世界的な枠組みを作り出すための交渉が粘り強く行なわれた。アメリカは海洋大国でありながら、条約への署名をいまだに拒否している。深海底開発についての規定に不満だったからで、ネオコンに押し切られた愚かな姿勢だ。国連海洋法条約が必ずしもすべての問題を解決したわけではないが、この条約がなければ、どれほど混乱していたかは想像できない。この条約を基盤として、他の国際的枠組みとの交渉を行なうことができると、私は現在も考えている。さらに重要なのは、制裁、国際法廷や各国法廷による判断、規則に従わない国に不名誉だと感じさせるなど、さまざまな手段を組み合わせることによって、取り組みを強化できるということだ。したがって海洋での国際協力については、私自身は慎重な立場を取りながらも楽観的だ。

一方二〇一〇年には、二〇二〇年までに世界の海洋の少なくとも一〇パーセントを海洋保護区として保護するという取り決めがなされた。イギリスが南太平洋に位置するピトケアン諸島周辺（グレートブリテン島の三倍の広さ）を海洋保護区とするなど一定の成果は見られるが、現在のところ、海洋保護区になっているのは海洋のわずか二パーセント、全体的に見れば国際社会の取り組みは遅れている。同様に、漁業や汚染、地球環境の問題に対する善意の取り組みの多くについては、まだ判断できる段階ではない。

省庁間協力については、こちらもまた複雑な状況だ。オバマ政権は不法漁業を取り締まる計画を作成していたが、目標を達成するための資源は十分ではない。沿岸警備隊も海軍も、この計画に記された広範囲にわたる任務を遂行するだけの余力はない。つまり、省庁間協力に対する意欲はあっても、内実が伴わない。アメリカに限らずどの国でも、省庁間協力プロジェクトが失敗するのはそのためだろう。残念ながら、海洋に関しては、政府内で一貫した意見は見られない。

官民の取り組みは、もうひとつのきわめて重要な協力領域だろう。たとえば国際的海運会社は、海洋をめぐる行動基準を策定するため、国際海事機関などの国際機関と協力するようになっている。その範囲は、船からの「排水や投棄」についての合意から、乗組員、機関士、甲板監視員、航海士、船長の技能レベルまで広範囲に及ぶ。多くの漁業企業は、おおむね混沌とした漁業の世界に秩序をもたらすべく、政府機関や国際機関と密接に連携している。原油・ガス企業も幹部レベルで関係当局と協力している。海洋では、政治的対立を克服することが重要だろう。

前述した海洋についてのムーマーの報告書では、「一種類以上の種の管理、漁業慣行、世界的・地域的レベルでの海洋資源の管理に取り組む条約、合意、プロトコル、枠組み」七六種類が特定されている（Moomaw and Blankenship, 39）。この種の国際協力は好ましいが、課題もある。その多くに正式な事務局がなく、研究主体もなく、強制する仕組みも整っていなかった。この三つを備えているのは、七六種類のうち六種類だけだった。海洋管理の他の領域でも同じだ。合意を形成するだけではなく、適切な管理と執行のために、もっと多くの国際的取り組みが必要であるのは明らかだろう。そのための最善の手段は、国際海事機関のような国連組織のもとで、長年の交渉によって成立し、約二〇〇カ国が遵守する国連海洋法条約の条項を活用することだろう。

海ではもっと積極的かつ大胆に新たな統治のアイデアを取り入れ、もっと多くの参加者を海洋政策に関与させなくてはならない。陸と同じように、魚や鳥、哺乳類のための海の保護区域を設定するほか、海洋保護区の増設も役立つだろう。どの企業が生態系に配慮してビジネスを行なっているかを明確に証明するプログラムも意味がある。企業の海での社会的責任を促すことが重要だろう。水族館、動物園、環境保護団体、シンクタンクなどとの連携も有効だ。

海を守るための針路を定めるには、政府間、政府内の協力が欠かせない。なにより重要なのは民間部門内での協力だろう。しかし、こういったあらゆる取り組みの根底には、戦略的コミュニケーションを促す一貫した活動がなくてはならない。海洋は、傷つくことのない巨大なゴミ捨て場ではなく、タンパク質の無尽蔵な供給源でもない。世界中の人々にこのことを納得させられなければ、世界が向かっている針路を変更することはできないだろう。海での違法活動を抑制できていると自信を持てるまでの道のりは、まだ長い。

第9章　アメリカと海洋　二一世紀の海軍戦略

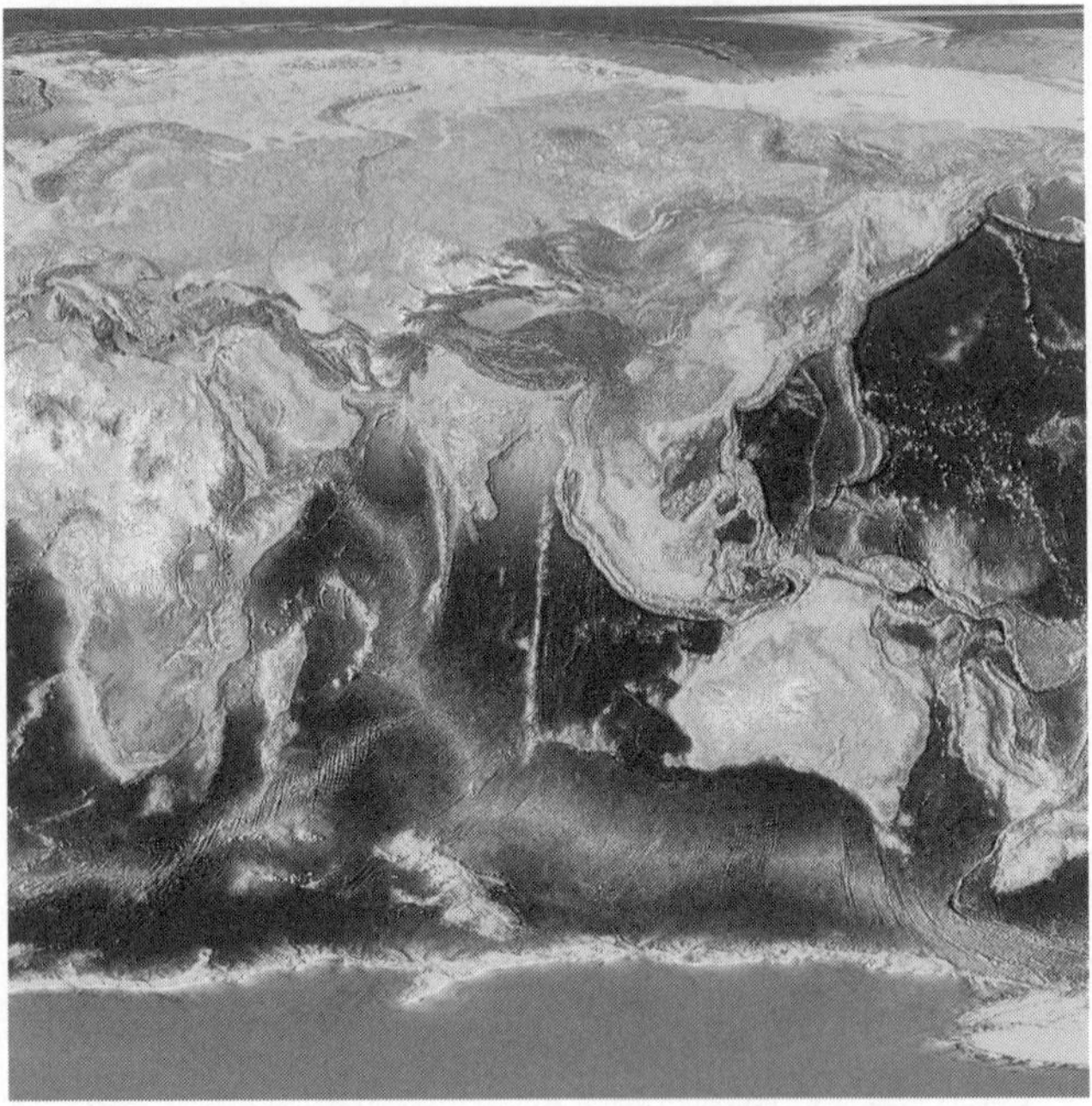

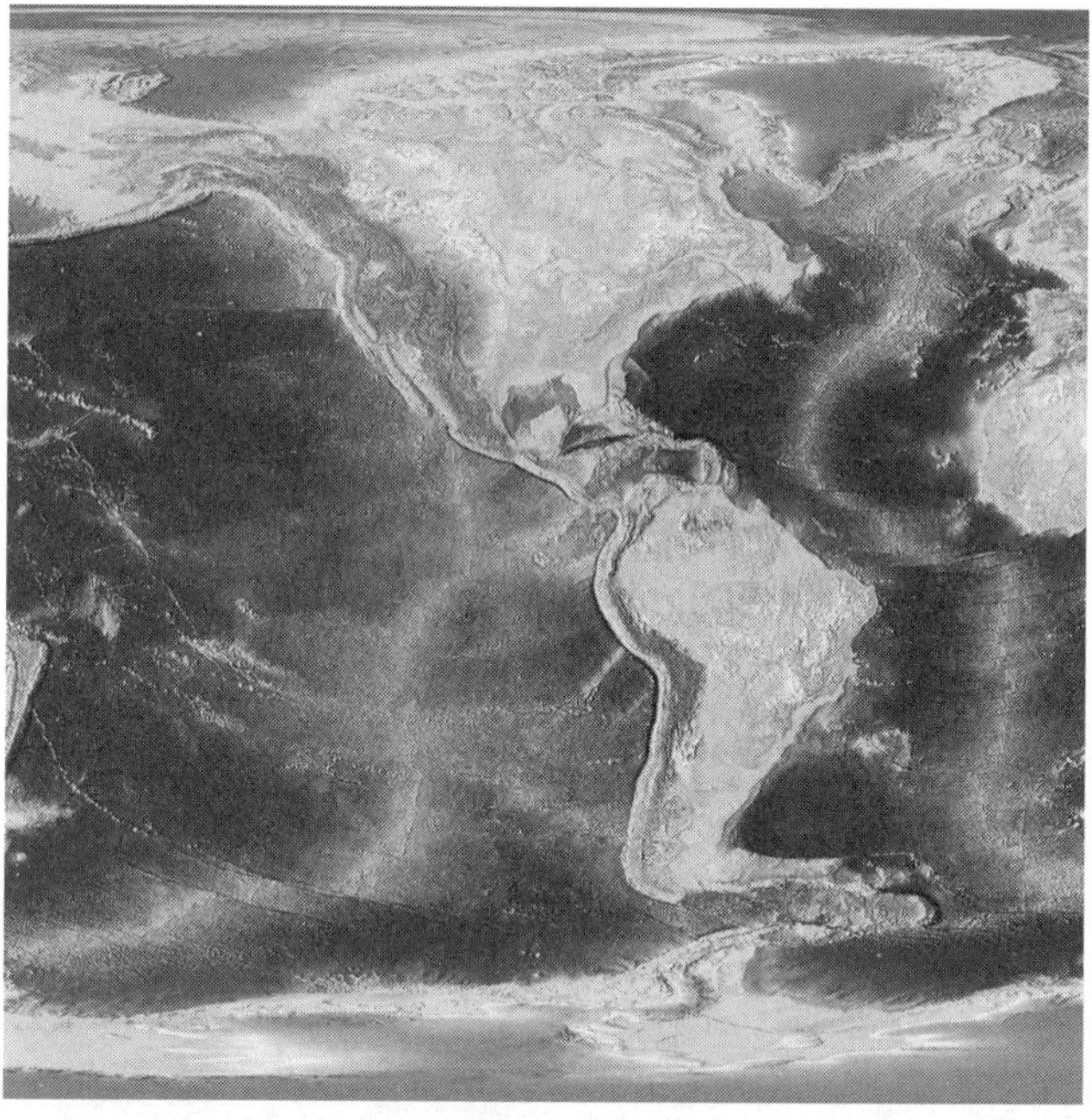

この地図は世界の陸地や海面の上昇を示すものだ。新たな環境問題は、人類史においてかつてなかったほどの重荷を海洋に負わせるだろう。

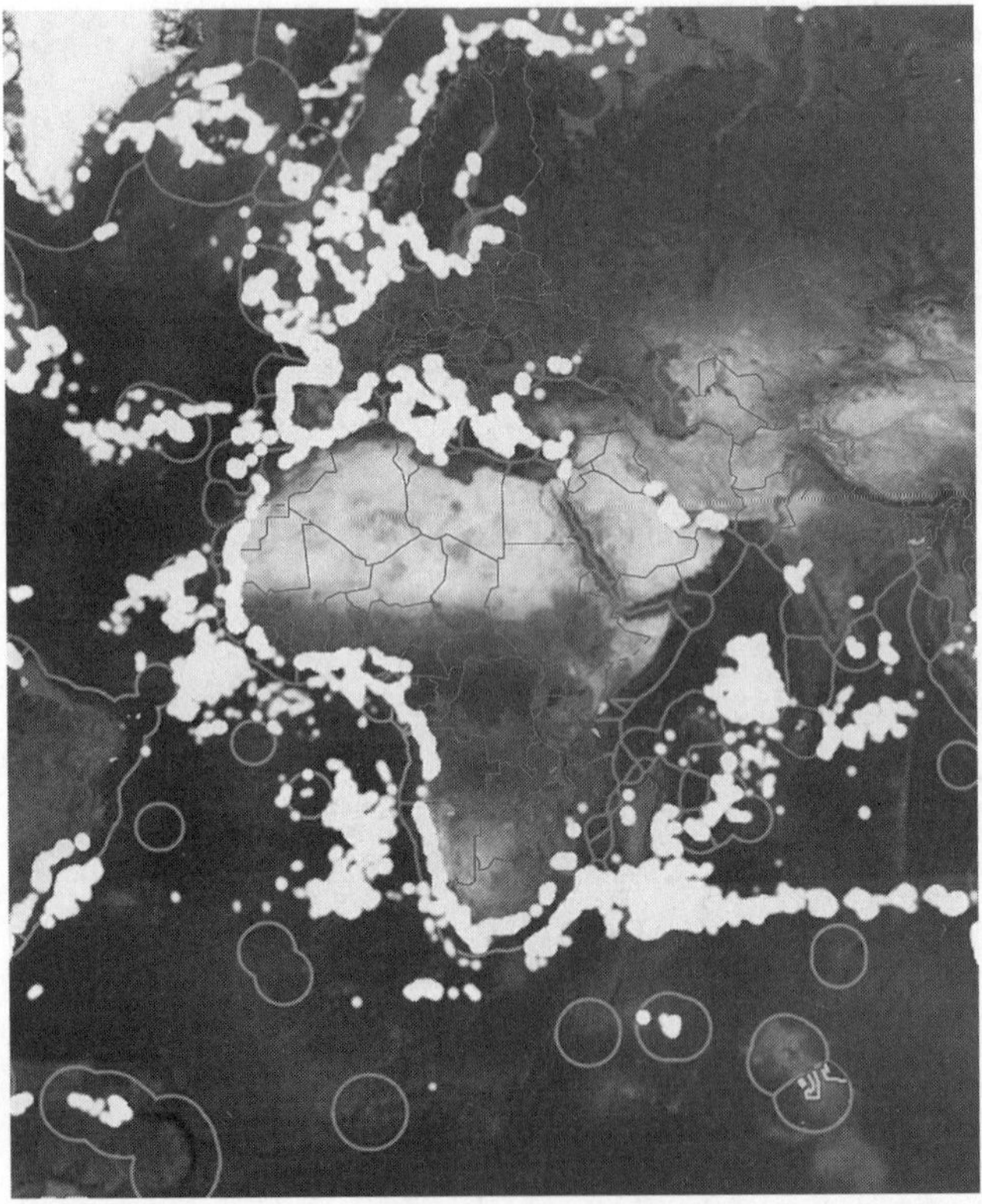

世界で漁業活動が行なわれている地域。*Courtesy of Global Fishing Watch.*

マハンの先見性

アルフレッド・セイヤー・マハンの名前をはじめて聞いたのは、一七歳のときだ。私は海軍兵学校の「プリーブ（plebe）」だった。「プリーブ」というのは一年生の呼び名で、古代ローマの平民（plebeian）になぞらえたものだ。一年目には一〇〇〇人の生徒全員（大昔のことなので、当然男ばかりだ）が「シーパワー」という科目を取る。ユーモアのあるクラスメートたちはこのコースを「Zパワー《ジー》」と呼んだ。退屈だったからだ。しかし私には決して眠気を誘うような授業ではなかった。

この科目を創設したのは敬うべき歴史家E・B・〝ネッド〟・ポッターだった。「シーパワー」という題名の青い表紙の教科書も執筆していた。彼にとって幸運なことに、この教科書は毎年一〇〇〇部売れた。おかげで、大好きだと私も聞かされたスモールバッチ（小ロット多種生産）・バーボンを買い続けることができたはずだ。当時私が使っていた教科書は今も手元にある。少し傷んでいるものの、折に触れ手に取る。内容もアプローチも異なるとはいえ、この本の題名を『シーパワー』としたのは、ポッターに敬意を表してのことだ。

当時の授業は、海洋での軍の活躍を歴史を追って学ぶものだった。有史以前から始まり、すぐにギリシャ人やローマ人によるガレー船時代へと進み、そしてオスマン帝国とハプスブルク家のレパントの海戦のような有名な戦い、アメリカ独立戦争前後の海上での数多くの戦い、バルバリア海賊と英雄スティーヴン・ディケーターまでが矢継ぎ早に語られる。そして少し速度を落とし、一九世紀アメリカのシーパワーをめぐる長い航海が始まった。南北戦争について詳しく論じたのち、第一次、第二次世界大戦での海戦へと進む。現在もそうだが、もっぱら欧米の視点でためらいもなく進むため、授業が終わる頃には、生徒は、中国人は軍艦を造らなかったと思ってしまっただろう。あくまでアメリカ人の立場で論じられ、アメリカの伝統に沿ったものだった。その頂点にいたのが、アルフレッド・セイヤー・マハン海軍少将だった。

元陸軍長官ヘンリー・スティムソンはマハンについて次のように述べた。「(マハンは)海軍独特の心理を体現していた。海軍は論理の領域から退き、ネプトゥーヌス〔ローマ神話の海の神〕を海の神と崇《あが》め、マハンをその預言者、アメリカ合衆国海軍を唯一の真の教会と位置づける曖昧な宗教的世界へと移ったように見える」。マハンは一八四〇年、陸軍士官学校のあるウェストポイントで生まれた。父親は同校の教授だった。ミドルネーム「セイヤー」は、「ウェストポイントの父」と言われるシルヴェーナス・セイヤーにちなんだものだ。幼少の頃から陸軍士官になるべく育てられたが、本人は早々に海軍兵学校へと針路を変え、一八五九年にクラスで二番の成績で卒業した。

北軍海軍の一員として南北戦争に従軍し、その後も海での任務を遂行し、やがて艦長となり、いくつもの艦を指揮した。しかし当時の上官によれば、船乗りとしては凡庸で、ほかの船やブイに衝突することも多かったという。しかし早い時期から本を書き始め、シーパワー理論を構築した結果、同世代では最も影響力のある海軍士官となる。

マハンは読書や思索、執筆、発表に熱中しすぎて上官ににらまれることもあった。「本を書くのは海軍士官の仕事にあらず」と人事評価で指摘を受けたのは有名な話だ。ところで今、読者が読んでいる本は、私が執筆もしくは編纂した七冊目に当たる。どれもマハンの古典とは比べものにならないのは言うまでもないが、それでも書きたいという欲求によって、私の海軍でのキャリアは必ずしも順調には進まなかったのはたしかだ。海軍は、自らの見解を印刷物として発表する者に対して、いくらか懐疑心を示すことがある。しかしありがたいことに、全般的に見れば、知的な努力も、艦の操縦能力と同じように尊重されていると思う。

のちにマハンは、ロードアイランド州ニューポートの海軍大学校教官となる。一九世紀後半に海軍の帆船から蒸気船への移行を推進した海軍少将スティーヴン・B・ルースの誘いによるものだった。その後マハンはルースの後継者となり、海軍大学校の第二代および第四代校長を務めた。マハンを深く尊敬し、その教えを熱心に吸収した者の中にはセオドア・ルーズベルトがいた。シーパワーや海の歴史に関して記された著書は現在も学ばれ、二一世紀に入った今も、我が国の海軍力の基盤を成している。マハンはようやく海軍少将として退役軍人名簿に名を連ねたのち、七四歳で鬱血《うっけつ》性心不全で亡くなった。

マハンは、国家は、三つの要素による海洋での取り組みによって「シーパワー（海上権力）」を持つと考えた。第一は生産活動で、生産の拡大によって他国との交易が必要になる。第二は海上交通で、商人と海軍が担う。第三が植民地や同盟で、世界に広がり、シーパワーを示すための拠点ネットワークを形成する。この三つの基本概念は現在も重要だ。ただし、以下で詳しく述べるように、若干の更新が必要だ。

マハンはこれら三つの要素に加え、国家がシーパワーを効果的に創り出し行使する能力に影響を及ぼす主な条件に何度も言及している。第一は、地理。最も直接的で不変の条件である。「一国の海岸線はフロンティアでもある。その先の領域、海へのフロンティアが提供するアクセスが容易であればあるほど、フロンティアを介して、人々が他の世界と交流しようとする傾向が強くなるだろう」とマハンは述べている。アメリカの場合には、広大な海岸線によって大西洋、太平洋、北極海へ、南はメキシコ湾やカリブ海への直接的アクセスが可能だ。我が国の歴史において繰り返し見られたように、これはシーパワーを創り出し活用するために羨まれるほどの立地だ。莫大な天然資源と比較的温暖な気候に恵まれ、アメリカの地理はシーパワーを発揮できる国を築くためにはおそらく最高の環境と言えるだろう。

マハンが頻繁に強調し、現在もなお重要な第二の要因は、海岸の規模である。マハン曰く、

「シーパワーの拡大に関して考慮すべきは、その国の領土の面積ではなく、海岸線の距離と港の特徴である」。アメリカの海岸線は、満潮時の海岸線に沿って測ると合計一三万三〇〇〇キロメートル、世界でも一、二を争う長さだ。すべてが温帯に位置し、陸から簡単にアクセスできる。ちなみに海岸線を測定するというのは厄介な仕事だ。ここで用いた数字は世界資源研究所による。同じ測定法でアメリカよりも沿岸距離が長いのはカナダだけだ。言うまでもなく、その大半は一年のかなりの期間、アクセスできない。

その国がシーパワーを活用できるかどうかは、国民次第だとマハンは述べている。今世紀に入って一層顕著になっているように、人口動態は多くの点で国の運命を左右する。マハンは、数だけではなく、国民が海を使って活動する適性を持つかどうか、たとえば軍艦を建造し、軍艦に乗り、海軍や沿岸警備隊に加わろうとするかどうかが重要だと考えた。「海に向かう者の数」が大事だと彼は言う。さらに数字と密接にかかわるのが「彼らの特性」だ。この点では、マハンもルーズベルト大統領同様、海への果敢な商業的アプローチ、具体的には国民が世界的に交易にかかわりたいと願う経済的インセンティブを重視する積極行動主義哲学を信奉していた。

「交易や、そのための生産の必要性を重んじる姿勢は、シーパワーの構築にとってきわめて重要な国の特徴である」。このすべてを牽引する特徴に関しては、「法律上の障害が取り除かれ、利益の大きい分野での事業が盛んになれば、シーパワーは遠くない将来に確立されるだろう。商才、利益を求める大胆な冒険心、利益に通じる道を発見する鋭い嗅覚などはすべてアメリカ人に備わっている。したがって、将来我々を植民地建設に向かわせる地域があれば、アメリカ人は祖先から受け継いだ自治と自立的発展の特性とともに、その地に赴くことは疑うべくもない」。マハンは臆《おく》することのない資本主義者だった（率直に言えば、帝国主義者でもあった）。ヨーロッパの兄弟同様、アメリカが海外での植民を積極的に進めることを好ましく思っていただろう。

マハンが強調した最後の要因は、「政府の性格」である。彼はすべての著作を通して、アメリカ政府にシーパワーの重要性を十分に理解するよう求めた。「国民の先天的な性向に完全に適合した統治機関は、あらゆる面で国民の発展を導けるだろう。シーパワーに関しては、最も輝かしい成功は、政府が国民の精神を十分に尊重し、その一般的性向を意識して聡明な指導を行なったときにもたらされている」。ルースの庇護《ひご》を受け、ルーズベルトによって本当の意味で励ましを得たマハンは、キャリアの後半を通してこの理論を熱心に説いた。シーパワー論は、アメリカだけではなく、大西洋の向こうでもイギリスやドイツの政策決定者の関心を引いた。

前述した基本的要因はマハンの主張にとって重要なものだ。しかし実際のところ、マハンが強く求めたのは威力のある大艦隊である。ルーズベルトのグレート・ホワイト・フリート号は、世界を航行し、念入りに選ばれた給炭港（現在では前進基地と呼ばれている）で燃料を補給し、行く先々で畏怖の念を呼び起こした。これは、「大きな棍棒（ビッグ・スティック)を携え、静かに話せ」というルーズベルトの政策と関連している。大事なことは、艦隊の戦闘能力が敵を上回るかどうか。特に勝敗を決する海上での戦いにおいて、海軍の機動力を用いて敵を全力で攻撃し撃退できることが重要だった。

しかし、こういった議論の背景には、国家の能力をめぐる戦略的概念がある。その国が、海への関心の欠如によって、あるいはシーパワー論の重要性を理解していないために、あるいは単純に、海洋を利用できる地理的条件や特性、政治的意図を持たないために陸での戦力活用を重視してきた大国を、シーパワーを用いて最終的に抑えることができるかどうか。古代ギリシャを見れば、アテナイは海洋大国であると同時に、陸でも勢力を誇っていた。ランドパワーとシーパワーを備え、第一次ペロポネソス戦争ではスパルタを圧倒した。スパルタはいわば「ハートランド・パワー」で、ギリシャ南端に広がる半島の内陸部に重心があった。やがてスパルタ人はアテナイとの戦いを有利に進めるには海軍が必要だと気づき、シーパワーを確立した。

時計を一気に進めて大英帝国時代を見てみよう。天然資源をほとんど持たない小さな島国が、どのようにして世界の陸地の大半を支配するようになったのか。シーパワーを有効に活用したために、「太陽の沈まない国」を築くことができたのである。マハンは大英帝国の卓越したシーパワーをアメリカに適用し、海に囲まれているという海洋国のDNAを活かして、同じような艦隊や植民地帝国を築き、海軍によって世界に本物の影響力を及ぼそうとした。マハンによれば、イギリス人は世界中の海上交通路(シーレーン)を支配できたために、ドイツ／プロイセンのような大陸国（ハートランド・パワー）に挑戦できた。

冷戦時代のアメリカとソ連についても、多くの分析家によって同じダイナミクスが指摘されている。ソ連は典型的な「ハートランド・パワー」だった。巨大な陸戦力を備え、地政学的には内陸国として優位な位置にあり、ワルシャワ条約によって近隣国を支配し、ナポレオン、ヴィルヘルム二世、ナチスドイツに対する陸戦で培われた思考様式を備えていた。これに対抗したのが海洋国アメリカだ。本質的には海に囲まれた島国で、強力な海軍を持つ。NATOを通して大陸の同盟国と連携することによって、「ハートランド・パワー」のソ連にとっての究極の野望をくじく能力を備えていた。ソ連の野望とは、地政学者ハルフォード・マッキンダーが「世界島（world island）」と名づけたユーラシア大陸全土の制覇である。「東ヨーロッパを制する者がハートランドを制する。ハートランドを制する者が世界島を制する。世界島を制する者が世界を制する」とマッキンダーは述べた。これは、強力なランドパワーによる支配についてのマハンの懸念や、シーパワーがなぜ対抗勢力としてこれほど重要だったのかを示すものだ。

二一世紀の今、次のように問いかけてみたい。世界の勢力図、国際規範、技術の変化は、マハンのアプローチを根本的に変えたのだろうか。私自身は、マハンのメッセージは現在のアメリカに依然として当てはまると考えている。世界的海洋戦略を構築する場合、マハンの考え方は、現在の世界にも当てはまり、時代を超えた意味を持つ。

では、マハンの理論を出発点とした場合、マハンが今も生きているとしたら、アメリカ合衆国大統領にどのような助言をするだろうか。

第一に、マハンは海洋国としての自覚を強く求めるだろう。これはつまり、相応の規模の商船、強力で有能な海軍、活発な造船業、有能な漁船団、効率的な港やインフラ、北極圏での砕氷能力、我が国への海洋からのアプローチに対する広範囲の監視能力などの重要性を意味する。

第二に、マハンは、オープン・グローバル・コモンズの考え方を守るよう求めるだろう。これは、公海の航行や通過の権利、国連海洋法条約の重要性（アメリカ海軍の現役提督全員と同じように、マハンもこの条約を支持するだろう）、さらには海賊行為や政治介入、天然の障壁からの自由で安全な航行を意味する。現在、世界貿易の九五パーセントは海を経由する。海洋での商品の自由な移動は、アメリカのような地政学的な勢力を持つ国にとって重要だ。中国は、人工島を建設し、南シナ海の多くの海域に対して「歴史的権利」を主張している。こういったグローバル・コモンズを閉鎖するような試みには対抗すべきだ。

第三に、マハンは、世界各国との同盟やパートナーシップの強化を求めるだろう。マハンなら、こういった関係を植民地の観点から考えただろうが、幸い植民地制度は過去のものだ。現在では、植民地ではなく、NATO加盟国などとの強力な同盟が必要だ。NATOとの協力によって、アメリカはヨーロッパ周辺や北極圏など各地の基地や兵站支援へのアクセスを実現できる。我が国の軍艦は現在、スペインのロタ、ギリシャのサウダ湾、イギリスのポーツマス、フランスのトゥーロン、ドイツのブレーメンのほか、基本的にはNATO加盟二八カ国のどの港にも寄港できる。私は、艦隊を率いていた時代には頻繁に各国の港に立ち寄り、燃料を補給し、乗組員に上陸許可を与え、同盟国海軍の親しい仲間と語り合うなど、同盟国による支援と支持を得てきた。同じように太平洋では、我が国はオーストラリア、ニュージーランド、フィリピン、タイ、日本、韓国と同盟関係にある。これらの国との関係は、世界的海洋戦略にとって等しく価値がある。

アメリカには、同盟のほかにも、パートナー国や友好国との積極的ネットワークが必要だ。さまざまな理由によって正式な同盟関係を結ぶには至らないものの、友好的な関係を維持している国には、サウジアラビア、バーレーン、クウェート、イスラエル、インド、マレーシア、シンガポール、フィンランド、スウェーデン、コロンビア、ブラジル、アルゼンチン、チリ、ペルーが含まれる。私はそれぞれの国の港に立ち寄ったことがあり、常に温かい歓迎を受けた。これらの国は我が国の世界的海洋ネットワークの不可欠な部分であり、我が国の海洋戦略に含まれるだろう。同盟国、パートナー国、友好国の能力を合わせれば、その海軍力は圧倒的なものになる。国際連携に向けたアプローチは、我が国の世界的海洋戦略の中心でなくてはならない。

第四に、マハンはアメリカが活発な海洋能力を維持し続けるためには、民間部門が重要だと認識し、海運産業や世界的交易能力に対する支援を重視していた。現在もどちらも必要だが、これだけでは十分ではない。アメリカにとって効果的な海洋戦略には、もうひとつ重要な要素である官民の密接な協力と活動の統合が欠かせない。一例をあげれば、船舶が海洋を航行する場合には、受動的にはGPSや関連した誘導システム、能動的には互いに報告し合うことで情報を共有する。これはオープンで自由な航行を可能にするためであり、特にマラッカ海峡やアフリカの東・西海岸、カリブ海などで海賊行為に直面した場合に必要だ。海賊行為に関しては、警備員チーム、護送船団活動、遭難報告システムのほか個々の船が取る対策などについて手順を知らせ合う場合もある。最近では、船や港、積み下ろしクレーン、ブイの設置など海運のあらゆる側面がサイバー攻撃を受ける危険があるため、アメリカ政府と民間部門が責任を共有しなくてはならない。

現代におけるマハン・アプローチ

マハンは、競合するシーパワーの台頭に注目していた。今生きていたなら、ロシアと中国に強い関心を示しただろう。ロシアの軍事力は一時期衰退していたが、現在では復活し、艦隊の再構築を重視した計画を推進している。主力艦の合計数はアメリカよりやや少ないものの、ロシア艦隊は海中での活動に積極的だ。マハンは潜水艦の驚くべき進化については記さなかったが、晩年には潜水艦が海戦に及ぼす影響力が高まっていることに気づいていただろう。ロシア人は潜水艦の威力を理解し、数を増やし、技術を高め、原子力とディーゼル、対艦攻撃型と弾道ミサイル搭載型とを含むあらゆる潜水艦の活動範囲を広げようと取り組み続けている。中国も同様に、技術や海中での攻撃・防御能力、アメリカの空母を攻撃するために使われる長距離対艦ミサイル、長距離対地巡航ミサイルなど、艦隊のあらゆる側面を改善しようとしている。核弾頭を搭載した原子力潜水艦は言うまでもない。マハンが生きていれば、我が国が海上で衝突する可能性のある両国への警戒を怠らず、打破するための能力を維持せよと助言するだろう。

マハンが気づいていなかったこと、予想していなかったことはなんだろう。

思うに、マハンにとって最大の驚きは、海軍・海事戦略の重要な（支配的）要素としての海中戦争の増加だろう。動力源としての原子力の登場にも驚いたに違いない。その結果潜水艦は、乗組員の食糧補給以外は何カ月も潜っていられるようになった。燃料補給も不要で、水や呼吸可能な空気も作れる。マハンは、現在の潜水艦の規模や能力に目を見張っただろう。晩年にはディーゼル式の小型潜水艦が登場していたとはいえ、水中にいて、敵に姿も見せないままで大都市を破壊できる核ミサイルを搭載した一万九〇〇〇トン級、全長五六〇フィート（約一七〇メートル）の潜水艦が登場するとは、海洋について自由に考察した彼でさえ想像もできなかったことだろう。

もうひとつ、マハンが驚くに違いないのは、戦争行為が陸、海、空軍個別にではなく、高度に統合された作戦になっていることだ。アメリカの現在の戦争は、陸軍、海軍、空軍、海兵隊のシームレスな指揮統制に完全に依存している。軍需品は相互に融通され、作戦はすべての軍が敵に衝撃と畏怖を与えるように組み立てられている。ミサイル攻撃、航空機による攻撃、海軍の砲撃、海兵隊の目的地への飛行や上陸、重装備の陸軍による後方支援、これらすべてが合わさって、敵は敗北を避けがたいと感じるようになる。マハンにとって海軍は、一般的にはその主戦場である海で戦うものであり、海を掌握し、陸上戦力に兵站の再補給を行ない、場合によっては海浜《かいひん》の上陸拠点から大砲や海兵隊による戦力投射を行なうものだっただろう。しかし艦隊の本領は、敵の艦隊を発見し破壊することによって、死活的重要性を持つ海上交通路（シーレーン）を統制することだった。

当然のことだが、マハンにはサイバー空間の重要性に対する認識はなかっただろう。情報、指揮、通信、サイバー戦争などの世界は、マハンが執筆していた当時はまったく存在しなかった。私たちでさえ、情報戦争の最新の動向に追いつくのは容易ではないのだからなおさらだ。軍艦に関する最大の技術的変化は、兵器を操作するためのコンピューターの使用だっただろう。その結果、マハンが想像もできなかった距離から正確に、致命的な破壊力を発揮できるようになった。言うまでもなく文化的には、瞬時のコミュニケーションが可能になったことは大きな変化だ。艦長は戦場で、豊富な情報を持つ指揮系統部門からの「有益な助言」を得ることができる。マハンが、海でのアメリカ海軍司令官のイニシアチブ、強い精神力、自信を重んじていたことを考えれば、この変化はマハンを喜ばせたとは思えない。しかし、どれほど良き時代にも終わりは来る。それに、現代の艦長（マハンの時代と違って女性もいる）が作戦や戦略のための幅広い助言を得ているとしても、作戦に対しては依然として戦術的統制権を維持しているのはたしかだ。

さらに言えば、宇宙と無人システムの統合が海戦に影響を及ぼすことを、マハンが予測できたとは思えない。海は広大であるため、かつて船はどこにでも隠れることができた。有能な航海長でさえ、手がかりもなしに航海するのは容易ではなかった。二〇世紀半ばには無線標識などの電波による航行補助装置が登場し、航空機へのレーダー配備によって、海の未知の領域は縮小し始めた。衛星が導入されGPSが使われるようになり、海洋は高高度から効果的に把握され、追跡されるようになった。これは航海そのものの性質のみならず、戦闘方法をも変えた。現在では海軍の文字どおりあらゆる兵器が、少なくとも部分的にはGPSで得た指示に依存している。

マハンにとって最後の驚きは、世界を結ぶ海底ケーブルの重要性が高まっていることだろう。海底ケーブルは、海底の通信経路を作り出している。二一世紀の海洋戦略を考えるうえでは、もうひとつ重要な側面がある。海洋の「底」になにが存在するかだ。地上に山や谷、高原があるように、海底も平坦ではない。そのうえ、海底には人間が作ったものではあるが、世界の知識や商業に必要な情報の多くを運ぶ貴重なケーブルもある。

世界の海洋の底には、地上にいる膨大な数のヘビさながら、標準的な商用光ファイバーケーブルが設置されている。世界の電気通信の九九パーセントが、このケーブルを毎日猛烈な速度で行き来する。二四時間ごとに約五兆ドル相当の金融取引が行なわれているが、これらを含む毎秒二〇テラバイトのデータがケーブルを高速で移動する。およそ二〇〇のケーブルは、この貴重な情報の大半を運ぶ。

ある識者は最近次のように述べた。「インターネットによる情報活動の圧倒的多数が海底ケーブルを流れるという事実は、ときどき小耳に挟むものの、一般にはあまり認識されていない。混雑した上空を回る衛星、大陸をつなぐ電波塔、銅線に電流を流す二〇世紀の電話回線、どれも海底光ファイバーケーブルに比べれば、地球上のインターネット通信のごく一部を運ぶにすぎない」。現在海底ケーブルが果たしている役割や、今後の可能性を考えれば、そこには希望と危険の両方が存在する。

危険については、戦略家も次第に気づき始めているとおり、海底ケーブルは脆弱性が高い。深い海底に設置されているためある程度保護されているものの、アメリカやロシア連邦、中国など先進産業国はケーブルを探知し、利用し、損傷し、破壊する能力を備えていると言われている。冷戦時代には、アメリカとソ連が、対潜水艦システムやアンテナを海中の同程度の深さで攻撃していると考えられていた。

スティーヴ・ワインツは、二〇一五年に《ナショナル・オブザーバー》で次のように述べた。「目立たない形で破壊するためにハイブリッド戦を試みたいなら、海底ケーブルを意図的に遮断できれば、強力な武器になる。海底聴音装置のネットワークを断ち切れば、敵の耳は聞こえなくなる。インターネットケーブルを断ち切れば、サイバー兵器にとっては究極のDoS〔大量のアクセスを集中させ、機能不全に陥らせるサイバー攻撃の一種〕攻撃となる」

偶然ケーブルが遮断され、大量のデータが失われた例は枚挙にいとまがない。二〇〇六年と二〇〇八年には、エジプトやインド、中国、パキスタンなど複数の国や地域でインターネットサービスが停止した。幸いなことにケーブルはかなり丈夫で、太さはたいてい数インチ、絶縁層で保護されている。それでも脆弱性はきわめて高く、特にケーブルヘッドが海面から出てしまうと脆《もろ》い。数年前、エジプトではダイバーが一万二五〇〇マイル（約二万一二〇〇キロメートル）に及ぶ海底ケーブルを切断しようとして逮捕された。影響はエジプト全土に及び、インターネットの通信速度が六〇パーセント以上低下したという。

全般的に見れば、偶発事故のほか、ケーブルが錨に引きずられたり、腐食したり、低レベルの攻撃を受けたりするなどのよくある問題に対しては、ケーブルシステムはかなり対応できるようになっている。本当の問題は、国や国を超えた集団（犯罪カルテルやテロリストなど）が大規模なケーブル破壊を試みたときに生じる。世界の海底には二八五本のケーブルが埋設されている。現在は「使われていない」か「不明」とされる二二本の予備があるとしても、脆弱性は明白だ。国も国際機関も非常事態のシナリオを考慮し、海底ケーブルをどのようにしてともに守るかを検討しなくてはならない。

危険についてはこれくらいにしておこう。希望についてはどうだろう。海底ケーブルの有効性を高めるような新たな技術は存在するのだろうか。答えは、大きな声でイエスだ。

まず情報技術そのものが進歩している。もちろんそうでなくてはならない。数年前、一人当たりのインターネット通信量は約五ギガバイトだった。二〇一八年には一人当たり一四ギガバイトに達するだろう。次の一〇年にはもっと多くのデバイスがインターネットに接続するはずであり、問題は明らかだ。幸い、私たちは新しい変調方式を用い、いわゆる「海底通信端末装置（SLTE）」を改良する能力を持つ。これによってケーブルの能力は五〇倍以上高まるだろう。ケーブルの敷設、調整、修理、維持のための能力も、無人システム、ビッグデータ分析、高品質材料などの利用を通して向上している。

さらに、世界中で高速インターネットへのアクセスを高めるために、どのようにケーブルシステムを活用するかについて、独創的なアイデアが生み出されている。衛星は、少なくとも現時点では解決策ではない。衛星の信号伝送能力が、待ち時間とビット損失によってかなり制限を受けるのに対して、海底光ファイバーケーブルは光とほぼ同じ速度で信号を伝える（なんと言っても「光」なのだから）。だとしたら、その恩恵を今以上に得るにはどうすればいいのか。

ひとつには、空中と海水面の両方にモバイルネットワークのハブを作る方法がある。空中では、高度四万～五万フィート（約一万二〇〇〇～一万五〇〇〇メートル）で作動することで、五〇〇海里先からでもデータを受信し、二五〇海里先までのあらゆる方向へ伝達できるだろう。海水面のハブは、データを水面まで伝達し、モバイル式の空中ハブからアクセスできるようにするためのケーブル上の「ライザー〔海洋掘削において海底から海面上の設備まで流体が通れるパイプ〕」システムになるだろう。

こういったシステムは、もちろん商業的利用価値が高い。データ伝達の別の手段を探している軍の計画立案者にとってもきわめて有益だろう。衛星に比べると低コストでデータを伝達できる。モバイル式空中ハブとライザーのコストを入れても、衛星システムより桁違いに安く、通信速度もはるかに速い。軍の立場からすれば、これは現在使われている中心的な衛星システムと重複するだろう。ライザーは、石油・ガス産業のプラットフォームが現在使っているシステムを通して接続できるため、官民のパートナーシップに対する潜在的可能性も大きい。

どの通信システムにもリスクと恩恵の両方がある。海底ケーブルについては、世界の通信網のこの重要な部分を保護し、その能力を活用する革新的方法を追求しなくてはならない。

さて、このすべてがマハンの理論を反映しているとすれば、私たちは現在どこにいるのか。二一世紀のシーパワー論において、新技術を無視できないのと同じように、こういった古典的理論や原理は現在も重要なのだろうか。一言で言えば、現在のところ、答えはイエスだ。

二〇一五年三月、当時の海軍作戦部長ジョナサン・W・グリーナート、当時の海兵隊総司令官ジョゼフ・ダンフォード・ジュニア（その後、統合参謀本部議長に昇進）、沿岸警備隊長官ポール・F・ズクンフトの連名で、「二一世紀の海軍力のための協力戦略（A Cooperative Strategy for 21st Century Seapower）」が発表された。世界的海洋戦略において我が国が担う責任を果たすために今後実現可能な取り組みを示したものだ。国防と国土保全に必要な前方プレゼンスと戦闘能力を最大限に高めるために、軍種間での協力促進の重要性が増していることが強調された。私は、二〇一五年のワシントンでの正式発表において、三人の対話をリードする役割を享受した。

この戦略は、陸空軍の重要性を減じるものではない。まったく逆で、二一世紀の安全保障を実現するために、幅広い地政学的枠組みに海軍の活動をどのように位置づけるかが示されている。

我が国の造船所や港湾施設、海軍艦艇、各地に配備された海兵隊や沿岸警備隊、特殊部隊の基地や駐屯地、これらを見れば、たしかにアメリカは世界的海洋大国だと実感する。建国以来ずっとそうなのだ。忘れられがちなのは、こういった軍事力と同時に、「海洋戦略」が重要だという点だ。海軍は三〇年にわたって海洋戦略を構築し、規模、配備体制、影響力の拡大についてはおおむね成功している。

一九八六年、潜在的脅威としてソ連海軍が急成長していた頃、アメリカ海軍と海兵隊は「海洋戦略」を発表した。陸空軍や同盟国の戦力とともに海軍と海兵隊の力を活用し、冷戦を好ましい形で終結させることを目的としていた。当時の海軍長官ジョン・レーマンによれば、レーガン大統領は冷戦に対する方針を問われ、次のように答えたという。「我々が勝利し、やつらは負ける」。きわめて明快だ。

当時海軍少佐になったばかりの私は（と言っても、まだ一介の士官だった）、海軍作戦部長特別補佐官として、国防総省で「海洋戦略」策定に少しばかりかかわることができた。博士号を取得したばかりだったため、考えたり書いたりする能力を少しは持っていると思われたのだ。これはつまりは、実際の執筆者である上官にコーヒーを運ぶ役割を意味していた。上官は私と同等の学位を持っていただけではなく、戦略立案者としての実体験も豊富だった。それでも私は、このときの経験から、のちにさらに大きな責任を負い、実際にこういった戦略を用いる立場になったときに、それがどのようにして作成されているのかを十分理解することができた。

端的に言えば、「海洋戦略」の策定は、「今こそ、新たな戦略を構築すべきときだ」との政治的判断から始まる。通常は、国防長官や海軍長官、作戦部長、あるいは海兵隊総司令官が交代したとき、さもなければ、方針変更をせざるを得ないような出来事が続いたときだ。最初に有能な士官による小さなチームが結成される。このうち何名かは過去に類似の作業経験があっただろう。彼らはオフィスと、当時の私こと海軍少佐スタヴリディスのような少数のサポートスタッフを与えられ、草案を作成する。

草案は、国防総省の大勢のスタッフによって何カ月もかけて丁寧に検討される。さまざまな部署が、水中での戦闘行為、海洋作戦に影響するサイバー攻撃の脅威、軍用機や無人機による戦略的攻撃作戦など特定の領域を優先事項にさせようと試みる。巧みな駆け引きはやがて高官レベルに移り、草案作成チームがあらゆる「有益なご意見」を盛り込もうと最善を尽くした結果完成した草案が、海軍作戦部長などの意思決定者へと提出される。そして、戦略の文言を固めるという本当に厄介な作業が始まる。

他人の文章を修正する苦労は並大抵ではない。草案の題名、文言、段落などが確定すると、国防総省内だけではなく、さまざまな艦隊にも回付されなくてはならない。その過程で多数寄せられた「有益なご意見」はふたたび検討され、ほとんど却下される。最終的によくまとまった草案が完成し、海軍や海兵隊の主な高官の確認を経て、さらには国防長官（ボス）に提示される。非公式にはシンクタンクや影響力のある思想家、著述家、退役した大物などにも示される。

一般的には発表までに九カ月から一年が必要だ。成果物はたいていの場合かなりバランスが取れ、基本的で有益な指針を含んでいる。一九八六年の「海洋戦略」は大部で大胆であり、海軍の創意を真にとらえたものだ。その後、一九九二年、九四年、二〇〇七年にも戦略的ロードマップが発表されている。ソ連による大規模な外洋海軍の脅威は薄れ、一九九二年の新戦略「…海から（…From the Sea）」が示したように、海軍は沿岸部での戦いを重視するようになった（題名の前の〈…〉は意図的につけられたもので、海軍の柔軟性を意味する）。世界経済は海上輸送に大きく依存し、相互の結びつきはさらに深まろうとしていた。国家安全保障に対する課題は、大国同士の戦争に留まらず、地域紛争、国際テロリズム、海賊行為、自然災害への対応など幅広いものに発展していた。それでもひとつ、変わらないものがあった。我が国が新たな対外的危機に直面するたび、ときの大統領は問いかけた。「空母はどこだ？　海兵隊はどこにいる？」なぜかと言えば、空母や海兵隊は海からの持続可能な即応攻撃力を備えているからだ。

「二一世紀の海軍力のための協力戦略」は、二〇一五年以降の海軍にとっての課題と機会を論じたものであり、以下についての戦略的議論から構成されている。

・世界的安全保障環境
・前方プレゼンスとパートナーシップ
・国家安全保障を支えるシーパワー
・戦力設計――未来の戦力構築

二〇〇七年以降の世界の変化が要約で示され、本文では詳細に記されている。「現在の世界的安全保障環境は、インド・アジア・太平洋域の重要性の高まり、世界の海への我が国のアクセスを阻む接近阻止・領域拒否（A2／AD）の強化と拡大、テロリストや犯罪ネットワークの拡大と進化による持続的脅威、海洋をめぐる領土紛争の頻発と激化、海上貿易、特にエネルギー輸送に対する脅威に特徴づけられる」

中国については、海軍能力、海軍のインド洋・太平洋への展開、領有権主張が、国際的演習や災害救援任務への参加とともに注目される。戦略的には、これらは課題であるとともに好機ともみなせる。だが、当然ながら、太平洋回帰だけではなく、ヨーロッパもきわめて重要であることに変わりはない。

アメリカの艦艇、航空機、海兵隊戦力は、今後「インド・アジア・太平洋」地域でこれまで以上に展開されるだろう。大まかに言えば、海軍のグローバルな前方プレゼンスが必須であるなら、海軍と海兵隊、同盟国と友好国との世界中の海についての計画立案や作戦の協力拡大も進むだろう。こういったパートナーシップは、平時には国際社会を一層安定させ、紛争時には同盟軍の能力を高める。同時に、法の強制執行権を持ち、アメリカ軍の五つの軍隊のうちのひとつでもある沿岸警備隊は、外国政府との間ですでに六〇以上の二国間協定を結び、国際的に違法な活動を取り締まり、海洋の安定を推進している。

現在、祖国を守り、国家安全保障を提供し、海洋を統制することが求められているシーパワーには、次のようなものが含まれる。

・海軍の空母打撃群。中心は航空団を伴う巨大な原子力空母であり、巡洋艦と駆逐艦を伴う。
・海兵隊員が乗り組む水陸両用任務部隊。
・水上艦や潜水艦。個別に、あるいは小規模な戦術集団として活動する。
・沿岸警備隊の巡視艦。相応の戦闘能力を持つ。

海洋戦略を導入し成果を得るためには、あらゆる領域でのアクセスが不可欠だろう。つまり、アメリカの作戦部隊が、たとえどこにいようとも、他国の戦力からの防御と、他国の戦力と戦う場合の効果的戦力投射と任務の完了を可能にするアクセスである。海軍作戦部長によれば、「我々はあらゆる領域でのアクセスを可能にしなくてはならない。そのためには、空、海、陸、宇宙、サイバー空間における行動の計画や調整の仕方を変え、アクセスと行動の自由を確保するために、適切な能力の組み合わせを明らかにし、活用する必要がある」。

現状では予算的制約があるが、柔軟で機敏で即応性のある戦力や、高度な訓練を受けた有能な海軍軍人、海兵隊、沿岸警備隊の存在は、「我が国の軍事力にとって最大の非対称的優位」であり、今後も必要とされるだろう。これには潜水艦、空母、水陸両用艦のバランスのとれた活用、抑止のための水上戦闘艦、海洋統制と戦力投射、テロリズムと戦うために必要な海洋の安全、人や麻薬、武器の違法売買、海賊行為、「航行の自由」の保護が含まれるだろう。

新たな海洋戦略において最も重視され、強調されているのは、**「シーパワーの必要性はかつてないほど高まっている」**という言葉だ。だからと言って、陸、空、サイバー空間、特殊部隊などの必要性が減じるわけではないが、きわめて困難な脅威や課題が世界を待ち受けていることを忘れてはならない。海軍が必要とする戦力や人材の供給は不可欠であり、この新戦略ビジョンはそのために評価に値する役割を果たすはずだ。

四〇年近くに及んだ海軍での現役任務を通して、私は多くの戦略計画にかかわってきた。海軍は、他の軍種とともに、常に戦略計画を見直している。「海洋戦略」やそれに関連した一九八〇年代の「六〇〇隻艦隊構想」のように大きなビジョンが描かれることもあれば、暫定的で控えめなビジョンもある。二〇一〇年代も終わりに近づき、二一世紀の最初の二〇年

の驚くほど不穏な時代が終わろうとする今こそ、既成概念にとらわれない独創的発想、「ブ
ルースカイ」的発想をするときが来ている(「ブルーウォーター」的発想と呼ぶ方が適切か
もしれない)。海洋は現在も、モノを運ぶ便利な通路としかみなされていない。我が国が今
世紀も繁栄し、主導的立場を取り続けるつもりなら、一貫した国家戦略が必要だ。その重要
な構成要素は、時代を超えたマハンの戦略的原則を現代世界に当てはめたもの、我が国の地
理や国家的特徴、海洋の潜在力に対する鋭い認識を踏まえたものでなくてはならない。

世界の海洋の今後

最後に、戦略的観点から、世界の海洋のそれぞれをどのように見るべきかを考えておきたい。シーパワーの本質は、海洋がひとつのグローバル・コモンズに結びついている点にある。その一方で、それぞれの海洋について戦略的観点から考える場合には、歴史的、文化的、政治的、経済的、軍事的要因を考慮する必要がある。

最初に、世界の海洋の「ツイン・タワー」である北大西洋と太平洋を見てみよう。二つの海洋は、二人の巨大な保護者であるかのように、アメリカ合衆国が位置する大陸の側面にあり、他国との間に距離を与えてくれている。距離は時間でもあり、緩衝材にもなっている。歴史を通して、アメリカは北と南にカナダとメキシコという温和な隣人を持ち、良好な友好関係を享受してきた。カリブ海はほとんど無害で、アメリカ大陸で戦争が起きる可能性は低い。したがって戦略的には以下の三つの点が重要だ。第一は、アメリカ大陸で、特にカナダ、

メキシコとの友好的関係を維持すること、第二は、我が国が北太平洋、北大西洋の統制を維持できる十分なシーパワーを持つこと、第三は、アメリカ艦隊が必要な場合に「旋回」できるようパナマ運河を統制すること。実際にはこれには少なくとも一二の空母戦闘群に分かれた、約三五〇隻の軍艦が必要である。過去三〇年以上にわたって検討が重ねられ、この数字の妥当性は繰り返し検証されている。トランプ政権が約束した艦艇数の増加が実現されるかどうか、されたとして、その数が我が国の対外的利益のニーズを満たすかどうかは、時間がたてばわかるだろう。

二〇一二年の大統領選挙では、共和党候補のミット・ロムニーが軍艦の最低保有数を増やす必要があると述べた、オバマはこれをいなした。アメリカ海軍艦隊は過去数十年で最小規模だと指摘したロムニーに対して、オバマは馬も剣も昔より少ないと、時代による軍事力の質的変化を指摘した。もっともな指摘だが、軍艦に関してはロムニーの言うとおり、量は質を兼ねる。太平洋と大西洋の広大な距離は、強力な艦隊の必要性を証明している。二〇一二年以降、中国海軍が力をつけ、ロシアも海軍を増強するなど積極的であり、世界中に脅威はある。そのため、保有数をめぐる議論が一層目立つようになった。我が国の海洋戦略は、海からの接近を制御する絶対的能力に基づいて築かれなくてはならない。今のところ、深刻な挑戦を受けているわけではないが、艦隊の規模や軍事支出を軽視すれば、海洋とアメリカ大陸との海上交通路を当然視できなくなる日が来るだろう。これらは我が国の戦略構築の基本である。

太平洋沿岸を担当海域とする艦隊は第3艦隊で、三つ星の海軍中将が太平洋艦隊司令官に報告義務を負う。旧第2艦隊は東海岸を担当海域としていたが、二〇一一年に解散し、四つ星の海軍大将率いる大西洋艦隊に吸収された。太平洋と大西洋を守る両艦隊には、アメリカ沿岸と領海、太平洋・大西洋の公海の防衛と、第6艦隊（地中海に展開）、第5艦隊（アラビア［「ペルシャ」湾）、第7艦隊（西太平洋、インド洋）、第4艦隊（ラテンアメリカ、カリブ海）に海軍艦艇を配備するための訓練や演習の実施という二つの重要な任務がある。現在のところ、この編成が維持されているが、インド洋での活動が増えているため、第8艦隊の配備を検討すべき時期が来るだろう。北極海への艦隊配備は（まだ）必要ではないが、ナンバー艦隊の「第9」という数字は極北のためにとっておくべきだろう。興味深いことに、海軍はサイバー作戦のために第10艦隊を設置している。

北大西洋と太平洋の次に我が国に近い海洋は、もちろんカリブ海だ。アメリカの「泣き所」であるだけではなく、パナマ運河を統制する水路でもある。アメリカ大陸を通過する交易の大多数はパナマ運河を航行することからも、我が国はこの運河へのアプローチを制御しなくてはならない。一九六二年には、ソ連がキューバに核ミサイルを配備しようとし、米ソはあやうく戦争に突入するところだった。ソ連がアメリカ国境近くに核兵器を配備しようとするのは当然といえば当然だが、対立が生じた理由は戦略的・地政学的には明快だった。アメリカはカリブ海の統制権を誰にも譲れないからだ。今、カリブ海について考えれば、我が国が投資する必要性は幅広い観点から見ても、これまで以上に明らかである。

カリブ海とラテンアメリカ地域は、第4艦隊の管轄だ。ナンバー艦隊の中では創設が最も新しく、北フロリダに本拠地を置き、マイアミの南方軍司令官の配下にある。二〇〇六年に私が南方軍司令官として着任したときには、この海域を担当するナンバー艦隊は存在しなかった。私は大西洋艦隊司令官から艦隊を徴発しなくてはならなかったが、彼にも多くの任務があり、この海域の需要に必ずしも常に目を配っていたわけではない。そこで旧友で駆逐艦バリーの艦長でもあった当時の海軍作戦部長、ゲイリー・ラフヘッドと力を合わせ、小規模だが象徴的な意味でも重要な新しい艦隊、第4艦隊の創設を実現した。

現地で反発がなかったわけではない。アメリカ帝国主義の復活だと受け止めた国もあった。アルゼンチン、ニカラグア、そして言うまでもなくキューバなど、左派系地域のさまざまな出版物に私の諷刺画が掲載された。戦闘用ヘルメットをかぶり、南アメリカの中心を槍で突き刺している姿だ。私は南アメリカの国々を訪問するたび、第4艦隊の主な任務は戦闘ではなく、人道支援、災害救助、医療外交、訓練と演習、パナマ運河の破壊活動からの保護、麻薬対策だと訴えた。一〇年の間にこの言葉が通じたのか、抗議する声は消えていった。しかし、キューバ共産党中央委員会の機関紙である《グランマ（Granma）》の第一面で、フィデル・カストロ自身によって名指しで糾弾されたという事実は、私にとっては今も大切な思い出だ。

だからこそ、グアンタナモ湾の基地はアメリカ軍の配備にとってきわめて重要なのだ。この基地はテロリストのための収容所として出発し、地政学的には失敗した試みだったが、そのことからは離れて戦略的観点から再考する必要がある。基地は現在、カリブ海と南大西洋の兵站、訓練、海軍の拠点としての役割を担う。ハリケーンや地震などの自然災害に再三見舞われたこの地で、アメリカは人道的活動、医療外交、災害救助など広範囲にわたる活動を実施している。グアンタナモ基地はキューバからリースされている（と言ってもキューバ政権は合意の合法性を認めず、賃料の小切手を換金していない）。

キューバとの「国交正常化」はあらゆる点から見て好ましい。長年行なわれてきた禁輸以上に、キューバの自由化に向けて圧力をかけることができるだろう。いずれキューバ国民が潜在的可能性を発揮するために役立つはずだ。スペイン語に *ojalá*《オハーラ》という言葉がある。「神の思《おぼ》し召しがあれば」という意味だ。この言葉どおりになれば、いずれ民主化運動が活発になり、アメリカ大陸最後の独裁政治は好ましい方法で解消されるだろう。

今後五年にわたって、アメリカはキューバやその友好国（ベネズエラ、ニカラグア、エクアドル、ボリビアなど）から、グアンタナモ海軍基地を閉鎖し、キューバに返還するよう強い圧力を受けるだろう。パナマ運河を返還し、他の基地（たとえばエクアドル）を閉鎖し、ホスト国政府が同意しない限り軍を配備しないようにと、彼らは主張するだろう。国交が「正常化」されるなら、なぜそういった対応を認められないのか、とキューバは問いかけるに違いない。

ひとつの解決策は、この地域の課題を解決するためにアメリカが主導する国際的取り組みの中心として、グアンタナモ基地を利用することだろう。キューバとアメリカの協力によって、次のように活用できる。

・ハリケーンや地震がこの地域を襲った場合の大規模な救助活動。
・人道的救援活動。病院や学校を設立し、きれいな飲料水の供給を可能にする。
・病院船の常駐と艦船の訓練。民間の改善プロジェクトや教育を中心とする。
・救援物資の保管。このための主要設備はすでに存在する。
・キーウェストの省庁間合同タスクフォースと連携した麻薬対策の取り組み。

これを実現するためには、キューバとの慎重な交渉、今後もかなりの資金供与を継続することに対するアメリカ国内での承認、他のパートナー国（ブラジル、コロンビア、メキシコ）からの協力が必要だろう。他の国は、テロや武力紛争において逮捕、拘束された者の処遇を検討するタスクフォース、「ジョイント・タスクフォース・グアンタナモ」の解散なしでは参加しないと思われるため、収容所を閉鎖する必要があるだろう。すべては非常に複雑だ。

しかし、グアンタナモ海軍基地の実質的な国際化には実現可能性があり、そうなればアメリカとキューバは今後積極的に協力できるだろう。アメリカが、この基地を戦闘作戦のために必要とする見込みは基本的にゼロで、幸い私たちはアメリカ大陸の平和を享受できるはずだ。この基地を貧困や自然災害、開発、麻薬など、南半球が抱える深刻な問題の解決のために、他国と協力して活用する可能性を追求すべきだ。

アメリカ大陸から少し遠くに目を向けてみれば、二つの「前方の海」、地中海と南シナ海はきわめて重要だ。どちらも、周辺にはアメリカの同盟国や友好国が位置し、どの国も対内的・対外的に多様な課題と向き合っている。

地中海に関しては、暴力的過激派による圧力がある。現段階では「イスラム国」が最も危険な要素であり、シリア沿岸から遠くリビアにまで勢力を拡大している。さらにロシアからの圧力もある。ロシアは地中海の基地を維持しようとし、最近併合したウクライナのクリミア半島の基地から南へ向かおうとする姿勢を崩さない。NATOに加盟する我が国の同盟国や友好国にとっては、この地域での我が国の支援とプレゼンスが必要だ。

地中海域の警戒任務に当たるのは、イタリアに基地を置く第6艦隊である。旗艦と複数の水上戦闘艦（主にイージス誘導ミサイル駆逐艦や巡洋艦）で構成され、必要に応じてインド洋やアラビア湾からスエズ運河を移動中の、あるいは北へ向から空母や水陸両用艦にもアクセスできる。過去数年の出来事が示すように、地中海東部は南シナ海に似た紛争圏であるため、我が国は第6艦隊の規模を拡大し、地中海に少なくとも一〇隻の艦艇を常駐させる必要がある（現在は通常二、三隻）。

南シナ海では、同じように同盟国（韓国、フィリピン、日本）、友好国（ベトナム、台湾、マレーシア、シンガポール）と密接に協力しなくてはならない。日本への空母打撃群の常駐は、今後も継続すべきである。グアムか日本を基地として、この地域に配備する潜水艦の数を増やす必要がある。南シナ海での海軍の前方プレゼンスは、この地域の均衡を維持するために不可欠だろう。

南シナ海からさらに北部については、いずれ北朝鮮に対処するための海軍を基本とした計画が必要だろう。なぜかを述べておこう。北朝鮮は言うまでもなく、世界で最も危険な国家だ。開発中の小型核兵器、弾道ミサイルは、やがて飛距離を伸ばすだろう（二〇一七年一一月の弾道ミサイル発射実験はその証拠である）。彼らは核実験をときおり行ないながら、武力を使用する意思をちらつかせている。国民は深刻な栄養失調に苦しみ、人口に占める囚人の割合が多い。指導者の後継者は民主的手段では選ばれず、南の隣人韓国とは領土紛争を抱える。北朝鮮はまた、経済的・政治的目的の達成を阻むアメリカや日本などを頻繁に脅している。これらを総合すれば、北朝鮮の陸での行動パターンや基本的事実を踏まえ、世界から厄介者扱いされているこの国に対処する計画が必要だ。

まず、国際社会はこれまで以上に大胆に制裁を加えるべきだろう。核兵器開発が疑われるというだけであれだけの制裁を受けたイランを思えば、すでに核兵器を保有し、不要な核実験を行なっている国に対する制裁が少ないのはなぜか。アメリカ議会は制裁を強化した改定案を通過させたばかりだ。これによって、北朝鮮への資金の流れを遮断し、北朝鮮との取引を行なう第三国の金融機関を罰することになる。これは他の国が続くべき重要なステップである。日本も同様に、新たな、厳しい制裁を課そうとしている。この地域の他の国、特に中国はこれに続くべきだ。二〇一七年のミサイル発射実験に対する当初の制裁は正しい方向への一歩だった。しかし、北朝鮮を抑えるためにはさらなる行動が必要である。

もうひとつ重要な要素は、特に韓国と日本に適切なミサイル防衛システムを配備することだ。具体的には、両国の兵器庫に終末高高度地域防衛システム「THAAD（サード）」を配備する。両国には何万人ものアメリカ軍兵士やその家族がいることを考えれば、ホスト国と我が国双方の利益になる。アメリカ、韓国、日本はともに資金を拠出し、この高度な威力を持つシステムを配備しなくてはならない。このミサイルの射程は二〇〇キロメートルを優に超え、マッハ8以上の速度で飛ぶ北朝鮮のミサイルを迎撃できる。中国は、自国のシステムに向けられる可能性もあると考え、賛成しないだろう。しかし、他の国にとっては必要だということを認めなくてはならないだろう。中国は今後、平壌《ピョンヤン》に対して一層強い姿勢を示すと考えられ、そのこと自体は好ましい。

実際のところ、金正恩の抑制に関しては、北京に依存するところが多い。就任後まもなく、ナンバー2と目され、対中外交の中心的役割を果たしていた叔父を殺害するなど、若い指導者の中国に対する姿勢は矛盾するものの、中国には経済的支援という切り札がある。中国はそれを活用するべきだ。必要であれば、北朝鮮との取引を行なう中国の銀行や企業にも制裁が適用されるべきだ。

韓国と日本の防衛のためには、THAADに加え、高度な地対空誘導弾パトリオットやイージス・システムを搭載した海洋配備型防空システムを配備すべきだろう。両国には最新型ではないが、パトリオットミサイルがあり、日本はイージス艦を持つ。しかしこれらのシステムは最新のものでなくてはならない。三カ国は、この地域の一貫したミサイル防衛システムとこれらを結びつけるため、合同演習や訓練を組み込む必要がある。

サイバー空間では、アメリカと同盟国ができることはほかにもある。北朝鮮はインターネットへのリンクを注意深く遮蔽《しゃへい》しているため、侵入はきわめて困難だ。その一方で、Webの一部に安全保障に特化した機能を持たせ、アクセスが困難だが不可能ではないコンピューターベースのバックボーンに、軍を依存させている。韓国や日本のサイバー専門家との密接な協力によって、アメリカ軍は積極的にサイバー空間を活用しなくてはならない。北朝鮮の兵器プログラムを妨害し、その重要なインフラに監視デバイスを挿入し、必要に応じて、あるいは北朝鮮が韓国を攻撃した際には、北朝鮮の配電網を攻撃する手段を作り出す必要がある。北朝鮮はすでにアメリカ企業のソニー・ピクチャーズ・エンタテインメントにハッキングを仕掛け、何千通もの電子メールなどの情報を流出させ、多額の損害を与えている。

そのほかの軍事対応に関しては、アメリカは、航空防衛においても、海洋協力においても、韓国と日本と連携してできる限りのことをしなくてはならない。空と海での協力によって、すでに朝鮮半島に配備された強力なアメリカ地上軍に加え、北朝鮮に対して抑止効果を及ぼすことができる。北朝鮮や、北朝鮮が引き起こす危険に備えた大規模な合同軍事演習を毎年実施することには意味があるだろう。サイバー演習も同様に行なわなくてはならない。

最後に、北朝鮮のもたらす危機にどれほど苛立ちを感じるとしても、私たちは北朝鮮とのオープンな対話の手段を維持するために、できる限りの努力をする必要がある。実りある対話の可能性は低いとしても、対話にオープンな姿勢を崩すべきではない。ただし、北朝鮮のいつもの手に落ちないように気をつけなくてはならない。ひどい振る舞い、交渉、食糧や燃料を得るための譲歩、制裁、それでも結局は行動を変えないという手口には、いつもながら気が重くなる。時間をかけた中国との協力が功を奏する可能性がある。中国の関与と経済的圧力がなければ、どのような交渉も実らないだろう。

金正恩を嘲笑したパロディー映画「ザ・インタビュー」のように、太った若い指導者を笑いものにするのは簡単だ。製作者のソニー・ピクチャーズはこの映画によってサイバー攻撃を受けた。彼がこの地域に危機をもたらす存在であるのはたしかだ。世界経済の中心である東アジアが大きな危機に見舞われないためには、経済、軍事、外交における断固たる集団行動が必要だろう。

だからこそ、アメリカ海軍史上最大規模、最も強力な第7艦隊がこの海域に配備されている。イージス艦の対ミサイル技術、空母のプレゼンス（少なくとも二隻必要であり、一隻は日本に常駐、他は太平洋を巡航する）、強力な海兵隊（沖縄とグアム）、中国を抑止するための核の三本柱で最も残存性の高い戦力としての潜水艦搭載弾道ミサイル、強力な特殊部隊とサイバー支援を含む最新の兵器システムが必要だろう。第7艦隊は、この地域で我が国の最も強力な同盟国である日本に、今後も旗艦を置くべきである。太平洋には複数の基地が必要だろう。中心となる基地は日本の本土、沖縄、朝鮮半島にある。さらに、フィリピン（議会はスービック湾にあった軍事基地の復活を認める用意があるようだ）、北オーストラリア（おそらくダーウィン）、そしていずれはベトナムに簡便な離着陸予定地域を設けるための最低限の合意を得る必要がある。シンガポールの基地へのアクセスも不可欠であり、この国との防衛協力はきわめて密接だ。

アメリカから最も距離があり、地球の反対側にある海洋はインド洋である。ここでの我が国の戦略は、なによりもまず台頭する超大国インドを踏まえたものでなくてはならない。外交、文化、軍事、政治の面で、インドとの結びつきを強化するためにあらゆることをするべきだ。インド海軍との新たな演習や訓練、水上戦闘艦のイージス・システムなど海軍の高度なハードウェアの販売推進、原子力潜水艦の活動に関する協力、インド洋内や周辺での対海賊活動に焦点を当てた海軍軍事演習に関するインドおよび日本との協力、科学外交のためのプログラム構築など、海洋での協力を推進すべきである。

二つの主要英語圏であるニュージーランドとオーストラリアとの密接な関係も、インド同様重要だ。オーストラリアの地政学的重要性は、インド洋に面した巨大な「ウォーターフロント」を含む海岸線の規模からも明らかだ。イギリスは、今後もディエゴ・ガルシア島を所有し続け、アラビア（ペルシャ）湾に軍を配備するだろう。我が国の関与が重要になる。

アラビア（ペルシャ）湾は、アメリカにとってきわめて重要な水路であり、インド洋とアラビア湾のつながりは、海事における「ホットな」継ぎ目になるだろう。アメリカは今後も海軍艦隊（第5艦隊）をここで維持しなくてはならない。空母打撃群（原子力空母と少数のイージス護衛艦）の二四時間体制での維持は必須だ。そのほか、海兵隊遠征部隊（遠征打撃群としても知られる）のこの地域への配備が望ましいだろう。遠征打撃群は、特殊訓練を受け強化された海兵隊遠征部隊（約二〇〇〇人の海兵隊員、航空機で構成され、高速で移動する能力を持つ）を運ぶ三隻の水陸両用艦で構成される。強力な機雷除去部隊と特殊部隊も配備すべきだ。今後もこの地域での紛争は続くに違いない。アメリカに運ばれる世界の炭化水素の量を踏まえれば、この海域をオープンにしておくために同盟国との連携が必要だろう。

最後に北極海について述べておこう。世界の最北にあるこの地域は、今後我が国の戦略にとってますます重要になるだろう。なにはともあれ、充分な数の砕氷船を確保しなくてはならない。購入またはリースのための戦略的計画が必要である。一貫した海洋戦略には、最低でも四隻の重砕氷船と四隻の中砕氷船が欠かせない。幸い、ワシントンの誰もが、砕氷船が今すぐ必要であることを認めている。我が国の海洋戦略には、砕氷船が組み込まれなくてはならない。

さらに極北では、道路や港、滑走路などの輸送や開発のためのインフラを整える必要がある。すでに実施済みのものもあれば、計画中のものもある。二〇一五年から翌年にかけての原油価格の下落によって、建設の進行が遅れている。海岸地域のインフラに加え、緊急時の捜索と救助、環境破壊への対応、学術研究などに活用するための海洋施設も必要だ。これらは海底油田、ガスプラットフォームの基本設備として建設する。炭化水素の価格がふたたび上昇すれば、この地域の天然資源を活用する企業に対する税金によって設置できるだろう。

北極圏に割り当てられた海軍艦隊は存在しない。現在のところ、その必要はないだろう。最善のアプローチは、沿岸警備隊の対象地域とし、国防総省が支援することだ。

そのほかには、南大西洋と南太平洋は比較的安定しているため、「兵力温存戦略」を用いるべき地域と考えられる。どちらの海域にも軍艦を常駐させる必要はないし、恒常的基地を建設する必要もない。我々は、プレゼンスを支援し、軍同士の基本的な接触のためにときおり航行する必要はあるにせよ、多くの戦力を配備する必要はないだろう。

このように、マハンの多くの原則が現在も当てはまることは明らかだ。我が国には、今後も前進基地、大規模な艦隊、安定的な兵站（石炭はもはやそれほど必要ない）が必要だ。マハンの理論につけ加えるとすれば、NATOのような同盟と非公式な連携パートナーによる国際協力、沿岸警備隊をはじめとする省庁間協力、官民の協力が欠かせない。これらを踏まえた二一世紀の世界海洋戦略は、我が国にとって適切なものだ。この実現可能で柔軟な戦略は、約三五〇隻の艦艇を必要とし、ハードパワーとソフトパワー両方を備えた、海洋に対するスマートパワーアプローチを提供する。

アメリカは今後も航海を続ける。その旅はアメリカという船を動かす乗組員にとっても、地政学的にも重要だ。結局のところ、我が国は海に囲まれた島国であり、通商、国際市場、遠洋漁業、石油などの海上掘削装置、世界の海の戦略的水路を必要とする。海洋と、海洋を航行する能力がなければ、国家としては大きく縮小するだろう。二一世紀には、我が国の航海能力は、現実にも比喩的な意味でも、我が国の行く手を左右する決定的な意味を持つだろう。

冒頭で述べたように、海の航行と理解はきわめて個人的なものであると同時に、海が本当の意味でひとつであるという考え方には地政学的な意味もある。全体として見れば、我が国の海洋国としての特徴は今後も重要であり続けるだろう。それどころか、我が国にとっても世界の未来にとっても、海は欠かせない存在だ。さあ、私たちの船で航海を続けよう。船乗りは今日もまた陸を遠く離れ、永遠に変わることのないはるかな海をみつめる。狭い船の甲板に立ち、風に吹かれながら押し寄せる波に身を任せる。祖国の安全と繁栄が、この先もずっとシーパワーと自分たち船乗りにかかっていることに思いを馳せながら。

謝辞

二〇一五年から一六年にかけて、私のリサーチアシスタントを務めてくれたマット・メリーギは太平洋についての第1章、マッケンジー・スミスは大西洋についての第2章の執筆に協力してくれた。海軍中佐のジェレミー・ワトキンスは戦略についての第9章のアイデアを出し、特に第1章の太平洋での軍拡競争についてのデータ収集に力を貸してくれた。最初にお礼を言いたい。

この本の内容の一部は《フォーリン・ポリシー》《ウォール・ストリート・ジャーナル》《日経アジアン・レビュー》《シグナル》《プロシーディングス》（アメリカ海軍協会）などに発表したものに基づき、許可を得て再掲している。もちろんどれも私が執筆したものだ。特に、太平洋に関する第1章末の資料の一部は、二〇一五年に《日経／フィナンシャル・タイムス・アジア》に発表した論文に基づいている。インド洋についての第3章は、二〇一四年に《フォーリン・ポリシー》に書いたコラムから題材を得た。地中海に関する第4章の最終段落は、二〇一五年に同誌に発表したものをもとにした。南シナ海についての第5章には、二〇一五年の《フォーリン・ポリシー》と《日経アジアン・レビュー》に掲載した記事に基づく部分がある。第6章には、二〇一五年の《フォーリン・ポリシー》に掲載したコラム、第9章には《シグナル》に掲載した海底ケーブルと新たな海洋戦略についての題材が含まれている。

三〇年来の親友で同僚のビル・ハーロウ大佐は、私を支え、助言し、草稿を鋭い目で評価してくれた。

友人であるエージェントのアンドリュー・ワイリーはこの本のアイデアを認め、ペンギン・ランダムハウス社を説得し、このような〝水もの〟の本の出版を思い切って実現させてくれた。

有能なエージェントで、現在はペンギン・プレスの編集者であるスコット・モイヤーズは、この本のアイデアを理解し、幅広い内容を含む反面、きわめて個人的な本を書くという難題に取り組むよう私を促してくれた。

締切が近づくにつれ、週末に二人で過ごす時間が奪われたときにも、妻のローラはいつものように変わらぬ愛情を示し、私を支えてくれた。

事実関係や内容、考えに間違いがあった場合には、責任は私にある。

この本をすべての船乗りに捧げたい。風と波が彼らをどこに運ぼうとも、常に航海が安全でありますように。

解説

海を知りつくした提督の描く海洋地政学

京都大学大学院法学研究科教授
中西　寛

本書の著者、ジェイムズ・スタヴリディスは海軍軍人としても学者としても極めて高い位に到達した珍しい人である。軍人としては海兵隊員の息子として海軍兵学校に入り、退役までの三七年間に世界各地で勤務して四つ星の海軍大将にまで上りつめ、二〇〇九年から一三年まで北大西洋条約機構（NATO）最高司令官を務めた。学者としては国際関係研究で名高いタフツ大学フレッチャー校で若くして修士号と博士号を取得し、退役後にこの母校の校長を五年間務めた。二〇一八年七月をもって退任し、ワシントンDCの民間投資会社顧問に転じたが、校長としての手腕が高く評価されていることは大学のホームページの謝辞などから間違いないようだ。また、著者は時事問題の分析についても能弁かつ筆が立ち、著名な講演動画サイトTEDには彼の海洋戦略についての二〇一二年の講演が今もアップされている。フレッチャー校長時代にはテレビ番組やブログでも活発に発言していた。本文中では「書きたいという欲求によって、私の海軍でのキャリアは必ずしも順調には進まなかった」と謙遜しているけれども（338ページ）、これだけ成功を収めた人物は二世紀半近い米海軍の歴史でも少ないのではなかろうか。

本書の原題は*Sea Power: The History and Geopolitics of the World's Oceans*である。世界中の海を意味するたとえとして「七つの海」という言葉があるが、具体的に「七つ」がどの海を指すかは時代と場所によって異なるようである。本書の第1章から第7章では、太平洋、大西洋、インド洋、地中海、南シナ海、カリブ海、北極海について、著者が海軍軍人としての経験やエピソードから書き始めている。これはまさに世界の海を支配してきた米海軍で人生を過ごしてきた著者のような人物でなければ書けない内容である。第9章で著者が参照する米海軍の大先輩で、シーパワーという言葉を作ったマハンは生前の階級は現場でのキャリアは中佐どまりで、それが故に開設された直後の米海軍大学校で教育と研究の道に入ったと言われる。確かに抽象論が多いマハンの議論に比べると、スタヴリディス提督のシーパワー論は、実地での豊富な経験に裏づけられている点で具体的で説得力に富んでいる。

七つの海を扱った各章は、彼の航海経験とその海洋の歴史とを織り交ぜながら語るスタイルで叙述されている。たとえば第1章では日本人にとっても身近な太平洋の話を扱っている。一七歳の士官候補生として太平洋を巡った経験談から始め、一五世紀に西洋人として初めて太平洋を横断したマゼランや一八世紀に太平洋各地を探検したクックの話を交えながら太平洋に西洋諸国が進出していった様子が早送りで絵が描かれる。なぜ日本や中国が西洋人のように太平洋で活動を広げなかったのかについての著者の考察も興味深い。大きな要因は大西洋と比べて太平洋が広すぎたことである。太平洋横断は技術的に困難が大きかったし、海を越えて日本や中国に侵略してくる存在は例外的だった。日本と似た島国であるイギリスがドーバー海峡の向こうのヨーロッパ大陸と常に交流していたのとは違うのである。結果として日本は豊臣秀吉の朝鮮出兵の失敗以降、海を防壁とみなして自国の安全を優先するようになるし、中国も主な異民族との交流通路は北西の大陸路だったので、海洋交通の開拓に大きな意欲を持たなかったのだ。

イギリス、ロシア、そしてアメリカが太平洋に本格的に進出したことでアジア諸国もまた太平洋を通じて世界とのつながりを否が応でも意識することになる。中でも日本はいち早く近代化を達成し、清朝中国、ロシアとの海戦を経て太平洋に大きく支配領域を広げた。こうした日本と海洋国家として世界への進出を始めたアメリカとの衝突はたとえ必然ではなかったとしても、両国の賢明な外交なしには回避できなかったであろう。そして両国は第二次世界大戦での衝突後、強固な同盟関係を築いて今日に至る。

本書の魅力の一つはこうして各章にちりばめられた著者の体験に基づくアメリカ海軍の軍隊生活の生々しい実感であろう。特別の経験を必要とするパナマ海峡を渡る時には、他国に指揮権を委ねることのない米軍の伝統の例外として、現場を知悉したパナマ人パイロットに委ねられる。一九八〇年代、イラン・イラク戦争中のアラビア湾（一九七九年のイラン革命以降、ペルシャ湾を米国ではこう呼んでいる）でのタンカー護衛任務の緊張感もまた、実地を経験した者でなければ書けない描写だろう。

「七つの海」についての各論を終えた第8章に至って、著者は地球全体の海洋を取り巻く問題を解説する。海賊行為、漁業、環境という三問題である。いずれも人類と海の関わりが始まったはるか昔から行われてきた人間の活動に由来する問題だが、技術の発達とともにその影響が拡大し、人類全体にとって深刻な地球規模の問題となっている。こうした問題に対する著者の回答は、国際協力の更なる推進、である。海にはそもそも境界はなく、領海や排他的経済水域といった概念も国家が引いた人工的な線引きに過ぎない。国境を越えた問題に対しては一部の国や集団の努力では解決できず、国際的な協力によって対処する他ないというのは理の当然と言えば当然だろう。

こうした観点から、著者はアメリカ政府が国連海洋法条約の批准を拒否し続けている姿勢を正面から強く批判している。現在の「海の憲法」とでもいうべき国連海洋法条約は一九七三年の第三次国連海洋会議で交渉が開始され、一九八二年に一度署名されたが途上国の意向が強く反映されすぎているという先進国の反発から発効がとどこおり、一九九四年に採択された補足的な協定によって内容の一部を実質的に修正する形で同年末にようやく発効した。二〇一八年四月の時点で一六八の国・地域が批准している。にもかかわらず、アメリカが国内の一部の反対を乗り越えられず、未だ批准に至っていないことに対して、世界最大の海洋国家である自らの地位と利益に反する事と著者は考えているのであろう。

改めてふり返ると、著者が海軍軍人として現役で活動した時代は、前半が冷戦時代のソ連海軍との競争、後半が国連海洋法条約が発効し、運用されるようになった時代と重なっている。一九七〇年代にはソ連のセルゲイ・ゴルシコフ提督が提唱した海洋戦略論が西側にも広く紹介され、ソ連による海軍増強政策に対する警戒心が高まった。これに対抗する形でアメリカのレーガン政権は一九八一年、六〇〇隻海軍構想を打ち上げ、東西対決における海洋支配を念頭に置いた「海洋戦略」が採用された。

ゴルシコフはソ連を海洋国家と定義して「ソ連のマハン」とも呼ばれて注目を集めたが、結局のところ大海軍政策はユーラシア大陸国家であるソ連（そして今日のロシア）の地理に合わなかったようである。ソ連崩壊後、ソ連海軍は一旦は崩壊状態となったものの、現在ではロシア海軍としての再建が進められている。しかし再建された海軍がロシアの国家的命運を左右する存在になるとは思えない。また、最終的には全面核戦争に及ぶ危険をはらんだ米ソ対立においては、海軍の役割は補助的な役割にとどまるものであった。

これに対して、冷戦終焉後の著者が所属した米海軍の役割は、近年の国際政治論で「リベラルな国際秩序」と呼ばれるようになったアメリカ主導の開放的な国際体制の柱としての海洋の安全確保であったと言えるだろう。

二〇〇七年には海軍、海兵隊、沿岸警備隊が共同して作成する初めての「統合海洋戦略」を『二一世紀のシーパワーのための協調戦略』として公表した。そこでは、「アメリカのシーパワーは我らの本土と市民を直接攻撃から守り、世界全体での我々の利益を増進するために地球規模で体制されるであろう。我々の安全と繁栄は他国のそれと分かちがたく結びついているので、アメリカの海洋諸兵力は、貿易、金融、情報、法、人民、ガバナンスの相互依存的ネットワークからなる平和的な地球規模のシステムを守り、かつ維持されるために展開されるだろう」と述べられているが、この表現は国際政治の現状を「リベラル国際秩序」として捉えた見方を反映している。国連海洋条約に代表される海洋に関する国際協調の枠組みを重視する著者の見方も大筋で「リベラル国際秩序」の維持こそがアメリカの国益にかなうという同国の主流派外交軍事エリートの立場に含まれると言えよう。

しかしその著者が「地政学」という言葉を入れ、また最終の第9章では、米海軍の大先輩であり、「シーパワー」概念の創設者であるマハンの著作を具体的に検討して、現代における「シーパワー」のありようを検討していることはそれ自体興味深い。マハンが一八九〇年に公刊した *The Influence of Sea Power Upon History: 1660-1783* は英国海軍を扱った歴史書だが、「シーパワー」という造語と共に世界的に注目され、今日でも海洋における地政学の開祖として尊重されている。しかしマハンに関する多くの研究が指摘するように、マハンの「シーパワー」概念は海軍や商船だけでなく、国家の生産力や植民地と同盟、海洋利用に適した地理や海岸線、更には海洋活動に対する国民の態度など極めて幅広い概念である。他方でマハンは海軍戦略論も論じたが、こちらは海軍力の集中と艦隊決戦を重視する大海軍の建設を説くもので、陸空兵力との共同作戦を説いたコルベットらの戦略論に比べて時代遅れとされてきた。

にもかかわらず、マハンや海洋の地政学が改めて見直されている背景には、大国間の海軍競争が強まる傾向がはっきりしてきたからであろう。二〇一五年には先に挙げた『二一世紀のシーパワーのための協調戦略』の改定版が公表されたが、その中では中国の海軍戦略についての記述が加わるなど、海軍軍事戦略への関心が高まっていることがうかがわれる。さらに二〇一七年に発足したトランプ政権が同年に公表した『国家安全保障戦略』は中露への警戒心を前面に出している。

中国が一九八〇年代以来、劉華清提督の下で海軍強化を開始し、今日かなりの海軍力を備えつつあることは間違いない。劉華清もまた「中国のマハン」と呼ばれることがある。中国の海軍力強大化がもたらす海洋秩序への影響には隣国日本としても十分に注意を払わなければならないだろう。ただ、豊富な経験に裏打ちされた著者とともに、七つの海の歴史を振り返る時、ある国がシーパワーと呼べる存在になるか否かは海軍力だけではなく、地理や国力、国民の適性といった諸要素を加味して考えなければならないという点が改めて印象に残る。この点でアメリカが地球規模の海洋国家たりえる唯一の国であることは二〇世紀と同様に二一世紀もほぼ変わらないのではなかろうか。

もちろんこうした解説者の考えを読者に押しつけるつもりはない。ただ、海に囲まれ、魚料理を愛し、貿易に依存した国家でありながら世界の海洋に関する知識はそれほど普及していない日本人にとって、実践に裏打ちされた広い視野と深い歴史的知識がつまった本書が極めて有益であることは間違いない。

二〇一八年一〇月

参考文献

麻田貞雄（監修・翻訳）『アルフレッド・T・マハン（アメリカ古典文庫8）』（研究社、一九七七）

高橋弘道「一九四五年以降のアメリカ海軍の戦略概念――マハンとコルベットの戦略思想を援用して」（立川京一他編著『シー・パワー――その理論と実践』芙蓉書房出版、二〇〇八）

トシ・コシハラ、ジェームズ・R・ホームズ（山形浩生訳）『太平洋の赤い星――中国の台頭と海洋覇権への野望』（バジリコ、二〇一四）

"A Cooperative Strategy for 21st Century Seapower" (October 2007)(https://www.hsdl.org/?view&did=479900)

"A Cooperative Strategy for 21st Century Seapower: Forward, Engaged, Ready"(https://www.navy.mil/local/maritime/)

参考文献および世界の海洋に関する推奨文献

ノンフィクション

Admiral Bill Halsey: A Naval Life by Thomas Alexander Hughes (Cambridge, Mass.: Harvard University Press, 2016)

America and the Sea: A Maritime History edited by Benjamin W. Labaree, et al. (Mystic, Conn.: Mystic Seaport Press, 1998)

The Anarchic Sea: Maritime Security in the 21st Century by Dave Sloggett (New York: Hurst, 2014)

Arctic Dreams by Barry Lopez (New York: Scribner, 1986)（『極北の夢』バリー・ロペス著、石田善彦訳、草思社、1993年）

Asia's Cauldron: The South China Sea and the End of a Stable Pacific by Robert D. Kaplan (New York: Random House, 2014)（『南シナ海が〝中国海〟になる日――中国海洋覇権の野望』ロバート・D・カプラン著、奥山真司訳、講談社、2016年）

Atlantic by Simon Winchester (New York: HarperCollins, 2013)

Atlantic History: Concept and Contours by Bernard Bailyn (Cambridge, Mass.: Harvard University Press, 2005) (Web)（『アトランティック・ヒストリー』バーナード・ベイリン著、和田光弘・森丈夫訳、名古屋大学出版会、2007年）

Atlantic Ocean: The Illustrated History of the Ocean That Changed the World, by Martin Sandler (New York: Sterling, 2008)（『図説・大西洋の歴史――世界史を動かした海の物語』マーティン・W・サンドラー著、日暮雅通訳、悠書館、2014年）

Bitter Ocean: The Battle of the Atlantic, 1939-1945 by David Fairbank White (New York: Simon & Schuster, 2006)

Black Sea by Neal Ascherson (London: Jonathan Cape, 1995)

Blue Latitudes: Boldly Going Where Captain Cook Went Before by Tony Horwitz (New York: Picador, 2003)（『青い地図――キャプテン・クックを追いかけて』トニー・ホルヴィッツ著、山本光伸訳、バジリコ、2003年）

Box Boats: How Container Ships Changed the World by Brian Cudahy (New York: Fordham University Press, 2006)

"Charting a New Course for the Oceans: A Report on the State of the World's Oceans, Global Fisheries and Fisheries Treaties, and Potential Strategies for Reversing the Decline in Ocean Health and Productivity" by William Moomaw and Sara Blankenship (Medford, Mass.: The Center for International Environment and Resource Policy, The Fletcher School of Law and Diplomacy, Tufts University, 2014)

Cod: A Biography of the Fish That Changed the World by Mark Kurlansky (New York: Walker, 1997)（『鱈――世界を変えた魚の歴史』マーク・カーランスキー著、池央耿訳、飛鳥新社、1999年）

The Cruise of the Snark, by Jack London (New York: Macmillan, reprint, 1961; 1939)

The Discoverers by Daniel Boorstin (New York: Vintage, 1983)（『地図はなぜ四角になったのか――大発見2』ダニエル・ブアスティン著、鈴木主税・野中邦子訳、集英社文庫、1991年）

Dreadnought: Britain, Germany, and the Coming of the Great War by Robert K. Massie (New York: Random House, 1991)

Facing West by John C. Perry (Westport, Conn.: Praeger, 1994)（『西へ！――アメリカ人の太平洋開拓史』ジョン・カーティス・ペリー著、北太平洋国際関係史研究会訳、PHP研究所、1998年）

Gift from the Sea by Anne Morrow Lindbergh (New York: Pantheon, reprint, 1991; 1955)（『海からの贈物』アン・モロウ・リンドバーグ著、吉田健一訳、新潮文庫、2004年）

Globalization and Maritime Power, edited by Sam J. Tangredi (Honolulu: University Press of the Pacific, 2011)

The Great Ocean: Pacific Worlds from Captain Cook to the Gold Rush by David Igler (New York: Oxford University Press, 2013)

The Great Pacific Victory from the Solomons to Tokyo by Gilbert Cant (New York: The John Day Company, 1946)

Great Wall at Sea: China's Navy Enters the 21st Century by Bernard Cole (Annapolis, Md.: USNI Press, 2011)

Guns, Germs, and Steel: The Fates of Human Societies by Jared Diamond (New York: Norton, 1999)（『銃・病原菌・鉄――一万三〇〇〇年にわたる人類史の謎』ジャレド・ダイアモンド著、倉骨彰訳、草思社文庫、2012年）

The Indian Ocean in World History by Edward A. Alpers (New York: Oxford University Press, 2014)

In the Heart of the Sea: The Tragedy of the Whaleship Essex by Nathaniel Philbrick (New York: Viking, 2000)（『白鯨との闘い』ナサニエル・フィルブリック著、相原真理子訳、集英社文庫、2015年）

Inventing Grand Strategy and Teaching Command: The Classic Works of Alfred Thayer Mahan Reconsidered by Jon Sumida (Baltimore: Johns Hopkins University Press, 1997)

The Log from the Sea of Cortez by John Steinbeck (New York: Penguin Classics, reprint, 1995; 1951)（「コルテスの海航海日誌／仲地弘善訳」『スタインベック全集　11』大阪教育図書、1997年）

Longitude: The True Story of a Lone Genius Who Solved the Greatest Scientific Problem of His Time by Dava Sobel (New York: Walker, 1995)（『経度への挑戦』デーヴァ・ソベル 著、藤井留美訳、角川文庫、2010年）

Maritime Economics by Martin Stopford (New York: Routledge, 1997)（『マリタイム・エコノミクス――海事産業の全貌を理解するために』（上・下）マーチン・ストップフォード著、日本海事センター編訳、星野裕志・篠原正人監修、日本海運集会所、2014、2015年）

The Mediterranean and the Mediterranean World in the Age of Philip II, 2 vols., by Fernand Braudel (New York: Harper, 1972)（『地中海　１～５』フェルナン・ブローデル著、浜名優美訳、藤原書店、1991年）

The Mediterranean in History, edited by David Abulafia, (London: Thames and Hudson, 2003)

Mirror of Empire: Dutch Marine Art of the Seventeenth Century, edited by George Keyes (Cambridge, UK: Cambridge University Press, 1990)

Monsoon: The Indian Ocean and the Future of American Power by Robert Kaplan (New York: Random House, 2010)（『インド洋圏が、世界を動かす――モンスーンが結ぶ躍進国家群はどこへ向かうのか』ロバート・D・カプラン著、奥山真司・関根光宏訳、インターシフト、2012年）

Ocean: An Illustrated Atlas by Sylvia Earl and Linda Glover (New York: National Geographic Press, 2008)

The Oxford Encyclopedia of Maritime History, edited by John Hattendorf (Oxford and New York: Oxford University Press, 2007)
Pacific Ocean, by Felix Riesenberg (New York and London: Whittlesey House, McGraw-Hill, 1940)（『太平洋史』リーゼンバーグ著、太平洋協会訳、朝日新聞社、1941年）
The Pacific Theater: Island Representations of World War II, 8 vols., by Geoffrey M. White and Lamont Lindstrom (Honolulu: University of Hawaii Press, 1989)
The Polynesian Journal of Captain Henry Byam Martin, R.N., by Henry Byam Martin (Salem, Mass.: Peabody Museum of Salem, 1981)
The Price of Admiralty by John Keegan (New York: Viking, 1983)
Some Principles of Maritime Strategy by Julian Corbett (Mineola, N.Y.: Dover Publications, 1911)（『コーベット海洋戦略の諸原則』ジュリアン・スタフォード・コーベット著、エリック・J・グロゥヴ編、矢吹啓訳、原書房、2016年）
The Quiet Warrior: A Biography of Admiral Raymond Spruance, by Thomas Buell (Annapolis, Md.: USNI Press, reissued 2013)（『提督スプルーアンス』トーマス・B・ブュエル著、小城正訳、学習研究社、2000年）
The Rise and Fall of the Great Powers by Paul Kennedy (New York: Random House, 1987)（『大国の興亡――1500年から2000年までの経済の変遷と軍事闘争 決定版』ポール・ケネディ著、鈴木主税訳、草思社、1993年）
The Sea and Civilization: A Maritime History of the World by Lincoln Paine (New York: Alfred A. Knopf, 2013)
The Sea Around Us by Rachel Carson (Oxford and New York: Oxford University Press, reprint, 1991; 1951)
Seapower by E. B. Potter (Annapolis, Md.: USNI Press, 1972)
Seapower: A Guide for the Twenty-First Century by Geoffrey Till (New York: Routledge, 2013)
Seapower as Strategy: Navies and National Interests by Norman Friedman (Annapolis, Md.: Naval Institute Press, 2001)
The Sea Power of the State by S. Gorshkov (New York: Pergamon Press, 1979)
Sovereign of the Seas by David Howarth (New York: Atheneum, 1974)

Villains of All Nations: Atlantic Pirates in the Golden Age by Marcus Rediker (Boston: Beacon Press, 2004)（『海賊たちの黄金時代――アトランティック・ヒストリーの世界』マーカス・レディカー著、和田光弘・小島崇・森丈夫・笠井俊和訳、ミネルヴァ書房、2014 年）

Voyage of the Beagle by Charles Darwin (New York: Penguin Classics, reprint, 1989; 1839)（『新訳ビーグル号航海記』チャールズ・R・ダーウィン著、荒俣宏訳、平凡社、2013 年）

フィクション

The Caine Mutiny Court Martial by Herman Wouk.（『ケイン号の叛乱』ハーマン・ウォーク著、新庄哲夫訳、ハヤカワ文庫、1975 年）第二次世界大戦中に小型駆逐艦に配属された海軍兵士の奮闘を描く。1951 年発表。

The Cruel Sea by Nicholas Monserrat. 第二次世界大戦中に護衛艦乗組員として北大西洋海戦に加わったイギリス海軍兵士の苦難と成長の物語。1951 年発表。

Lord Jim by Joseph Conrad.（「ロード・ジム」ジョゼフ・コンラッド著、柴田元幸訳『世界文学全集　3-03』河出書房新社、2011 年）海で過ちを犯した若者のその後の苦悩を描く。1900 年発表。

Master and Commander, the Novels of Patrick O'Brian by Patrick O'Brian（『新鋭艦長、戦乱の海へ――英国海軍の雄ジャック・オーブリー』パトリック・オブライアン著、高橋泰邦訳、ハヤカワ文庫、2002 年）イギリス海軍士官ジャック・オーブリーと軍医スティーブン・マチュリンの活躍を描いた海洋冒険小説シリーズ。第 1 作は 1969 年発表。

Moby-Dick by Herman Melville.（『白鯨』メルヴィル著、八木敏雄訳、岩波文庫、2004 年ほか）最高の海洋小説。エイハブ船長は捕鯨船ピークォド号に乗り込み、片足を奪った白鯨を執拗に追う。1851 年発表。

The Odyssey by Homer.（『オデュッセイア』ホメロス著、松平千秋訳、岩波文庫、1994 年ほか）トロイア戦争で勝利を収めたイタケーの王オデュッセウスは、凱旋する途中、「葡萄酒色の海」を 10 年もの間放浪する。前 8 世紀頃作品として成立。

The Old Man and the Sea by Ernest Hemingway.（『老人と海』ヘミングウェイ著、小川高義訳、光文社古典新訳文庫、2014 年ほか）年

老いた漁師サンチャゴが巨大な魚やサメと壮絶な戦いを繰り広げる様子は、まさに人生の縮図だ。1952年発表。

The Open Boat by Stephen Crane（「オープン・ボート」『マギー・街の女』S・クレイン著、大坪精治訳、大阪教育図書、1985年）最も過酷な状況の海で生き残るための戦いを描く。1897年発表。

The Secret Sharer by Joseph Conrad.（『シャドウ・ライン／秘密の共有者』ジョウゼフ・コンラッド著、田中勝彦訳、八月舎、2005年）密航者は船長の想像なのか現実なのか。海は人を狂わせる。船長として指揮を執る孤独な立場にいればなおさらだ。1909年発表。

The Ship by C. S. Forester.　第二次世界大戦中、地中海に派遣された軽巡洋艦乗組員の物語。彼らの海での日々には時を超えて共通するものがある。1943年発表。

Toilers of the Sea by Victor Hugo.　原題 *Les Travailleurs de la mer*『海の労働者』昭和初期世界名作翻訳全集（春陽堂・昭和8年刊を原本としたオンデマンド版。ユウゴウ著、和田顕太郎訳、ゆまに書房、2006年）漁師や遭難船の救助に当たる船乗りなど海で働く人々の物語。1866年発表。

Two Years Before the Mast by Richard Henry Dana Jr.（『帆船航海記』リチャード・H・デーナー著、千葉宗雄監訳、海文堂出版、1977年）視力障害を持つ若者が船旅の途中で目にした当時の水夫の暮らしを描いたもの。1840年発表。

本書は、二〇一七年九月に早川書房より単行本として刊行された作品を、翻訳を改訂のうえ文庫化したものです。

続・100年予測

The Next Decade

ジョージ・フリードマン
櫻井祐子訳

ハヤカワ文庫ＮＦ

中原圭介氏（経営コンサルタント／『２０２５年の世界予測』著者）**推薦！**
『100年予測』の著者が描くリアルな近未来

「影のＣＩＡ」の異名をもつ情報機関ストラトフォーを率いる著者の『100年予測』は、クリミア危機を的中させ話題沸騰！　続篇の本書では２０１０年代を軸に、より具体的な未来を描く。３・11後の日本に寄せた特別エッセイ収録。『激動予測』改題。解説／池内恵

滅亡へのカウントダウン（上・下）

――人口危機と地球の未来

COUNTDOWN
アラン・ワイズマン
鬼澤　忍訳
ハヤカワ文庫ＮＦ

地球では人口爆発による問題が深刻化している。イギリスでは移民の激増により人種排斥が起き、パキスタンでは職を失った若者による暴動が頻発。一方、他国に先駆け人口減少社会を迎えた日本に著者は可能性を見出す。精緻な調査と大胆な構想力で将来を展望する予言の書。　解説／藻谷浩介

Mossad

モサド・ファイル
——イスラエル最強スパイ列伝

マイケル・バー＝ゾウハー＆ニシム・ミシャル
上野元美訳
ハヤカワ文庫ＮＦ

佐藤優氏推薦
謎めく諜報活動の舞台裏が明らかに！

世界最強と謳われるイスラエルの対外情報機関「モサド」。ナチスへの報復、テロとの果てなき戦い、各国のユダヤ人保護など、インテリジェンス作戦の真実を人気作家が活写。国家存亡を左右する暗闘の真実を描くベストセラー・ノンフィクション。解説／小谷賢

戦場の掟

Big Boy Rules

スティーヴ・ファイナル
伏見威蕃訳

ハヤカワ文庫ＮＦ

イラク戦争で急成長を遂げた民間軍事会社。戦場で要人の警護、物資輸送の護衛などに当たり、正規軍の代役を務める彼らの需要は多く、報酬も破格だ。しかし、常に死と隣り合わせで、死亡しても公式に戦死者と認められない。法に縛られない血まみれのビジネスの実態を、ピュリッツァー賞受賞記者が描く衝撃作。

訳者略歴　翻訳家　訳書にジェイ『逆境に生きる子たち』（早川書房刊），カラベル『経済指標のウソ』，マクニール『マクニール世界史講義』，クレピネヴィッチ＆ワッツ『帝国の参謀』，モリス『人類５万年 文明の興亡』ほか多数

HM=Hayakawa Mystery
SF=Science Fiction
JA=Japanese Author
NV=Novel
NF=Nonfiction
FT=Fantasy

海《うみ》の地《ち》政学《せいがく》
海軍提督が語る歴史と戦略

〈NF532〉

二〇一八年十一月二十日　印刷
二〇一八年十一月二十五日　発行
（定価はカバーに表示してあります）

著者　ジェイムズ・スタヴリディス
訳者　北《きた》川《がわ》知《とも》子《こ》
発行者　早川浩
発行所　株式会社　早川書房
郵便番号　一〇一－〇〇四六
東京都千代田区神田多町二ノ二
電話　〇三－三二五二－三一一一（大代表）
振替　〇〇一六〇－三－四七七九九
http://www.hayakawa-online.co.jp

印刷・株式会社亨有堂印刷所　製本・株式会社明光社
Printed and bound in Japan
ISBN978-4-15-050532-5 C0131

本書は活字が大きく読みやすい〈トールサイズ〉です。